West Coast Highway

Von Vancouver nach San Diego

VISTA POINT

VERLAG

In der vorderen Umschlagklappe finden Sie eine Übersichtskarte von Washington und Oregon …

… und in der hinteren Klappe eine Karte von Kalifornien, jeweils mit dem eingezeichneten Routenverlauf.

Siegfried Birle / Horst Schmidt-Brümmer

West Coast Highway
Von Vancouver nach San Diego

VISTA POINT VERLAG

Inhalt

Küste bei Cannon Beach, Oregon ▷

I Down the Coast
Reisen entlang der pazifischen Küste

Keine Frage, die Highways an der Westküste zählen zu den schönsten Straßen Nordamerikas. Viele halten sie sogar für das Nonplusultra schlechthin, für eine touristische Wundertüte. Atemberaubende Steilküsten und sonnendurchglühte Traumstrände, Surfer und durchtrainierte Rentner, Flippies und Chicanos – rein alles erweckt dieser kurvenreiche Parcours zum Leben: von den nieseligen Regenwäldern in Washington und Oregon bis ins knochentrockene Südkalifornien.

Auch die Parade der großen Städte hat es in sich: Vancouver und Seattle, das moderne und das hypermoderne Zentrum des pazifischen Nordwestens; San Francisco, die heimliche Hauptstadt Kaliforniens; Los Angeles, das notorisch unterschätzte, aber stets innovationsfreudige Riesending; ja, und San Diego, die strahlende, Seite an Seite mit Mexiko lebende Metropole.

Also, der pazifische Wind bläst von rechts, der Wald steht links, und vom *vista point* fällt der Blick steil über die Klippen. Das wäre, idealtypisch, der West Coast Highway. In Wirklichkeit aber mäandrieren die Küstenstraßen oft durch einen breiten Streifen Hinterland, und wo die Holzfäller über weite Strecken ganze Arbeit geleistet haben, mutieren die Klippen der Küste in Seattle, L.A. oder San Diego zu steilwandigen Wolkenkratzern. Nebenbei führt die Straße zu Land und Leuten und zeigt ein großes Stück Amerika.

Für Woody Guthrie war der pazifische Nordwesten einer der »liebsten Orte auf der Welt«, und je mehr sich die herrschende Zivilisation vom natürlichen Leben entfernt, desto größer wird die Sehnsucht nach den Naturlandschaften von Oregon, Washington und British Columbia. Großstadtmüde Aussteiger sehen in Küste, Kaskadengebirge und inneren Plateaus noch eine Tür zum »guten Leben«. Ihnen schrieb Ernest Callenbach die passende Utopie. In »Ecotopia« (1975) beschreibt er die Sezession Oregons und Nordkaliforniens von den übrigen USA unter dem Motto: »Leave. Me. Alone.«

Das frische Grün des Nordwestens lockte einst Hippies aus den smog- und streßgeplagten Agglomerationen Südkaliforniens mit der Aussicht auf ein alternatives Leben.

Wildwürzig: Küstenpartie bei Mendocino

Heute sieht man junge Leute aus aller Welt am Flughafen von Vancouver oder Seattle die Rucksäcke schultern, um durch die triefenden Regenwälder von Vancouver Island oder der Olympics zu stapfen. Als Wanderer sind sie willkommen, als Invasoren nicht. Letzteren ruft man zu, besonders, wenn sie aus Kalifornien stammen. »Go back down where you came from« oder »Don't californicate Oregon.«

Ist denn der Nordwesten fremdenfeindlich? Wollen die naturliebenden Eigenbrötler, die ihn sich zur Wahlheimat gemacht haben, unter sich bleiben? Wohl kaum, nur ein bißchen Gegenwehr gegen all diejenigen, die das schöne Land überschwemmen, verderben, verschmutzen oder kaufen wollen. Ein Umweltparadies also in der Nordwestecke der USA? Kaum, bei den Kahlschlägen! Nein, die *business community* der meisten Gemeinden freut sich, wie überall, über jedes Wirtschaftswachstum. Land der Naturburschen und Umweltfreunde? Nur am Rande. Mächtige Konzerne wie Boeing, Microsoft, Intel und Nike stellen die Region ökonomisch auf die Füße.

Touristen haben es gut im Nordwesten. Sie finden eine Infrastruktur vor, die ihnen mit vielerlei Unterkünften, gediegenen Restaurants, öffentlichen Parks, ausgebauten Wanderwegen und Besucherzentren die Reise verschönt. Neben den üblichen Motels gibt es die klassischen Lodges, schnuckelige Bed & Breakfast Inns, Resorts mit üppigem Freizeitangebot und Stadthotels mit Patina. Frische Meeresfrüchte sind an der Küste selbstverständlich. Seit Starbucks 1971 in Seattle seine erste Filiale eröffnete, gibt es überall röstfrischen Kaffee, und die Mikrobrauereien erreichen eine Dichte, von der Bayern nur träumen kann. Die *Northwest cuisine* schafft die richtige Unterlage.

The Needles, Cannon Beach

Nicht zuletzt finden Touristen eine herrliche Küstenstraße vor, an der schon das Civilian Conservation Corps der Roosevelt-Regierung mitgewirkt hat. Die CCC-Boys schufen in den 1930ern jene monumentalen Brückenbauten über den Yaquina, Siuslaw und Coos River, die eine durchgehende Küstenstraße erst möglich machten. Oregon erhebt Pfand auf Flaschen und Büchsen, fördert *public art* und *public space* und hat die Küste per Gesetz zum öffentlichen Eigentum erklärt. Da kann man hinnehmen, daß sein früherer Gouverneur Tom McCall Besucher seines Staates zwar willkommen hieß, sie aber warnte, »um Himmels willen nicht zu bleiben«.

Die Reise von Norden nach Süden ist ein Fest der Kontraste, so abwechslungsreich ist die Landschaft. Der Gegensatz zwischen der wilden und einsamen Felsküste des Coastal Strip des Olympic National Park von Washington und dem bunten Treiben am Pier von Santa Monica könnte kaum größer sein. Darin spiegelt sich auch ein demographischer Fakt. Der

Buntes Treiben an Kaliforniens Küste

Nordwesten ist dünn besiedelt. Den knapp sechs Millionen Bürgern Washingtons und gut drei Millionen Oregons steht mit über 32 Millionen das Schwergewicht Kalifornien gegenüber, der bevölkerungsreichste Staat der USA.

Der Nordwesten ist ein junges Land, an dem noch heute Entdecker ihre Freude haben. Als Präsident Jefferson zwischen 1804 und 1806 die Hauptleute Meriwether Lewis und William Clark aussandte, das ferne »Oregon Country« zu erkunden (und nebenbei die territorialen Ansprüche der USA gegenüber dem britischen Kanada zu festigen), da begann im Osten schon die Industrialisierung, blühten in Kalifornien bereits die Missionen spanischer Patres, die später zu Keimzellen jener hochkarätigen Landwirtschaft wurden, die heute die Nation mit Spezialprodukten überzieht.

Seinen ersten richtigen Wachstumsschub erhielt der Nordwesten, als in den 1840er Jahren Tausende Neusiedler mit Gespann und Planwagen über den *Oregon Trail* ins fruchtbare Willamette Valley strömten. Doch das war ein Kräuseln an der Oberfläche des Meeres, verglichen mit den Sturmwellen, die der *gold rush* von 1849 in Kalifornien auslöste. Während dort ein Boom dem anderen folgte, pflanzte man im Nordwesten Kartoffeln, zersägte Bäume und trieb Rinder und Schafe über die Steppen des Inneren. Erst 1905 bzw. 1909 waren Portland und Seattle soweit, mit überregionalen Ausstellungen auf sich aufmerksam zu machen.

Heißt das nun, auf den nördlichen Etappen dieser Reise kämen nur einsamkeitsliebende Naturfreunde, auf ihren südlichen dagegen aktionsfreudige Jetsetter zu ihrem

Recht? Soll man sich auf ein touristisches Buffet gefaßt machen, das mit seinen Speisen zunächst Ökofreaks, dann Computerfreaks und schließlich Filmfreaks bedient, bis bei den Freaks aller Freaks am Ocean Front Walk von Venice (L.A.) der Nachtisch gereicht wird?

Nichts ist, wie es scheint, das Menü ist gut gemischt. San Jose hat sein Silicon Valley, aber Seattle seinen Bill Gates. Die kalifornischen Metropolen haben ihre Szenen, aber die Grunge-Kids und Post-Grunge-Kids von Seattle sind auch nicht ohne. Im Regenstau der Olympic Mountains gedeiht der Regenwald, in den Küstennebeln Kaliforniens wachsen die Redwoods. In Everett baut man Jumbojets, aber San Diego hat einen weltberühmten Zoo. Den kalifornischen Ort Carmel gibt es gleich zweimal: den echten bei Monterey, den »zweiten« in Oregon – alias Cannon Beach.

Was man allerdings im Süden nicht mehr sehen wird, ist der Regenwald, und dem sei hier ein Denkmal gesetzt. Regenwald der gemäßigten Zone gibt es sonst nur noch auf Neuseeland. Am vollkommensten steht er im Olympic National Park. Seine würdigsten Vertreter sind Douglastanne *(Douglas-fir)*, Sitkafichte *(Sitka spruce)*, Riesen-Lebensbaum oder Zeder *(western redcedar)* und Hemlock *(western hemlock)*.

Kaum eine der großen Straßen Nordamerikas ist so reich an ethnischen Biotopen wie diese. Am Anfang und am Ende geht der Blick über die Grenze: nach Kanada, ins britisch anmutende Vancouver, und nach Mexiko, ins quirlige Tijuana. Dazwischen liegen Indianerreservate, die Chinatowns asiatischer Einwanderer, die versteckten Hütten illegaler Wanderarbeiter, das Strudelbad der Lifestyles von Haight-Ashbury, Beverly Hills und Venice. Überall aber entlang der Strecke, an den *vista points*, auf Picknickplätzen und im Motel begegnet man *Mainstream America*, dem wahren, dem bürgerlichen Amerika.

Perfekte Postkarte: Pfefferkuchen-Architektur am Alamo Square in San Francisco

Spanische Glocke an der San Diego Mission

Und nun zur Gretchenfrage. Wer sonst nichts weiß über den Nordwesten, weiß doch eines: daß es viel regnet. Die »Oregonians« bräunen nicht, sondern rosten, heißt es. Der Expeditionsleiter William Clark notierte am 17. November 1805 in sein Tagebuch: »Elf Tage Regen, und das widerwärtigste Wetter, das ich je erlebt habe.« Alles war naß, die Decken der Leute, die Kleider, die Vorräte, auch das kleine Baby von Sacagawea, der jungen Shoshone-Frau, war naß. Ein paar Tage später im selben Tagebuch: »Der Morgen war klar und schön.«

Erstes Fazit: Ohne Regen kein Regenwald! Zweites Fazit: Es ist nicht immer November. Was auf die Dächer (und Stimmung) der Küstenbewohner drückt, ist nicht die Menge des Niederschlags, sondern die oft anhaltende Folge regnerischer Tage im Winter. Seattle hat nicht mehr Regen im Jahr als New York, Atlanta oder Houston – und genauso viel wie München. In den Übergangsjahreszeiten macht es das ozeanische Klima spannend: Schauer wechseln mit blauen Löchern im Himmel, durch die die Sonne strahlt. Die milden Temperaturen erlauben lange Strandspaziergänge; bei Regen braucht man einen Regenhut. Im Winter schaltet man um auf: *Storm watching*.

Und in Kalifornien? Soll da nicht alles anders sein? »It never rains in Southern California ...«, heißt es doch in einem alten Song! Ja, das Wetter sei so toll, schwärmte man früher, daß ein Zahnstocher, einmal eingepflanzt, am nächsten Morgen zu einem langen Baum gewachsen sei, den man verkaufen könne – als Telegrafenmast.

Nun, man sollte es auf solche Beschwörungen nicht ankommen lassen. Vor allem im Norden nicht, der sich zunächst nicht allzu sehr vom pazifischen Nordwesten unterscheidet. Wetterwendisch bleibt die Reise meistens auch hier, wenn Nebelgrau und Himmelsgrau miteinander wetteifern und die Fahrt leicht zu einer *Magical Mystery Tour* machen.

Mit einem optischen Knallbonbon als Zwischenstopp: San Francisco, die kultivierteste Großstadt der Westküste, ihr Schmuckstück, ihr ästhetischer Mehrwert. Vieles von dem, was Kalifornien ausmacht, ist hier ausgekocht worden. Zum Beispiel der für amerikanische Verhältnisse immer noch liberale Geist – für die Boheme und die Gewerkschaften, Hippies und Homos, für experimentelle Lebensstile. Auch für die innere Glückseligkeit, als Tummelplatz der Sekten, Kulte und Religionen, als Fluchtpunkt für viele, die ihr Heil in Biokost und Birkenstock-Sandalen suchen.

Die Stadt ist aber auch ein Hort für das typische Szene-Publikum Kaliforniens, junge, meist alleinstehende Aufsteiger mit gehobenen Ansprüchen in kulinarischer, modischer und sonstiger Hinsicht, möglichst mit Volvo oder BMW, Eigentumswohnung, einem Pferd in Marine County, einer Yacht oder einem Hausboot in Sausalito für kleine Abwechslungen am Wochenende.

Mehr denn je bestimmen die Sprachen und Kulturen Asiens und Lateinamerikas den Charakter der Stadt und überlagern langsam ihre auffällig europäischen Züge. Wie der gesamte »Goldene Staat« überhaupt ist San Francisco heute mehr auf Hongkong, Manila und Mexico City ausgerichtet als auf London, Paris oder sogar New York. Der Wilde Westen wächst langsam mit dem Fernen Osten zusammen. Im asiatisch-pazifischen Raum liegt die Zukunft; Kalifornien ist längst auf dem Weg zu einem neuen Grenzstaat. Eigene Stadtviertel wie beispielsweise Japantown oder Koreatown in San Francisco (und Los Angeles) sind Zeichen dafür.

Eine ganz andere Welt eröffnen die kalifornischen Missionskirchen, die der Franziskanerpater Junipero Serra im Schutz der spanischen Soldaten im damaligen Alta California errichtete, jede von ihnen von der nächsten rund einen Tagesritt entfernt. Über 65 Jahre (1769–1834) funktionierte dieses System kolonialer Kontrollposten. Dann verteilte und verkaufte Mexiko die dazugehörigen Ländereien. Kirchen und Bauten selbst aber verfielen oder dienten als Geschäfte und Bars. Immerhin, ihre verrotteten Ruinen empfanden viele Maler, Schriftsteller und Touristen des ausgehenden 19. Jahrhunderts als romantisch. Erst viele Jahre später wurde die kalifornische Denkmalpflege auf die Zeugnisse kolonialer Architektur aufmerksam und ließ sie mit Mitteln von Vereinen und privaten Spendern restaurieren. Einige aus dem Kranz der

Beach Boys von heute auf dem Weg zum Surfin(g)

Goldtröpfchen: Wein im Santa Ynez Valley bei Santa Barbara

insgesamt 21 Kirchen liegen heute wie schöne Oasen am Weg: San Francisco, Carmel, Purisima, Santa Barbara, Ventura, San Juan Capistrano, Oceanside und San Diego.

Monterey, Point Lobos, Big Sur, das wohl hinreißendste Stück des pazifischen Saums gilt seit langem als Hort des Spiritualismus – mit dem ihm eigenen Personal von Evangelisten, Therapeuten, Gesundbetern, von durchaus ernstzunehmenden, aber auch komischen Heiligen. Monterey, Point Lobos, Big Sur: das kommt zugleich auch einem literarischen Dreisprung nahe: John Steinbeck, Robert Louis Stevenson und Henry Miller, d.h. »Straße der Ölsardinen«, »Die Schatzinsel« und »Big Sur und die Orangen des Hieronymus Bosch«. Kalifornien, literarisch: ein Terrain von Texten und Autoren. Allen Ginsberg (San Francisco), Jack London (Sonoma Valley), Mark Twain (Gold Country), William Saroyan (Fresno), Charles Bukowski (San Pedro), Raymond Chandler (Los Angeles), um nur die bekanntesten zu nennen.

Das schmucke Santa Barbara, gewissermaßen die Hauptstadt der kalifornischen Riviera, litt lange unter dem Image einer überalterten Stadt: Hier zögen die Pensionäre hin, um in der Nähe ihrer Eltern zu leben, hieß es. Nun, diese Einschätzung – halb Luftkurort, halb Altersheim – hat sich in den letzten Jahren deutlich geliftet. Das Leben der rund 90 000 Einwohner hat sich verjüngt und ist insgesamt munterer geworden. Dabei beweist Santa Barbara nach wie vor ein erstaunliches Geschick, Stadt und Land,

Geschäftiges und Stilles in einem wohltuenden Gleichgewicht zu halten. Beispiel: die Straßenführung der US 101! Diese laute Transitachse schleicht sich hier fast wie auf leisen Sohlen durch die Stadt.

Weiter südlich geht die Reise durch Malibu, heute Walstatt der reichen Superstars, einst Heimat der Chumash-Indianer, einer der über 300 Stämme, die einmal in Kalifornien lebten. Doch weder hier noch anderswo bietet der Westküstenstaat eine dem sonstigen Südwesten der USA vergleichbar gegenwärtige Indianerkultur. Eine einheitliche hat allerdings auch nie existiert. Sprachlich sehr zersplittert, gab es im wesentlichen die von der Fischerei lebenden Küstenindianer und die am Ackerbau orientierten Sammler im Colorado-Gebiet. Ursprünglich sind Binsenhütten als Wohnbauten überliefert – und Erdhäuser, die oft auch als Schwitzhaus dienten sowie als Treffpunkt der Männer, zu dem die Frauen keinen Zugang hatten. Durchweg galten die kalifornischen Indianer als geschickte Korbflechter.

Einen Sprung ins kalte Wasser: Das bedeutet vielen Erstbesuchern immer noch die Ankunft in Los Angeles. »L.A.« hört sich zwar kurz und bündig an, aber Tatsache ist, daß diese Stadt von jeher und stets weiter aus dem Ruder läuft. Stadt? Eher ein unabsehbares Meer aus Einfamilienhäusern, *suburbia* total, energieaufwendig zusammengehalten von einem gigantischen Kommunikationsnetz aus Superfreeways und flitzenden Autos.

So mobil wie ihre Drive-in-Welt, so einfallsreich und beweglich sind bisweilen die »Angelenos«. Wie schockierend die städtischen Verhältnisse auf den Neuling aus Europa zunächst auch wirken mögen, so innovativ sind doch viele Dinge, die hier entstehen. Los Angeles, das hat sich längst herumgesprochen, gefällt sich als Metropole der Trendsetter: modisch, therapeutisch, in den Bereichen des Show Business, in Film und TV, auf Platten. Der Kapitalmagnet Hollywood, eine hohe Toleranzgrenze, ein offener Markt und experimentelle Einstellungen haben seit jeher kreative Talente angezogen.

Aber auch soziographisch ist L.A. in Bewegung. Seit einigen Jahren stellen Weiße nicht mehr die Mehrheit seiner Einwohner. Der ethnische Mischungsgrad ist derart fortgeschritten, daß die Stadt der Engel vielen schon als das neue Ellis Island erscheint. Besonders die Newcomer aus Südostasien erweisen sich als äußerst eifrig und anpassungsfähig. Sie lernen meist im Eiltempo Englisch, um einen Computerjob zu bekommen. Die Beflissenheit dieses neuen Einwanderertyps führt oft zu wirtschaftlichen Erfolgen, von denen viele der alteingesessenen African-Americans und Mexiko-Amerikaner seit Generationen schon vergeblich träumen. Asien läuft über, und Kalifornien bekommt eine Menge davon ab. Kein Zweifel, L.A. ist die neue Hauptstadt des *Pacific Rim*.

Wachstum hieß immer schon L.A.s Zauberwort: vom dürftigen Pueblo bis zur Megalopolis von heute. Der Preis für diese Rasanz steigt. In Los Angeles ebenso wie in anderen Ballungszentren des Landes ist die Zufriedenheit der Kalifornier mit ihrer Lebensqualität abgesackt. Steigende Mieten, zu viele Eigentumswohnungen, Staus auf den Freeways, Lärm und schmutzige Luft sind die häufigsten Kritikpunkte. Und die Kriminalitätsrate. Die steigende Zahl der Gewaltverbrechen, die die Stadt der Engel heimsucht, geht vielfach Hand in Hand mit dem Drogengeschäft. Los Angeles und Südkalifornien sind dabei, Florida den Rang als führendes Schmuggel- und Verteilerzentrum abzulaufen. Rivalisierende Dealer und Street Gangs heizen die Gewalttätigkeit an. Die nahe Grenze zu Mexiko, über die das Kokain einströmt, die Weitläufigkeit des Siedlungsraums L.A., die für Landepisten gut geeignete Mojave-Wüste, der riesige Umschlaghafen San Pedro – sie alle leisten Schützenhilfe.

17

Aber auch das ist Los Angeles: Wer mit geschlossenen Augen am Strand von Santa Monica den Wellen lauscht, der kann sich nicht mehr vorstellen, daß hinter ihm neun Millionen Menschen wuseln – so entrückt fühlt man sich hier. In den stadtnahen Canyons sieht es nicht anders aus. Auch dort kann man als Europäer schwer begreifen, daß nur fünf Autominuten vom Vogelgezwitscher, vom Reh oder Waschbären entfernt L.A.s hektische Go-Go-Welt beginnt.

Zurück auf die Straße: Längst hat es begonnen, das sonnige *Southern California Syndrom* mit seiner strandnahen Sport-, Körper- und Autokultur. In den frühen 60er Jahren sahen es die Amerikaner zuerst im Fernsehen: die flotten Teenies in verrückten Kisten, schick lackierten Vans und die Beach Boys. Heute wirkt die Szene der Wasserratten, Strandläufer und Sonnenanbeter perfekter. Die Autos sind teurer geworden, der Machokult der *beach bumps* größer und der Transistoren-Sound aggressiver. Auch der Gerätepark hat an technischer Raffinesse zugelegt – fürs *sky diving*, Dünen-Buggies und *hang glider*. Nur die Surfer sind sich ziemlich treu geblieben – und mit ihnen die sie bewundernden Girls, allesamt so ebenmäßig gebräunt, als hätte man ihnen Gold per Airbrush aufgetragen. Das gilt immer noch als spezifisch kalifornisch. Wie man seine Haut zu Markte trägt, davon versteht man hier was. Die körperbetonte *action* spielt nicht nur am Strand eine große Rolle. Wozu gibt es Aerobic-, Bodybuilding- und Fitneß-Studios? Lieber ein *health nut* sein als eine *couch potato*. Mittelwege sind langweilig.

Neben der Sportschau die Show der Mäuse: Disneyland, die Hauptstadt von Mickey Mouse und Konsorten – für Millionen der Inbegriff des Spaßes, für Spaßverderber die Metapher für die Plastikkultur Südkaliforniens schlechthin.

Orange County beheimatet allerdings außer Goofy und Onkel Dagobert noch ganz andere Produkte, nämlich Bomber und Marschflugkörper. Ausgerechnet in dieser Region (Los Angeles County eingeschlossen) siedelt der Hauptteil der kalifornischen Luft- und Raumfahrtindustrie. McDonnell Douglas, Rockwell, Lockheed, Northrop, Hughes Aircraft: Große Namen sind hier vertreten. Seit den Weltkriegen waren sie wirtschaftlich stets stabil. Korea-, Vietnam- und Kalter Krieg sorgten dafür. Wie auf einer schiefen Ebene rollten die US-Militärdollars massenhaft und mühelos an diese Stelle der Westküste. In den letzten zehn Jahren waren das jährlich ca. 20 Prozent des gesamten US-Rüstungsetats, happige Dollarmilliarden, die fast zehn Prozent des Bruttosozialprodukts des Staates ausmachten. Etwa eine Million Kalifornier leben zur Zeit von der Waffenproduktion und der diesbezüglichen Forschung. Seit den Kürzungen der Verteidigungsausgaben und der Schließung von Militärbasen (San Francisco, Sacramento, San Bernardino), fragt man sich

nicht nur bange nach den Auswirkungen auf Industrie und Arbeitsmarkt, sondern denkt bereits sehr heftig über Möglichkeiten der Konversion von Rüstungsbetrieben nach.

Den südlichen Schlußpunkt des Highway 1 bildet San Juan Capistrano und mit ihm dessen spanische Mission, eine besonders idyllische unter den kalifornischen Bauernkirchen. An der Tür beim Ausgang kann man lesen »vaya con dios«: kein unpassendes Motto zum Abschied von einem großen Highway, der nun der flotten Interstate den letzten Sprung nach San Diego überläßt.

Dort liegt Mexiko um die Ecke, und hinter den Grenzzäunen von Tijuana, dem sogenannten Tortilla-Vorhang, lebt die Dritte Welt neben einem der reichsten Länder der Erde. Der Import von billigen Arbeitskräften hat im Umfeld der *frontera* Tradition. Statt kleiner Familienbetriebe gab es im wesentlichen nur riesige *ranchos*, die schon immer auf Hilfs- und Wanderarbeiter angewiesen waren. Zur Zeit der Missionen arbeiteten die Indianer in dieser Rolle, später, nach Vollendung des Eisenbahnbaus, die Chinesen und schließlich, nach der mexikanischen Revolution (1910–15), die Mexikaner. Neben den *braceros*, die eine offizielle Arbeitserlaubnis hatten, waren es illegale Einwanderer, die sogenannten *wetbacks*. Die letzteren hatten sich mit den geringsten Löhnen abzufinden und in überfüllten *barrios* zu leben.

Die Lage ist heute zwar insgesamt entspannter, aber keineswegs grundlegend anders oder gar konfliktfrei. Weiterhin strömen die *wetbacks* über die grüne Grenze, und Kontrollen nützen nichts, weil die territoriale Nachbarschaft symbiotischer Natur ist.

Ferienvergnügen von einst: auf dem Ausflugsdampfer …

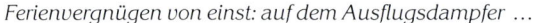

... und am Strand

Mexiko lindert auf diese Weise sein Arbeitslosenproblem, und Kalifornien profitiert von ebenso billigen wie willigen Arbeitskräften. Wie sich die Zeiten verändert haben! Jene, die vor Ankunft der Gringos die Herren im Land waren, kehren als abhängige *farm hands* zurück.

»In Kalifornien läßt sich's gut leben, wenn man eine Orange ist«, lautet ein spitzer Spruch aus dem Volksmund. Stimmt das? Sind die Menschen hier etwa weniger glücklich als ihr bekanntestes Obst? Nein, im Gegenteil. Nirgendwo auf der Welt ist Lustgewinn so sehr gefragt oder wird so ungehemmt zur Schau gestellt wie hier. Und doch hängen Schinden und Schönheit auch nirgendwo enger zusammen. Selbst die West Coast Highways sind davon nicht ausgenommen, denn so glorios die Route die Küste streift, so bitter war ihre Geburtsstunde. Um dem Asphaltband hart am Wasser überhaupt Halt zu geben, sprengten Häftlinge aus dem berüchtigten Staatsknast von St. Quentin das Felsgestein. Die Mühsal von damals ist heute Schnee von gestern. Nur ab und zu meldet sich Mutter Natur als Widersacherin zurück, mit Buschfeuern und heftigen Erdrutschen. Dann wird der Highway plötzlich unpassierbar und beträchtliche Umwege stehen ins Haus.

Überhaupt, Kalifornien wird immer kleiner! Entlang der Küste gehen durch Erosion jährlich 30 Zentimeter Land verloren. An vielen Stellen bröselt und bröckelt es. Die zunehmende Besiedlung und der Bau von neuen Häfen gelten als Verursacher für diese Entwicklung. An einigen Badestränden kümmert sich das U.S. Army Corps of Engineers inzwischen darum, die Strände durch künstliche Aufschüttungen wieder gesundzupflegen *(beach nourishment)*. Also, zögern Sie nicht allzu lange mit Ihrer Reise in den »Goldenen Staat«, bevor eins der schönsten Ziele Nordamerikas ins Wasser fällt. ✺

II Reiseplanung
2 000 Meilen auf dem West Coast Highway

Blick vom Stanley Park über den Coal Harbour auf die Skyline von Vancouver

Die Route beginnt in Seattle und endet in San Diego. Hin und weg kommt man mit einem Gabelflug, der bei Fluggesellschaften zu buchen ist, die beide Städte anfliegen. Eigentlich und logischerweise beginnt die Route in Vancouver, praktische Gründe sprechen jedoch für Seattle als Startpunkt. Zum einen besitzt die Stadt sehr gute Flugverbindungen, zum anderen erlauben kanadische Autoverleiher derzeit nicht, den Wagen *one way* nach USA zu mieten. Nach der Ankunft in Seattle geht es also zunächst hinauf nach Vancouver, erst von dort aus führt die Route dann stetig gen Süden. Wer dennoch diese Art Echternacher Springprozession nicht mitmachen will, fliegt nach Vancouver, nimmt ein öffentliches Verkehrsmittel (Bus, Bahn oder Fähre) nach Seattle und mietet den Wagen dort (siehe Serviceteil).

Die Route ist auf 22 Reisetage ausgelegt und berührt die Highlights der Küste. Ja, berührt, denn wer nach dem Prinzip »Jede-Nacht-in-einem-anderen-Bett« reist, dem müssen halt Stippvisiten genügen. Das reicht kaum, um Land und Leute kennenzulernen oder sich zu erholen. Wenn man darauf Wert legt, sollte man länger dort verweilen, wo es einem gefällt; einige relativ kurze Etappen – siehe Extras, Alternativen und Abstecher im jeweiligen Infoteil der Tage – schaffen dafür den Spielraum. Oder man sattelt drauf nach der Devise: Vier Wochen sind besser als drei. Eine weitere Lösung lautet: Zwei Reisen sind besser als eine. Dies würde die Chance eröffnen, auch das Hinterland mit einzubeziehen – Kanadas Vancouver Island, den pazifischen Nordwesten und den klassischen Südwesten der USA.

Die hier gewählte Routenführung ist denkbar einfach. US-Route 101 bildet die mehr oder weniger kurvige Leitlinie nach dem Prinzip: möglichst oft und nahe am Wasser.

Bei neun oder zehn Stunden Zeitdifferenz wird sich ein ordentlicher *Jetlag* bemerkbar machen, obwohl man scheinbar doch am Abend des Abflugtags ankommt. Da ist es gut, daß man in Seattle in ein komfortables Hotel gehen und sich erst einmal ausruhen kann – um dann in Vancouver weiterzuschlafen. Beide Städte haben darüber hinaus den Vorteil, auch Reisenden etwas bieten zu können, die aufgrund ihrer nachklappenden Biosysteme zur späten Stunde von heftiger Munterkeit befallen werden. Für den Anfang gilt: Sightseeing in Reichweite eines gediegenen Stadthotels, etwa eine Hafenrundfahrt, ein Besuch des Zoos, ein Bummel über Pike Place (Seattle) oder ein Spaziergang durch Stanley Park (Vancouver).

Nach dem Bad im urbanen Flair der beiden Großstädte kommt Natur pur. Es geht quer durch die grüne Insel- und Halbinselwelt um Puget Sound zum Olympic National Park. Und seit Port Angeles hat man sie schon unter den Rädern, hat mit ihr schon die halbe Olympic Peninsula umrundet und wird ihr weiter durch Washington und Oregon bis nach Kalifornien folgen: die berühmte Küstenstraße US 101, unser West Coast Highway.

Lake Quinault Lodge

Zunächst aber taucht der Gast abseits der Route in die waldige Idylle von Lake Quinault ein, um in einer klassischen Lodge zu übernachten und gegebenenfalls tiefer in den Regenwald einzudringen. Am Langen Strand von Long Beach öffnet sich dann der Blick: 28 Meilen Sandstrand und eine entsprechende touristische Infrastruktur machen die Halbinsel im Sommer zu einem quirligen Seebad.

Auf der Astoria Bridge geht es über die Mündung des Columbia nach Oregon. Die Oregon Coast gilt als eine der großen szenischen Attraktionen der USA. Der Oregon Coast Highway folgt ihr auf 344 Meilen, eine der schönsten Routen des Landes und zudem mit State Parks und Waysides gesegnet. Örtlich führen *Loop Roads* oder *Scenic Routes* näher an die Küste heran. Ganz nahe kommt man ihr zu Fuß, und zwar auf dem Oregon Coast Trail, von dem man immer wieder Abschnitte erreicht.

Über drei Tage folgt die Route nun der Küste von Oregon nach Süden, mit den Etappen Cannon Beach, Newport, Florence und Gold Beach. Wichtig ist, nicht nur zu fahren, sondern auszusteigen und zu schauen, zu schnuppern, zu schmecken: die grünen Seeanemonen in den Gezeitenbecken um Haystack Rock; das Dessert *from scratch* im Midtown Cafe von Cannon Beach; die Spuren des Wassers am Strand von Manzanita; die schwebenden Quallen im Aquarium von Newport; die Küstenlinie unter Cape Perpetua, die Papageientaucher von Gull Haven Lodge, die Bettengebirge der B & Bs um Yachats, die Dünen von Florence, die Wale vor Cape Arago.

Der Lust am Besonderen steht auch nach dem nahezu fließenden Übergang zu Kalifornien nichts im Wege, im Gegenteil. Die Versuchungen, gewissermaßen nach dem Rotkäppchen-Prinzip vom rechten Wege abzukommen, häufen sich mehr den je, zum

Beispiel in Richtung auf die »verlorene Küste« *(Lost Coast)* bei Eureka und Ferndale, eine beinah unglaublich unverbaute Landschaft und fast so etwas wie eine Erinnerung an *Old California*. Ja, und wer könnte schon der Versuchung widerstehen, in Höhe von San Francisco einen Schlenker ins Wine Country zu machen? Oder von L.A. aus zu versuchen, in Las Vegas die Reisekasse aufzubessern? Und so weiter.

Beverly Hills

Ganz im Süden, am 21. Tag, gibt es darüber hinaus noch ein reisetechnisches Problem zu lösen. Die Zeit eines einzigen Tages reicht ganz einfach nicht, um den gesamten Küstenstreifen zwischen Santa Monica und San Diego wassernah zu erleben (S 1, I-5; S 21). Entweder hält man sich an die Highlights in L.A. County (wie vorgeschlagen und beschrieben) oder man läßt L.A. links liegen und erkundet den schönen Küstenstreifen zwischen Oceanside und La Jolla (wie nur beschrieben). Leider läßt sich dieses Problem des lokalen Entweder-Oder auch am Rückfahrtstag nicht lösen, denn wer möchte schon am Strand, und sei er noch so schön, den Abflug von LAX verpassen?

Doch was soll's! Trauen Sie jeder Meile des West Coast Highway ruhig ihre Faszination zu, die über jedes Wenn und Aber, Ja oder Nein, Eher doch oder Lieber nicht mühelos die Oberhand behält. ✦

Das Markenzeichen von Mt. Lee hieß einst HOLLYWOODLAND und warb für Immobilien

III Chronik
Abriß der Geschichte der pazifischen Küste

Native American: »Little Chief« von den Umatilla-Indianern

Lange bevor die Weißen kamen, lebten hier schon Menschen. Küstenindianer vom Stamme der Makah, Quileute und Quinault jagten vor der Küste des heutigen Washington Wale und Robben, während weiter südlich die Chinook, Clatsop, Coos und Tillamook nach Lachsen, Dorschen und Schalentieren fischten. So reichlich war ihr Tisch gedeckt, daß die Indianer des Nordwestens zu den wohlhabendsten der Ureinwohner Amerikas zählten.

Auch Kalifornien war relativ dicht besiedelt: Zur Zeit der Entdeckungen lebten hier in verschiedenen Stämmen rund 200 000 bis 300 000 Indianer. Ihre nomadische Lebensweise behielten sie bis zur Ankunft der Spanier fast unverändert bei. Archäologen haben Grabbeigaben gefunden und Petroglyphen entziffert, die den Schluß zulassen, daß die Ureinwohner des heutigen Kalifornien seit mindestens 7 000 Jahren, wenn nicht sogar seit 30 000 Jahren hier gelebt haben.

1510	Die »Geburt« Kaliforniens entspringt der Phantasie. In Sevilla erscheint ein Roman des spanischen Schriftstellers Garci Rodríguez Ordóñez Montalvo, der von einer Insel »nahe dem irdischen Paradiese« berichtet, »bewohnt von schwarzen Frauen, die nach Art der Amazonen leben ...« Regiert werden die schwarzen Schönen von der Königin Califia, nach ihr ist »California« benannt.
1542	Auf der Suche nach der Nordwestpassage landet der spanische Seefahrer Juan Rodríguez Cabrillo als erster Europäer in San Diego, wo er Kalifornien für Spanien beansprucht. Im gleichen Jahr erblickt sein Landsmann Bartolomé Ferrelo als erster Weißer die nebelverhangene Küste des südlichen Oregon.
1579	Sir Francis Drake, britischer Seeheld und Weltumsegler, landet in Kalifornien und nimmt es als »Nova Albion« für Königin Elisabeth I. von England in Besitz. Seitdem konkurrieren Spanier und Briten um das westliche Territorium.
1598	Die spanische Kolonisation beginnt, als Don Juan de Oñate mit Siedlern, Soldaten und Missionaren den »Río Grande del Norte« hinaufzieht. Seine Leute bringen Saatgetreide, Rinder und Schafe und die Insignien

des Christentums zu den Pueblos. Dafür darf der Kolonisator Minen anlegen und die Indianer ausbeuten. Die Spanier nennen ihre erste Kolonie im Südwesten »Nuevo México«; viel später folgen Arizona (ab 1691) und Kalifornien (ab 1769).

1741 Unter Leitung von Vitus Bering erforschen die Russen Alaska. Sie werden Alaska 126 Jahre lang als Monopolgebiet beherrschen, bis sie es 1867 für 7,2 Millionen Dollar an die USA verkaufen.

1763 Nach dem Englisch-Französischen Krieg (1756–63) verliert Frankreich im Frieden von Paris seinen gesamten Besitz in Nordamerika. Der Wettlauf der verbleibenden Kolonialmächte um das Land im Westen beginnt. Die Briten beherrschen den Osten und Norden (Kanada) und beanspruchen den Nordwesten (Oregon); die Spanier kontrollieren das Land westlich des Mississippi; und die Russen drängen an der Westküste von Alaska nach Kalifornien.

1769 Als Präventivmaßnahme gegen das Vordringen der Russen aus dem Norden entschließen sich die Spanier, Alta California ernsthaft zu kolonisieren (»Alta« = das nördliche Kalifornien, im Gegensatz zu »Baja« = die Halbinsel). Dabei soll die Kirche Schrittmacher sein. Also zieht die Heilige Expedition des Gaspar de Portolá zusammen mit dem Franziskanerpater Junipero Serra los, um Missionsstationen *(misiones)* und militärische Stützpunkte *(presidios)* anzulegen.Sie tun dies vorzugsweise auf oder in der Nähe von indianischen Siedlungen *(rancherías)*, deren Bewohner sie bekehren, mit Handwerk, Viehhaltung und Ackerbau vertraut machen und in künstlicher Bewässerung und mediterranem Gartenbau unterweisen. Mit der Anpflanzung von Trauben, Oliven, Zitrusfrüchten und Feigen unter Palmen legen sie den Grundstock für die hochkarätige

Junipero Serra

diversifizierte Landwirtschaft Kaliforniens von heute. Von 1769 (San Diego) bis 1823 (Sonoma) entstehen insgesamt 21 Missionen, vier Forts und drei Siedlungen *(pueblos)* – San José (1777), Los Angeles (1781) und Santa Cruz (1797). Die Missionen reihen sich im Abstand von Tagesreisen entlang einer 800 Kilometer langen Holperstraße mit dem euphemistischen Namen *El Camino Real*, »Königsweg«. Die heutige State Route 1 bzw. US 101 folgen weitgehend dieser Route, hier und da markiert durch grüne Repliken der Missionsglocken.

1775 Der baskische Offizier Bruno de Hezeta bereist die nordwestliche Küste, um spanische Interessen festzuklopfen. Aufgrund der Strömung vermutet er einen »großen Fluß« an der Mündung des Columbia. Daß die Spanier auch am regenfeuchten Nordwesten Gefallen finden, verraten Ortsnamen wie Anacortes, Puerto de Nuestra Señora de Los Angeles (Port Angeles), San Juan (Islands) und (Strait of) Juan de Fuca.

1776 Hoch über Golden Gate wird der Presidio San Francisco de Asis errichtet. Es dauert jedoch noch bis 1835, bis englische Kolonisten bei Mission

Dolores ihr »Dorf der guten Kräuter«, Pueblo Yerba Buena, gründen, aus dem im Goldrausch von 1849 das heutige San Francisco erwachsen wird.

1778 Captain James Cook begründet das »chinesische Handelsdreieck«: Die Seefahrer tauschen mit den Indianern Stoffe und Glasperlen gegen Seeotterfelle, und mit den Chinesen Seeotterfelle gegen Tee und Luxusgüter. Letztere verkaufen sie dann in London oder Boston.

1781 Eine Gruppe von 44 Siedlern gründet Los Angeles als spanisches Pueblo. Den Namen hat es von Gaspar de Portolá, der 1769 am Ufer eines Flusses kampierte, den er »El Río de Nuestra Señora la Reina de los Angeles de Porciúncula« nannte.

1792 Der Brite George Vancouver erforscht Puget Sound. Der Amerikaner Robert Gray entdeckt einen großen Strom, benennt ihn nach seinem Schiff »Columbia« und begründet Ansprüche der USA auf das Oregon Country.

1803 Mit dem Ankauf des Louisiana Territory zwischen Mississippi und Rocky Mountains von Napoleon wächst das Territorium der USA um das Doppelte. Allerdings ist die Grenze zu den spanischen Besitzungen im Westen nicht klar definiert, so daß hier bald die Interessen der USA und Mexikos kollidieren.

1804–06 Präsident Thomas Jefferson schickt die Hauptleute Meriwether Lewis und William Clark mit 28 Getreuen aus, um über Land das Oregon Country im Nordwesten zu erkunden und nebenbei US-amerikanische territoriale Interessen zu bekräftigen. Das Expeditionskorps legt in zweieinhalb Jahren 8 000 Meilen zwischen Missouri und Pazifik zurück. In Fort Clatsop bei Astoria bezieht es 1805/06 sein Winterlager.

1811 John Jacob Astor gründet Fort Astoria an der Mündung des Columbia, doch sein transpazifischer Pelz- und Gewürzhandel scheitert am Krieg mit England (1812). Im folgenden Vierteljahrhundert räubern Pelzhändler mit Hilfe freier Trapper und angelernter Indianer die Küste leer, bis Seeotter und Biber fast ausgerottet sind. Unter den Indianern verbreiten sich Alkoholkonsum und Krankheiten, die sie dezimieren und demoralisieren.

1812 Die Russisch-Amerikanische Pelzkompanie gründet im Auftrag des Zaren nördlich von San Francisco Fort Ross; drei Jahre vorher hatten die Russen Bodega Bay besiedelt. Aufgaben des Vorpostens sind die Jagd auf Seeotter und die Versorgung der skorbutkranken Pelzjäger in Alaska mit fri-

Fort Ross

schen Agrarprodukten. Als die Seeotter ausgerottet sind, verkaufen die Russen das Fort 1841 an den Großgrundbesitzer Johann August Sutter.

1816 Als Botaniker segelt Adalbert von Chamisso an Bord der russischen »Rurik« in die Bucht von San Francisco – zusammen mit Otto von Kotzebue, Leutnant der kaiserlich-russischen Marine und Kapitän des Expeditionsschiffes. Unter dem Titel »Reise um die Welt« veröffentlicht Chamisso 1836 seine Reiseberichte. An Bord ist auch der Künstler Ludovik (oder Louis) Choris (1795–1828), dessen Skizzen später zu jenen sehenswerten Lithographien werden, die 1822 unter dem Titel »Voyage Pittoresque autour du Monde« erscheinen.

1818 Großbritannien und die USA einigen sich auf eine gemeinsame Besiedlung *(joint occupancy)* des Oregon Country. Die Siedler sollen zu einem späteren Zeitpunkt selber über ihre nationale Zugehörigkeit entscheiden. Spanien gibt seine Ansprüche auf die Region 1819, Rußland 1828 und Großbritannien 1846 auf.

1819 Die Außenminister der USA und Spaniens legen die »Spanish Treaty Line« fest. Diese folgt dem 42. Breitengrad und bestimmt damit die Nordgrenze der heutigen Staaten Utah, Nevada und Kalifornien sowie des spanischen Einflusses in Nordamerika.

1821 Mexiko sagt sich von Spanien los und erklärt seine Unabhängigkeit; ein Jahr später gerät Kalifornien unter mexikanische Herrschaft, die bis 1848 dauert. Die schwache neue Zentralregierung kann das weite Land von Texas bis Kalifornien kaum verwalten, so daß anglo-amerikanische Pelzjäger, Händler, Militärs und Siedler in das Gebiet vorstoßen.

1824 Oregon nimmt Gestalt an. Wegen der günstigen Lage am unteren Columbia River verlegt die britische Hudson's Bay Company ihr Hauptquartier nach Fort Vancouver und ernennt John McLoughlin zu ihrem Hauptgeschäftsführer. Dieser gründet 1829 an den Fällen des Willamette River Oregon City und unterstützt amerikanische Pioniere. Das bringt ihm den Titel: »Father of Oregon«.

Der britische Botaniker David Douglas bereist den Nordwesten und beschreibt neue Arten wie die Douglastanne.

1834 Die Säkularisation der Missionen in Kalifornien bringt die klösterlichen Kirchen um ihre beträchtlichen Ländereien, und Mexiko vergibt *land grants*, um Alta California für Kolonisten zu öffnen. So bilden sich, meist in Küstennähe, große Landbesitzungen oder *ranchos*, die von mächtigen *rancheros* verwaltet werden.

1836 Die anglo-amerikanischen Siedler im nördlichen Coahuila rebellieren gegen die mexikanische Zentralregierung und proklamieren die »Republic of Texas«. Auf die Sezession folgen die Belagerung des Alamo durch die Mexikaner (1836), die Annexion von Texas durch die USA (1845) und der Mexikanische Krieg (1846–48).

1839 Der Schweizer Einwanderer Johann August Sutter wird mexikanischer Staatsbürger und erhält einen 20 000 Hektar großen *land grant* am Zusammenfluß von American und Sacramento River. Hier plant er ein neues Siedlungsimperium, seine private Kolonie »Nueva Helvetia«.

1843	Im Zuge der »Great Migration« ziehen 900 Siedler mit 120 Planwagen und 5 000 Stück Vieh über den *Oregon Trail* ins Willamette Valley in Oregon. Bis zum Bau der Eisenbahnen werden 350 000 Siedler, Goldsucher, Pelzhändler und Missionare die Strecke zurücklegen. Etwa ein Zehntel der Pioniere wird an den Strapazen des Trecks sterben. Schon rebellieren amerikanische Siedler um Oregon City, Aurora und Champoeg gegen die britische Bevormundung aus Fort Vancouver und rufen in Champoeg eine Provisorische Regierung aus. Diese lockt Neusiedler mit 640 *acres* (260 Hektar) freien Landes unter dem Organic Act.
1843–46	John C. Frémont erforscht Central Oregon zwischen Kalifornien und The Dalles. Er wird sich 1846 an der »Eroberung Kaliforniens« beteiligen und sich später als »Great American Pathfinder« für die Präsidentschaft der USA empfehlen.
1844	In einer Lichtung am Willamette River unweit seiner Mündung in den Columbia gründen Pioniere aus Boston und Portland (Maine) – Portland. Die bisherige »Stumptown« mausert sich als Exporteur von Weizen und Holz zum wirtschaftlichen Zentrum der Region. Weitere Impulse liefern der Goldrausch in Kalifornien (1849), die transkontinentale Eisenbahn (1883), die Lewis & Clark Centennial Exposition (1905) und der Schiffsbau im Zweiten Weltkrieg.
1845	Eine Siedlergruppe aus Missouri lenkt seine Fuhrwerke nicht ins Willamette Valley, sondern nach Tumwater bei Olympia; das wird 1853 Hauptstadt des Washington Territory.
1846	Die Briten geben ihren Anspruch auf das Gebiet um den Columbia River auf. Der 49. Breitenkreis wird Grenze zwischen den USA und Kanada.
1846–48	Die Annexion von Texas unter Präsident James Polk (1845) führt zum Mexikanischen Krieg. Die amerikanischen Truppen dringen durch dünn besiedeltes und schwach verteidigtes Gebiet bis nach Mexico City vor. Im Vertrag von Guadalupe Hidalgo diktieren die USA ihren Frieden: Mexiko muß den ganzen Südwesten (einschließlich Kalifornien) abtreten. Zwar werden die Besitzrechte in den »neuen Ländern« garantiert, doch unter dem Druck der Steuer fallen viele *ranchos* in neue Hände.

Going West: Siedler des Oregon Trail durchqueren den Snake River

1848   Am 24. Januar findet der Schreiner James Marshall am Kanal von Sutters Mühle am American River Gold. Die Ironie will es, daß der Goldfund sich neun Tage vor der Unterzeichnung des Vertrages von Guadalupe Hidalgo ereignet – und in den Verhandlungen keine Berücksichtigung findet.

Er fand die Nuggets an Sutters Mühle: James Marshall

1849   Der kalifornische *gold rush* bringt wilde Horden von Glücksrittern ins Land und läßt vor allem San Francisco bevölkerungsmäßig explodieren. In nur sechs Monaten verdoppelt sich die Bevölkerung Kaliforniens. Der Treck ins gelobte Land hat viele Motive: Hungersnöte in Irland, Aufstände in China, die deutsche 48er Revolution – und den puren Drang nach Westen, nach Abenteuern und Reichtum. Der damals 20jährige Bayer Levi Strauss zieht den Goldjungen die Hosen an: Blue Jeans. Unter dem Ansturm der *forty-niners* und der wachsenden Gesetzlosigkeit leiden vor allem die Indianer. Sie verlieren das wenige Land, das sie noch haben, viele werden versklavt oder ermordet, andere verhungern. Bis 1870 verringert sich ihre Zahl auf 58 000.

     Oregon – mit den heutigen Bundesstaaten Oregon, Washington, Idaho und West-Montana – wird Territorium der USA; Oregon City wird Hauptstadt (ab 1851 dann Salem).

1850   Kalifornien wird Bundesstaat und legt ökonomisch zu. Im Gefolge des *gold rush* nimmt die Holzindustrie im Norden des Landes einen Aufschwung. In nahezu allen Buchten und Häfen läßt sie sich nieder, weil Holz von hier aus am billigsten verschifft werden kann – nach San Francisco und Los Angeles und ins Central Valley.

     Nach dem Donation Land Law für Oregon erhalten weiße (!) Männer (!) 320 *acres* (128 Hektar) freien Landes, mit Ehefrau 640 *acres*. Damit sind Indianer, Schwarze, Asiaten und alleinstehende Frauen von der Landvergabe ausgeschlossen. Um 1855 ist das meiste Land im Willamette Valley in privater Hand.

1851   Gründung von Seattle und Port Townsend am Puget Sound, sowie Port Orford und Jacksonville in Süd-Oregon. Seattle und Port Townsend verkaufen ihre Wälder (an Kalifornien) und werden zu Welthäfen. Port Orford und Jacksonville erleben einen Goldrausch; Port Orford verschifft seine kostbaren Port-Orford-Zedern.

1852   Die Siedler im Cowlitz Valley und um Puget Sound fordern ein eigenes Territorium für Washington – und bekommen es ein Jahr später.

1855   Die US-Regierung kommt mit den Indianern richtig zur Sache. Nach dem »Treaty of 1855« müssen sie zumeist auf ihre traditionellen Siedlungsgebiete verzichten und auf Reservate ziehen. Die Suquamish-Duwamish werden aus dem Raum Seattle über den Sund nach Bainbridge Island verbannt. Häuptling Sealth (oder »Seattle«) konnte es auch nicht

Chief Seattle

verhindern: »Jedes Stück dieses Landes ist meinem Volke heilig ...« (1854).

Nicht alle Stämme nehmen den Verlust ihres Landes kampflos hin. Im blutigen Rogue River War rebellieren die Küstenindianer Süd-Oregons (1855–56), im Modoc War die Modoc des kalifornischen Grenzraums (1872–73). Manche Stämme berufen sich in heutiger Zeit auf das vertraglich verbriefte Recht, »für alle Zeiten an den gewohnten Stellen *(usual and accustomed stations)* zu fischen und zu jagen« – und konnten daraus Entschädigungszahlungen ableiten. Heute treibt die relative Autonomie der Reservate seltsame Blüten: Wo das Glücksspiel gesetzlich verboten ist, entstehen Spielkasinos für weiße Kunden.

1856 Cape Disappointment an der Columbia-Mündung bekommt den ersten Leuchtturm des Nordwestens. Häufige Nebel und die wandernden Sandbänke der *Columbia River bar* hatten das Seegebiet vor der Mündung zum »Friedhof des Pazifik« gemacht. Ab 1885 sichern Molen und Bagger die Fahrrinne.

1859 Oregon wird Bundesstaat der USA; Washington muß wegen seiner geringen Bevölkerungsdichte noch bis 1889 warten.

1862 Der Homestead Act schafft auch im Westen die Grundlage für die Zuteilung von kostenlosem Farmland in Parzellen zu 160, 320 oder 640 *acres* – je nach Klima. Im Binnenland von Oregon scheitert der Ackerbau jedoch an mangelnden Niederschlägen; die windschiefen Hütten der *homesteaders* auf vielen Ranches sind Zeugen dieses Scheiterns.

1863 Idaho spaltet sich als Territorium von Washington ab, ein Jahr später folgt Montana.

1866 Samuel Case, ein ehemaliger Goldgräber, baut in »Newport«, Oregon, sein Ferienhotel »Ocean House« und lockt »Sommergäste« an die Küste – ganz wie in Rhode Island.

1869 Die erste transkontinentale Eisenbahn – Union Pacific und Central Pacific – wird vollendet und verbindet Chicago mit Sacramento und Oakland. Chinesische Kulis leisten die Knochenarbeit – und die Magnaten (wie Stanford, Huntington, Hopkins, Crocker) streichen die Gewinne ein, die später in die nach ihnen benannten Stiftungen fließen werden. – Viele der Chinesen bleiben im Land. Sie begründen die Fischerei des Landes, bis sie nach 1890 von Italienern, Portugiesen und Japanern aus dem Geschäft gedrängt werden. In den 60er und 70er Jahren kommt es in San Francisco und Los Angeles zu anti-chinesischen Ausschreitungen.

1878 Der Timber & Stone Act verschafft Siedlern Anspruch auf 160 *acres* (64 Hektar) Wald zu 2.50 Dollar pro *acre* – zum Bau ihrer Häuser. Das Gesetz ermöglicht es den Holzgesellschaften, über Mittelsmänner große Areale an sich zu bringen.

1881 Kalifornien hat seine zweite Transkontinentalbahn, während Portland (bis 1883) und Seattle (bis 1892) noch warten müssen. Die Southern Pacific ist da – und Südkalifornien erwacht aus seinem Dornröschenschlaf. Der Zustrom von Grundstücksspekulanten löst nach dem *gold rush* nun den *land rush* aus. Die Eisenbahnen werben mit billigem Land;

der Wilde Westen wird zum milden Eden, erschwinglich für jedermann. Viele ziehen zu, um Apfelsinen zu züchten; andere, weil sie das trockene und gesunde Klima lockt. Diese »Klima-Emigranten« verteilen sich auf neue, komfortable Wüstenoasen (zum Beispiel Palm Springs) oder sogenannte *seaside resorts*, die sich entlang der Küste zwischen Santa Barbara (Arlington), Santa Monica, Riverside (Mission Inn) und San Diego (Del Coronado) bilden.

Doch der Verkehr fließt auch in umgekehrter Richtung, denn die Bahn erschließt der kalifornischen Landwirtschaft neue Märkte. Neue Sortier- und Verpackungsmaschinen werden erfunden, und die Obstindustrie wächst und wächst...

1882 Der Chinese Exclusion Act beendet die weitere Einwanderung aus China. Chinesen waren seit 1850 als Bergleute und Bahnarbeiter im Westen tätig. Im Washington Territory wird ihnen ab 1886 der Besitz von Grund und Boden verboten, viele flüchten daher von Seattle nach Kalifornien; Restgruppen halten sich als Gärtner, betreiben Wäschereien oder Restaurants. Auch aus dem Osten Oregons, wo sie im Gefolge »weißer« Prospektoren Gold aus den Geröllen wuschen, sind sie heute völlig verschwunden – nur das Kam Wah Chung Museum in John Day erinnert an sie.

1883 Die Northern Pacific Railroad erreicht Portland von Osten. Drei Jahre später steht dann die Südachse nach San Francisco (via Southern Pacific), im Jahr darauf die Stichbahn nach Tacoma. Damit wird Portland zum führenden Bahn- und Schiffahrtsknotenpunkt der Region. Der Ausbau des Eisenbahnnetzes bewirkt ein schnelles Wachstum des Nordwestens.

Chinesische Kulis beim Eisenbahnbau in Kalifornien

1885   Leopold Schmidt *(nomen est omen!)* entdeckt die Brauqualitäten artesischen Wassers bei Olympia und gründet die Olympia Brewing Company.

1887   Egonton Hogg will eine Bahnlinie von Newport über die Kaskaden nach Boise, Idaho, treiben. Doch er kommt nur auf zwölf Meilen an den Kaskadenkamm heran, dann lassen ihn seine Geldgeber fallen. Die Bucht

Alte Vignetten aus Santa Barbara

von Newport schien ihnen denn doch um einiges zu sandig für einen »Welthafen« …

Der Dawes Act erlaubt den Verkauf von »überschüssigem« Indianerland an Weiße. Viele *Native Americans* verlieren durch Unkenntnis oder Betrug ihr Land. Die Folge sind die Zerstückelung der Reservate und der Verlust der Stammesidentität. Erst der Indian Reorganization Act von 1934 stoppt den Prozeß.

1889 Washington wird Bundesstaat der USA, mit Olympia als Hauptstadt. – Die Innenstadt von Seattle und zehn Piers brennen ab, danach entsteht das Viertel um Pioneer Square in Backstein und Eisen neu.

1890 Auf Initiative des Naturforschers John Muir entstehen in Kalifornien die Nationalparks Yosemite und Sequoia, zwei Jahre später gründet Muir den Sierra Club, einen Naturschutzverein mit heute erheblichem umweltpolitischen Einfluß. Die großen Nationalparks im Nordwesten folgen: Mount Rainier (1899); Crater Lake (1902); Olympic (1938); Redwood und North Cascades (1968).

1892 Seattle bekommt seine transkontinentale Eisenbahn (Great Northern) – und Port Townsend hat das Nachsehen. Der »viktorianische Seehafen« an der Einfahrt zum Sund fällt in ein wirtschaftliches Koma, bis ihn Hippies in den 1960ern zu neuem Leben erwecken.

1895 Das erste »Mailboat« bringt die Post den Rogue River hinauf und braucht von Gold Beach nach Agness und zurück vier Tage. Heute katapultieren Jetboats Touristen in sechs Stunden über dieselbe Strecke.

1896 Die Schleusen und der Kanal von Cascade Locks verbessern die Schifffahrt auf dem Columbia.

1897 Der Dampfer »Portland« bringt zwei Tonnen Gold aus Alaska nach Seattle, und der Goldrausch am Yukon beginnt. Kanada verlangt genügend Vorräte und Ausrüstung für ein Jahr – und Seattle liefert beides. Von 1890 bis 1910 wächst Seattle um das Sechsfache. Damit überflügelt es Portland und wird zum führenden Seehafen und Handelszentrum des Nordwestens.

1900 Frederick Weyerhaeuser kauft 3 600 Quadratkilometer besten Waldes von der Northern Pacific – zu sechs Dollar pro *acre* (0,4 Hektar). Die Eisenbahngesellschaften wurden ja mit großzügigen Landschenkungen bedacht, was noch heute auf der Karte als Schachbrettmuster von privatem und öffentlichem Land sichtbar wird. Weyerhaeuser wuchs bis 1913 auf 8 000 Quadratkilometer und ist heute mit 25 000 Quadratkilometern der größte Holzkonzern des Landes. Der Vorgang ist typisch für die Aneignung großer Waldareale durch die Holzfirmen.

1902 Der Reclamation Act soll nach Präsident Theodore Roosevelt »den Naturschutz, die Landerschließung und die Bewässerung« in den westlichen Staaten fördern. Später (1923) treten als weitere Ziele Hochwasserschutz, Wasserkraft- und Trinkwassergewinnung sowie Erholung hinzu. Zu den spektakulärsten Projekten des Bureau of Reclamation gehören die Dämme, Stauseen und Kanalbauten am Colorado, im Central Valley und am Columbia.

Einsturz: Am 18. April 1906 bebte in San Francisco die Erde besonders heftig

Die Eisenbahn bringt Sommerfrischler aus Portland nach Seaside, dem ältesten und größten Seebad der Oregon Coast. Diese ergehen sich auf dem Boardwalk, am Pier und im Kurhotel – die heute alle verschwunden sind.

1905 Mit der Lewis & Clark Centennial Exposition präsentiert sich Portland als Tor zum Orient, Lustobjekt für Investoren und »lebenswerte« Stadt. Seine Einwohnerzahl verdoppelt sich in fünf Jahren auf 270 000. Seattle läßt sich nicht lumpen und zieht 1909 mit der Alaska-Yukon-Pacific Exhibition nach, der ersten Weltausstellung der Region.

1906 Ein katastrophales Erdbeben (8,3 auf der Richter-Skala) und ein dreitägiger Feuersturm verwüsten San Francisco. Dreiviertel der Stadt (28 000 Gebäude) sind zerstört, 250 000 Bewohner werden obdachlos.

1908 In Los Angeles formiert sich eine Filmkolonie, damit erscheint Hollywood auf der Landkarte. Die Stars schaffen sich ringsum ihre aparten Spielplätze. Der Bedarf an teuren und schön gelegenen Strandvillen macht unter anderem Malibu zur exklusiven Filmkolonie.

1909 Der Staat Washington führt das Frauenwahlrecht ein, Oregon folgt drei Jahre später. Die beiden Nordweststaaten sind der Nation damit etwa zehn Jahre voraus.

1913 Ein Aquädukt versorgt Los Angeles mit Wasser aus dem Owens Valley. In den 1920ern muß der Aquädukt verlängert werden, bis er 1940 Mono Lake erreicht. Zwischen der Stadt und den Ranchern im Owens Valley bricht 1924 ein »Kleiner Bürgerkrieg« aus, bei dem der Aquädukt bombardiert wird. Der steigende Wasserbedarf der Städte macht weitere Wasserimportprojekte nötig: den Colorado River Aqueduct, der Wasser des Colorado River ableitet (1941); und den California Aqueduct, der Süßwasser aus dem Mündungsdelta des Sacramento und San Joaquin River heranführt (1973). Der gemeinsame Wasserbedarf führt zur

Annexion, besonders der Gemeinden im San Fernando Valley, durch Los Angeles. Für L.A. gilt seit dem das Bonmot: »A hundred suburbs in search of a city.«

1915 Mit der Panama Pacific Exposition feiert San Francisco die Eröffnung des Panamakanals und den Wiederaufbau der Stadt nach dem Erdbeben von 1906. Der Kanal verkürzt die Strecke von New York nach San Francisco um 6 000 Meilen.

1916 William Boeing verlegt seine Werkstatt an den Duwamish River bei Seattle und baut Flugzeuge. Stufen des Aufstieges der Firma sind die Bomber B-17 und B-29 im Zweiten Weltkrieg, der Verkehrsjet 707 (1954) und das zweimotorige Großraumflugzeug 777 (1995). Boeing ist heute der größte Arbeitgeber des Staates Washington.

1919 Erster Generalstreik der USA in Seattle: Werften, Sägewerke und Behörden stehen still. Ursachen sind schnelles Industriewachstum, die Folgen des Ersten Weltkrieges und der hohe Organisationsgrad der Arbeiter.

1920 Los Angeles überholt San Francisco, die bis dahin größte Stadt Kaliforniens. Durch bewässerten Plantagenbau und Ölfunde wird Südkalifornien zum bedeutenden Wirtschaftsraum.

1921 Am Signal Hill in Los Angeles stößt man auf das bis dahin größte Ölfeld. Südkalifornien – mit San Pedro Bay und Long Beach als Verteiler – wird Zentrum des *oil boom*, aus dem fast ein Viertel des Weltbedarfs an Öl und Gas fließt. In den 1950ern bringt die Ölindustrie vor der Küste neue Bohrungen nieder, sogenannte *offshore drillings*.

1925 Los Angeles entscheidet sich gegen den Bau von elektrischen Hoch- und U-Bahnen, obwohl ein ausgebautes Schienen-Nahverkehrssystem

Das flüssige Gold Kaliforniens: Bohrfeld in Signal Hill, Los Angeles

bereits seit den 1880ern existiert. Die elektrischen Straßenbahnen *(trolleys)* haben die Suburbanisierung von Los Angeles gefördert – nach dem Motto: »Live in the Country and Work in the City.« Obwohl das Fahrgastaufkommen 1924 noch 110 Millionen betrug, wird dieses Verkehrsmittel 1963 ganz aufgegeben. L.A. wird zur autogerechten Stadt schlechthin. Erst 1985 wird wieder eine Trolley-Linie nach Long Beach gebaut, und seit 1994 gibt es auch einige kurze U-Bahn-Strecken.

1928 Geburtsjahr von Mickey Mouse. Geburtsort: Hollywood. Vater: Walt Disney, Zeichner und Trickfilmer.

1933 Eine Reihe von Dürrejahren löst in den Großen Ebenen Staubstürme aus, die bis 1939 andauern. Eine menschliche Welle von »Arkies« und »Okies« ergießt sich aus der »Dust Bowl« von Arkansas und Oklahoma nach Westen, besonders nach Kalifornien. Die großen Farmbetriebe mit ihren Spezialkulturen finden in ihnen billige Arbeitskräfte. John Steinbeck hat ihr Schicksal in »Grapes of Wrath« (1939) beschrieben. Die Machtergreifung durch die Nazis in Deutschland führt zu einem Exodus deutschsprachiger Künstler, die sich hauptsächlich in der Nähe von Los Angeles, d.h. in Santa Monica und Pacific Palisades, ansiedeln. Zu ihnen gehören Bert Brecht, Heinrich und Thomas Mann, Franz Werfel, Lion Feuchtwanger, Arnold Schönberg, Bruno Walter, Ernst Lubitsch. Zwischen 1933 und 1939 leitet Otto Klemperer das Los Angeles Philharmonic Orchestra.

1934 Der Indian Reorganization Act stärkt die Autonomie der Reservate und stoppt die Privatisierung von Stammesland. Manche Stämme stärken ihre Verwaltung und gründen eigene Betriebe.

1936 Große Brücken überspannen die Küstenflüsse der Oregon Coast bei Newport, Florence und Coos Bay. Als Arbeitsbeschaffungsmaßnahmen des New Deal schaffen sie eine durchgehende Küstenstraße und fördern den Tourismus. Als weitere Projekte entstehen in Oregon State Parks, Besucherzentren und ein wunderbares Berghotel – Timberline Lodge. Kalifornien profitiert durch den Bau der San Francisco-Oakland Bay Bridge und der Golden Gate Bridge. Damit versiegt der einst dichte Fährverkehr über die Bay.

1938 Bonneville Dam am unteren Columbia beginnt, Strom zu liefern. Mit einer Leistung von einer Million Kilowatt (ab 1981) wird der Damm zum bedeutenden Wirtschaftsfaktor der Region. Der Nordwesten bezieht heute etwa 80 Prozent seiner Energie aus Wasserkraft.

1941 Nach der Bombardierung von Pearl Harbor auf Hawaii rückt San Francisco zur Kommandozentrale für den pazifischen Raum und zum Kriegshafen auf. An der Westküste boomt die Rüstungsindustrie. Boeing baut Bomber, Bremerton produziert Kriegsschiffe, und Kaiser in Portland liefert Liberty-Schiffe für den Einsatz im Pazifik.

Nach acht Jahren Bauzeit als Bundesprojekt (seit 1933) ist Grand Coulee Dam am Columbia vollendet. Der größte Hydrostaudamm der Welt dient der Stromerzeugung, Bewässerung und Hochwasserkontrolle. Heute werden 2 000 Quadratkilometer Ackerland im Columbia Basin aus Lake Roosevelt bewässert.

1942 Die Angst vor einem Überfall der Japaner geht um. Etwa 120 000 Amerikaner japanischer Abstammung aus Kalifornien, Oregon und Washington werden in »Relocation Centers« fern der Küste interniert. Eine Gedenkanlage im Tom McCall Waterfront Park von Portland erinnert an das Geschehen.

Uniform und Unisono: Seekadetten beim Gottesdienst, San Diego

Mit dem Bracero-Programm wirbt die US-Regierung mexikanische Landarbeiter an, um dem kriegsbedingten Arbeitskräftemangel in der Landwirtschaft abzuhelfen. Die meisten dieser Landarbeiter gehen nach Texas und Kalifornien. Viele bleiben nach Ablauf des Programms (1964) und bilden als »Mexican-Americans« oder »Chicanos« mit 13,5 Millionen (1990) einen Großteil der »Hispanics« in USA.

1947 Klima, Bewässerung, billige Arbeitskräfte und moderne Kühltechnik machen Kalifornien zum Agrarstaat Nummer 1 der USA. 1986 wird es auf 17 Prozent der Bewässerungsfläche der USA die Hälfte aller im Land produzierten Früchte, Nüsse und Gemüse erzeugen.

1951 Das staatliche Washington State Ferry System übernimmt und koordiniert den Fährverkehr auf Puget Sound. Trotz Defiziten fahren die Fähren noch heute häufig und billig. Sie werben mit dem stolzen Spruch: »The Beauty of Mass Transit.«

1955 Disneyland öffnet in Anaheim bei Los Angeles seine Pforten. Walt Disney hat den Park als Themenpark gestaltet.

1956 Der Kongreß schafft die gesetzliche Grundlage für ein Netz von Interstate Highways von 41 000 Meilen Länge. Die großen Fernstraßen werden für den Personenverkehr zur Westküste wichtiger als die transkontinentalen Eisenbahnen.

1961 Die Beach Boys kreieren den »California Sound« mit ihrer ersten Platte, »Surfin' USA«.

1962 Seattle richtet die Weltausstellung »Century 21« aus und stellt seine Luftfahrt- und Elektronikindustrie heraus.

1965 Rassenunruhen im Stadtteil Watts von Los Angeles fordern 34 Tote, Tausende werden festgenommen. – Zur gleichen Zeit schreitet die Motorisierung in Los Angeles scheinbar unaufhaltsam fort. Wilshire Boulevard wird zur schicken, autogerechten Einkaufszone: Die Portale der Geschäfte weisen zum Parkplatz, nicht zur Straße.

Der US-Handel mit Asien übertrifft zum ersten Mal den mit Europa – ein Zeichen für die wachsende Bedeutung des pazifischen Raumes und der Westküste der USA. In den folgenden Jahrzehnten nimmt die Zuwanderung von Chinesen, Japanern, Koreanern, Filipinos usw. zu, bis Asiaten in den 1980ern 47 Prozent der Einwanderer stellen – mehr als die »Hispanics«. Die neuen Einwanderer siedeln sich vor allem in den großen Zentren der Westküste wie San Francisco und Seattle und den Landstädten Kaliforniens an.

1966 Der Mexiko-Amerikaner Cesar Chavez organisiert die Landarbeiter Kaliforniens in der United Farm Workers Union. – Gründung der Black Panther Party in Oakland.

1967 Die amerikanische Hippie-Bewegung findet ihren Höhepunkt im Monterey Pop Festival und im »Summer of Love« in San Francisco. Besonders der Haight Ashbury District in San Francisco, aber auch Berkeley und der Sunset Strip in Los Angeles waren zu Brennpunkten der Counterculture geworden. Psychedelische Kunst, Drogenkonsum und Rockmusik führten zu neuen Lebensformen, die mit dem herkömmlichen *American Way of Life* nichts mehr zu tun hatten. In der Bay Area formierten sich 1965 Bands wie »Grateful Dead« oder »Jefferson Airplane«, in Los Angeles traten »The Doors« und Frank Zappa auf. Love-ins, Alternativkultur und politischer Protest gegen das amerikanische Engagement in Vietnam gingen meist Hand in Hand. Dann wird Ronald Reagan Gouverneur von Kalifornien ...

1967–75 Amtszeit von Tom McCall als Gouverneur von Oregon. McCall, der die Umweltbewegung der 1960er und 1970er Jahre verkörpert, setzt die »Beach Bill« durch, die der Allgemeinheit – auch den Touristen! – die »freie und durchgehende Nutzung« der Oregon Coast unterhalb der Vegetationslinie sichert. Zu McCalls Verdiensten zählen auch die Sanierung des Willamette River und die »Bottle Bill«. 1971 verkündet er der Welt, daß Besucher in Oregon willkommen sind, »sofern sie nicht bleiben«. Der Tom McCall Waterfront Park in Portland, der eine Stadtautobahn ersetzte, ehrt sein Andenken.

1969 Bei Studentenunruhen in Berkeley stirbt ein Student beim Einsatz der Nationalgarde. Indianer besetzen die ehemalige Gefängnisinsel Alcatraz, um daran zu erinnern, wem letztlich das Land gehört (bis 1971).

Im »Boeing Bust« der frühen 1970er Jahre setzt Boeing 60 000 Arbeiter oder zwei Drittel seiner Belegschaft frei. Eine ähnliche Krise trifft Seattle Anfang der 1990er Jahre, doch hat sich seine Abhängigkeit vom Luftfahrtgiganten in Everett inzwischen verringert.

Fingerspitzengefühl: Chip aus dem Silicon Valley

1970 ff. Das kalifornische »Silicon Valley« zwischen Palo Alto und San Jose entwickelt sich zum Weltzentrum der Computer-Industrie.

1971 Starbucks eröffnen ihre erste Filiale am Pike Place

Market in Seattle. Sie begründen eine Kaffee- und Espressokultur, die vom Nordwesten aus über die Nation schwappt.

1973 Metro Transit in Seattle fügt die Buslinien der Region zu einem Nahverkehrsverbund zusammen. In der Innenstadt ist die Fahrt gebührenfrei, die Busse benutzen einen Tunnel. – Oregon verabschiedet als erster Bundesstaat die revolutionäre »Bottle Bill«, die Getränkeflaschen und -dosen mit Pfand belegt.

1974 Die »Symbionese Liberation Army« kidnappt die Verlegertochter Patricia Hearst.

1978 San Franciscos Bürgermeister George Moscone und sein Stadtrat Harvey Milk, der erste prominente, »bekennende« homosexuelle Politiker, werden von einem Fanatiker erschossen. Das Ereignis führt zu großer Anteilnahme der Bevölkerung und zur Festigung der Rechte der Gays. Liberale Politik hat in San Francisco Tradition; sie schlägt sich in der Präsenz von Minderheiten und den Aktivitäten von Bürgerinitiativen und Umweltgruppen nieder. Im Zeichen von AIDS übt die Stadt besondere Solidarität mit ihren Randgruppen.

Stationen eines Ausbruchs: Mount St. Helens 1980

1979 Die Holzwirtschaft im Nordwesten erlebt einen Einbruch, Arbeitsplätze gehen verloren. Die Branche macht die Umweltschützer, diese dagegen den Raubbau an den Wäldern verantwortlich.

1980 Ausbruch des Kaskadenvulkans Mount St. Helens, der 400 Meter an Höhe verliert. Explosionsdruck und Schlammlawinen zerstören den Wald, töten alles Wild im Umkreis und kosten Menschenleben.

1981 Der Bhagwan Shree Rajneesh fällt mit Gefolge im Antelope Valley (bald: Rajneeshpuram) in North Central Oregon ein. Der Lebensstil der Kommune und deren politische Eingriffe führen zu Spannungen mit der ansässigen Bevölkerung. Nach dem Zerfall der Kommune verläßt der Bhagwan 1985 das Land.

Mit »Grant's Scottish Ale« startet Bert Grant in Yakima die erste Mikrobrauerei des Nordwestens. Die Bridgeport Brewery in Portland folgt seinem Beispiel und wird die erste Mikrobrauerei von Oregon (1984).

41

Seitdem blüht im Nordwesten die Kultur handwerklich hergestellter Biere aus örtlichen Brauereien.

1989 Ein schweres Erdbeben mit Zentrum bei Santa Cruz erschüttert die mittlere Küste Kaliforniens. Ein Teilstück der San Francisco-Oakland Bay Bridge stürzt ein.

1991 Der U.S. Fish & Wildlife Service erklärt die *northern spotted owl* in allen drei Westküstenstaaten der USA zur »bedrohten Art«. Damit ist der Lebensraum der Eule – alte Douglasienbestände – vor Rodung geschützt. Obwohl Altwald *(old growth)* nur noch fünf Prozent der Fläche des Nordwestens ausmacht, löst die Maßnahme wütende Proteste der Holzwirtschaft aus.

1992 Nach dem Freispruch für drei Polizisten, die den Schwarzen Rodney King schwer mißhandelten, erschüttern Rassenunruhen Los Angeles. Bürgerkriegsähnliche Zustände fordern 52 Tote, 2 383 Verletzte und Tausende verbrannter Geschäfte und Häuser.

1994 Kalifornien billigt mit 59 gegen 41 Prozent die »Proposition 187«, nach der staatliche Leistungen für illegale Einwanderer gekürzt und deren Kindern der Besuch staatlicher Schulen verboten wird. Die Zahl illegal in USA lebender und arbeitender Mexikaner und anderer »Latinos« wird auf 6 Millionen geschätzt, die der illegalen Grenzübertritte auf 2 Millionen pro Jahr.

Kurt Cobain, Exponent des »Grunge« von Seattle und Leadsänger der Gruppe »Nirvana«, schießt sich eine Kugel durch den Kopf – und schockt seine Gemeinde weltweit. – Der O.-J.-Simpson-Prozeß entwickelt sich zum Medienspektakel des Jahres.

1995 Die Holzindustrie erwirkt dank eines republikanisch dominierten Kongresses höhere Einschlagquoten in den Nationalforsten von Oregon und Washington – gegen den Widerstand der Umweltschützer.

1996 Nach der vorläufig letzten Volkszählung führt Kalifornien, bevölkerungsreichster Staat der USA, an der Westküste mit 32,3 Millionen Einwohnern vor Washington mit 5,5 und Oregon mit 3,2. Die größten Städte sind Los Angeles (3 554 000), San Diego (1 171 000), San Jose (839 000), San Francisco (735 000), Seattle (525 000) und Portland (481 000).

1997 In Los Angeles eröffnet auf den Hügeln der Santa Monica Mountains das Getty Center.

1998 Was man an der Küste nicht sieht: Der Staat Washington produziert 60 Prozent der Äpfel für den nationalen Markt und bestreitet 95 Prozent des Exports. Jetzt entscheiden die Arbeiter über ihre gewerkschaftliche Zugehörigkeit.

Die drakonischen Rauchverbote Kaliforniens werden weiter ausgedehnt: In keiner der 35 596 Bars des Staates darf mehr geraucht werden.

... 2025 Mit Jahresbeginn wird Oregon Resort Country! Das Census Bureau konstatiert eine kopflastige Alterspyramide für Oregon. Mit seinem Seniorenanteil (Bürger über 62 Jahre) steigt es von Rang 17 auf Rang 4 unter den Bundesstaaten. ✺

IV DREI WOCHEN ENTLANG DER PAZIFISCHEN KÜSTE

1. Tag – Programm: Seattle

Garfield St.   nach Vancouver   Lake Union   nach Vancouver   Lake View Cemetery
Galer St.   Seattle Asian Art Museum
Bigelow Ave.   Volunteer Park
Taylor Ave.   10th Ave. E.   15th Ave. E.   18th Ave. E.
Queen Anne Ave.   Warren Ave. N.   4th Ave.   Aurora Avenue   Dexter Ave.   Harvard Ave. E.   12th Ave. E.
Aloha St.   Valley St.   E. Aloha St.
Valley St.   Valley St.   Fairview Ave. N.   Bellevue Ave.   E. Roy St.   E. Roy St.
Mercer St.   Westlake Ave. N.   Mercer St.   Mercer St.   Mercer St.   14th Ave. E.   16th Ave.   18th Ave.
Seattle Center   Broad St.   Fairview Ave. N.   Bellevue Ave.   Summit Ave.   Harrison St.   E. Harrison St.
1st Ave. N.   Harrison St.   Boylston Ave. E.   Thomas St.   Thomas St.
Denny Park   Cascade Plgd.   John St.   12th Ave. E.   14th Ave. E.   15th Ave.
2nd Ave.   W. Denny Wy.   W. Denny Wy.   Olive Wy.   Capitol Hill   E. Denny Wy.
Clay St.   7th Ave.   Boren Ave.   Harvard Ave.   Broadway   11th Ave. E.   12th Ave. E.   14th Ave. E.   15th Ave.
Vine St.   Battery St.   Westlake Ave.   Virginia St.   Stewart St.   E. Pine St.   E. Madison St.   18th Ave.
Alaskan Wy.   Elliott Ave.   Bell St.   4th Ave.   Olive Wy.   5   E. Union St.   E. Union St.   Spring St.
2nd Ave.   Virginia St.   Visitor Information Center   University St.   Minor Ave.   Summit Ave.   10th Ave.   E. Marion St.
Stewart St.   Union St.   8th Ave.   Spring St.   Madison St.   Seattle University   E. Columbia St.
Pike Place   Pike Place Market   University St.   Seattle Art Museum   Columbia St.   James St.   E. Cherry St.
Aquarium   Pier 55   1st Ave.   Spring St.   Madison St.   James St.   Boren Ave.   Jefferson St.
Waterfront   Historic Waterfront Streetcar   2nd Ave.   Madison St.   4th Ave.   James St.   Jefferson St.   S. 10th Ave.   S. 12th Ave.   S. 14th Ave.   15th Ave.   S. 18th Ave.
Park   Ferry Terminal   James St.   Yessler Wy.   E. Yessler Wy.
Elliott   Main St.   Klondike Goldrush Museum   S. Jackson St.   S. Jackson St.
Bay   S. Jackson St.   International District   S. King St.   Weller St.
S. King St.   8th Ave. S.   Weller St.   Weller St.
N   Amtrak Station   S. Lane St.   Maynard Ave. S.   S. Lane St.
Alaskan Way St. S.   The Kingdom   Airport Way S.   Lake Way   Rainier Ave.
519   Pacific Medical Center   14th Ave.
Seattle   S. Royal   Brougham Wy.   90
500 m   99   1st Ave. S.   4th Ave. S.   6th Ave. S.   nach Portland

44

1. Tag – Programm: Seattle

Vormittag	Besuch im **Visitor Information Center** im Convention Center. Zu Fuß die Pike oder Pine St. hinunter zum **Pike Place Market:** Rundgang. Besonders sehenswert: die Fischstände mit großen Lachsen und anderem Seegetier.
Mittag	Lunch in einem Spezialitätenlokal am Pike Place Market. Bei massivem Jetlag: Mittagsschlaf!
Nachmittag	Hafenrundfahrt mit **Argosy Cruises.** Zu Fuß oder mit **Historic Waterfront Streetcar** die Waterfront südwärts zum **Pioneer Square:** Yessler Way links, 1st Ave. rechts bis Main St. – hier lohnt sich der Besuch des **Elliot Bay Bookstore & Cafe.** Von hier aus folgt man zu Fuß oder mit Waterfront Streetcar der Main St. nach Osten zum **International District** rund um **Weller St.** Ab 5th Ave. Station geht's mit Metro Transit durch den Bus-Tunnel zum **Westlake Center**; von dort Weiterfahrt mit Monorail zum **Seattle Center** und hinauf zur **Space Needle.**
Abend	Dinner in Downtown, am Pike Place Market oder einfach im Hotel-Restaurant. Für Nachtschwärmer empfiehlt sich der Besuch einer Rock-, Jazz-, Blues- oder Tanzkneipe.

Alternativen und Extras: Das Seattle News Bureau behauptet, Pike Place, Waterfront und Pioneer Square seien in drei Stunden zu schaffen ... Da bliebe ja noch Zeit für das, was am 2. Tag Programm ist!

---

1. Tag – Informationen: Seattle   Vorwahl: ✆ 206

i **Seattle-King County Convention & Visitors Bureau**
(Seattle News Bureau)
520 Pike St., Suite 1300
Seattle, WA 98101
✆ 461-5800, Fax 461-5855
Zentrale Stelle für (schriftliche) Auskünfte über Seattle.

i **Visitor Information Center – Downtown Seattle**
Washington State Convention Center
(direkt über I-5)
800 Convention Pl. (Pike St., zwischen 7th & 8th Ave.)
✆ 461-5840
Mo–Fr 8.30–17, im Sommer auch Sa/So 10–16 Uhr

Zentrale Auskunft für Touristen: Unterkunft, Fahrpläne für Busse und Fähren. Wichtig: die aktuelle *Seattle Tourmap.*

 Seattle Hotel Hotline
(Seattle-King County Convention & Visitors Bureau)
✆ 461-5882 und 1-800-535-7071; allgemeine Auskunft: 461-5840
Schnelles Buchen in über 40 führenden Stadthotels ohne Kosten für den Kunden. Im Winter (Mitte Nov.–Ende März) günstige Preise mit »Seattle Super Saver Package«.

Motels gibt es während der Reise noch genug – in Seattle sind **Stadthotels** die erste Wahl. Sie liegen zentral, besitzen urbanes Flair und Patina, und man kann die Fenster gewöhnlich noch von Hand öffnen. Wem das egal ist, derbleibt am besten am Flughafen beim »Host from Coast to Coast«. Hier eine Auswahl an Stadthotels.

Wyndham Garden Hotel – Sea-Tac
18118 Pacific Hwy. S.
Seattle, WA 98188
✆ 244-6666 und 1-800-WYNDHAM
Fax 244-6679
Trotz der Nähe zum Flughafen sind die 204 Zimmer ruhig. $$$ (Die Auflösung der $-Zeichen finden Sie S. 253 und 271.)

Inn at Virginia Mason
1006 Spring St. (First Hill)
Seattle, WA 98104
✆ 583-6453 und 1-800-283-6453
Angenehm, persönlich, preisgünstig. Älteres Stadthotel mit 79 Zimmern in ruhigem Wohnviertel, nahe einem großen Krankenhauskomplex. Das Frühstück nimmt man besser unterwegs ein! $$$

Sorrento Hotel
900 Madison St. (First Hill)
Seattle, WA 98104
✆ 622-6400 und 1-800-426-1265
Fax 343-6155
Die »große alte Dame« (1909) unter den hier vorgestellten Stadthotels. Es empfängt mit Garten, Rondell und komfortabler Lounge. Dort serviert man feine Torte mit Eis aus dem **Hunt Club**, abends knistert ein Feuer im Kamin, während Bluesmusik vom Flügel erklingt. Warum *nur* vier Sterne? Weil das Hotel kein Schwimmbad hat. Dezenter Luxus in 76 Zimmern und Suiten. $$$$

The Roosevelt (ein WestCoast Hotel)
1531 7th Ave. (Downtown)
Seattle, WA 98101
✆ 621-1200 und 1-800-426-0670
Fax 233-0335

Restauriertes Stadthotel von 1929 mit Kapazität: 151 kompakte, praktische, angenehme Zimmer. Zentral in der Nähe des Convention Center gelegen. $$$–$$$$

The Claremont Hotel
2000 4th Ave. & Virginia St. (Downtown)
Seattle, WA 98121
✆ 448-8600 und 1-800-448-8601
Fax 441-7140
Modernisiertes Stadthotel im klassischen Stil (1926 erbaut), mitten in der City gelegen. Hohe Zimmerdecken, stilvolle Interieurs. 110 Zimmer. Restaurant mit Niveau: **Assaggio Ristorante**. $$$

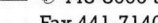

Die **Motels** konzentrieren sich am WA 99 South (Pacific Hwy.) in Flughafennähe, am WA 99 North (Aurora Ave.) nördl. der City sowie am Stadtrand um Denny Way und 7th/8th Ave. Eines unter vielen:

Travelodge – Seattle City Center
2213 8th Ave. (Cityrand)
Seattle, WA 98121
✆ 624-6300 und 1-800-578-7878
Fax 233-0185
Motel. Preisgünstig. 73 Zimmer. $$

Hostelling International – Seattle
84 Union St. (Downtown, nahe Waterfront)
Seattle, WA 98101
✆ 622-5443
Herberge mit 140 Betten in einem ehemaligen Einwandererheim. Mehrbettzimmer mit Schließfächern; auch Einzelzimmer. Im Sommer voranmelden! Nichtraucher. $

Ein Wohnmobil bringt man besser nicht mit nach Seattle. Wer einen Campingplatz sucht, muß weit fahren: nach Bellevue (**Trails Inn**) im Osten, nach Kent (**Seattle South KOA**) oder Des Moines (**Saltwater State Park**) im Süden.

Browse by Bus – Unterwegs mit Metro Transit

Wozu Autofahren in Seattle, wenn die Straßen so voll, die Steigungen so steil, die Parkplätze (auch die der Hotels) so teuer und die Busse so bequem und billig sind? Vom Flughafen **SEA-TAC** verkehren die **Busse 174** und **194** halbstündlich nach Downtown, ebenso der **Airport Express** der Gray Line zu 14 größeren Hotels. Ein dichtes Busnetz erschließt die Innenstadt kostenlos zwischen 6 und 19 Uhr, so daß man den Leihwagen am besten erst bei der Abreise übernimmt.

Um in Seattle beweglich zu sein, besorgt man sich im Convention Center die Fahrpläne für folgende Linien: **Bus 44** zu den **Chittenden Locks** (ab Montlake); **Bus 5** zum **Woodland Park Zoo** (ab Downtown); **Bus 10** ins »Szeneviertel« am **Broadway** (ab Downtown); **Bus 11** und **Bus 43** zum **Arboretum** (ab Downtown). Sehr hilfreich ist **Bus 12**, der den Steilanstieg zum **First Hill** (über Marion Street) überwindet. Die Broschüre *Browse by Bus* weist den Weg zu den wichtigsten Sehenswürdigkeiten.

 Pike Place Market
Pike Place (zwischen 1st Ave. & Waterfront)
 Mo–Sa 9–18, So 11–17 Uhr
Traditioneller *farmers market* und mehr, das »lustvoll schlagende Herz von Seattle«. Tips für Feinschmecker: **Le Panier**, die »sehr französische Bäckerei«; **Cucina Fresca**, mit »Fresh Pasta and Fine Cuisine to Go«; **Emmett Watson's Oyster Bar**, wo die Amerikaner gerade auf den Geschmack von *oysters on the half-shell* kommen ...

 The Seattle Aquarium
1483 Alaskan Way, Pier 59 (Waterfront Park)
 ☏ 386-4300 und 386-4320
Memorial bis Labor Day tägl. 10–19, sonst bis 17 Uhr

Meeresfauna um Puget Sound mit *tidepools*, Lachstreppe, Seeottern. Dazu pazifisches Korallenriff. $ 7

 Gibt es eine *Northwest cuisine?*
In Seattle schon. Die progressive Küche läßt sich unter Begriffen wie *Pacific Rim*, »hybrides Kochen« oder *Fusion* zusammenfassen. Was hier mit was fusioniert? Vorherrschende nordamerikanische Geschmacksrichtungen mit asiatischen Zubereitungsarten und Ingredienzien. Hauptmerkmal dieser Gerichte ist, daß die Rohstoffe weitgehend naturbelassen bleiben, damit die stets frischen Zutaten – Obst, Gemüse, Fisch, Geflügel – vollens zur Geltung kommen. Was man dazu trinkt? Natürlich Wein aus Washington.

Hervorragende Stätten der *Northwest cuisine* sind Downtown-Lokale wie **Dahlia Lounge** (1904 4th Ave., ☏ 682-4142); **Wild Ginger Asian Restaurant & Satay Bar** (1400 Western Ave., ☏ 623-4450; **Flying Fish** (2234 1st Ave., ☏ 728-8595), **The Painted Table** (92 Madison St. im Alexis Hotel, ☏ 624-3646) und **Etta's Seafood** (2020 Western Ave.& Pike Place Market, ☏ 443-6000). Echte Gourmets besorgen sich den aktuellen *Gourmet Guide to Dining Out in Seattle* aus der *Seattle Times*.

 Bacco Cafe and Juice Bar
1st Ave. & Stewart St. (im Hof des **Inn at the Market**)
Tägl. 7–15, Sommer bis 19 Uhr
Berühmtes Hotelfrühstück mit frischen Zutaten vom Markt (ideal für ein zweites Frühstück). Den *crab sandwich* probieren. Frische Säfte! $

 Cutter's Bay House
2001 Western Ave. (Pike Place Market)
☏ 448-4884
Tägl. 11–1.30 Uhr (früh)
Volkstümliches Seafood-Restaurant am Markt, ohne Tischdecken, mit Blick auf Elliott Bay. Spezialität im Mai/Juni: *Cop-*

Chief Seattle

per *River king salmon*. Der kommt mit Alaska Airlines geflogen und wird bei Cutter's über Apfelholz gegrillt. $$

 Argosy Cruises
Pier 55, Suite 201 (Waterfront)
☏ 623-4252
Die Schiffe starten häufig zur einstündigen Hafenrundfahrt *(Harbor Cruise)* ab Pier 55, ca. $ 14; Schleusenrundfahrten *(Locks Cruises)* beginnen an Pier 57, dauern 2 1/2 Std., ca. $ 22. Tägl., ganzjährig; Reservierungen nicht nötig.

 Elliott Bay Bookstore & Cafe
101 S. Main St. & 1st. Ave. S. (nahe Pioneer Square)
Weiträumiger Buchladen im Backstoin bau, einer der besten im Nordwesten. Café im Keller ($).

 Gut, von der *Seattle Times* getestet und preiswert ißt man in den asiatischen Restaurants im **International District**, z. B. im **Shanghai Garden** (524 6th Ave.

S., ☏ 625-1688); **Chau's Chinese Seafood** (310 4th Ave. S. & S. Jackson St., ☏ 621-0006); **House of Hong (Kong)** (409 8th Ave. S. & S. Jackson St., ☏ 622-7997); **Sea Garden** (509 7th Ave. S., ☏ 623-2100) und **Saigon Gourmet** (502 S. King St., ☏ 624-2611).

 Space Needle
Seattle Center (via Monorail)
☏ 443-2111 (Information)
Tägl. 8–24 Uhr
Sensationeller Rundblick aus 184 m Höhe. Die Auffahrt kostet ca. $ 9

 Tulio's (Hotel Vintage Park)
1100 5th Ave. & Spring St. (Downtown)
☏ 624-5500
Italienisch, delikat, gemütlich – auch für den kleinen Hunger geeignet: z.B. *bruschetta mista* – gegrilltes Brot mit marinierten Pilzen, Ziegenkäse mit Tapenade, Tomaten mit Pinienkernen und Korinthen. Täglich Frühstück, Lunch, Dinner. $$

 Gravity Bar
113 Virginia St. (Downtown)
☏ 448-8826
Cool, intelligent, futuristisch und vegetarisch – das Nonplusultra an *health food* in Seattle; mit Saftbar. Lunch und Dinner. $

 Cafe Sophie
1921 1st Ave. (Pike Place Market)
☏ 441-6139
Fine Dining mit Atmosphäre – elegant, romantisch, französisch. Snack- und Dinnerkarte. Fr/Sa Live-Jazz. $$

 Virginia Inn
1st Ave. & Virginia St. (Downtown)
☏ 728-1937
Schöne Kneipe, zentral gelegen, mit wechselnden Kunstausstellungen an den Wänden. Bier vom Zapfhahn aus der Mikrobrauerei. $

Grunge und Post-Grunge

Grunge und Seattle sind *ein* Begriff, seit das Plattenlabel »Sub Pop« 1991 die Gruppe »Nirvana« herausgebracht hat. Diese Band trug ihre wilde Botschaft von Metal, Punk und Lebenstrauer in die Welt. Als sich Kurt Cobain 1994 erschoß (»No, I don't have a gun«), fragten sich seine Anhänger erschrocken, ob das die logische Folge seiner gepreßten Vocals, wütenden Schreie und grimmigen Gitarrenschläge war. Inzwischen ist dem getrübten Lebensgefühl des *grunge rock* eine Art *post-grunge* gefolgt, vertreten von Gruppen wie »Soundgarden«, »Pearl Jam« oder »Mudhoney« – alle aus Seattle.

Aber die Fans haben sich verändert. Aus den Grunge-Kids von einst mit ihren Schlabberhosen, grobkarierten Flanellhemden und klobigen Stiefeln sind gestylte Twens geworden. Die entsprechende Musik in den Clubs von Seattle stellt eine Rückkehr zur gepflegten *lounge music* der 60er Jahre dar, Kenner sprechen von »Cocktail Culture«. Wohin geht man? Ins **Crocodile Cafe** (2200 2nd Ave., ✆ 441-5611); **Moe's – Mo'roc'n Cafe** (925 E. Pike St., ✆ 323-2373); **OK Cafe and Hotel** (212 Alaskan Way S., ✆ 621-7903); **Off Ramp** (109 Eastlake Ave., ✆ 628-0232). Topaktuelles verraten die Szene-Gazetten.

ℹ️ **The Seattle Weekly** bietet alle Informationen zu Kultur und Unterhaltung. **The Stranger** hat das Ohr näher an der Szene und liegt in Cafés und Clubs aus.

Straßenlokal am Pioneer Square

Urlaubsstadt Nummer Eins
Seattle

Urlaub in Seattle – bei dem vielen Regen? Halb so schlimm: Im Jahresmittel
fallen nur 940 Millimeter, vorwiegend
als feine Tröpfchen, vor allem in der
kühlen Jahreszeit. Das ist weniger als in
New York, Washington (DC) oder Houston – und genausoviel wie in München.

Norman Rice, der Bürgermeister von
Seattle, jedenfalls arbeitet nicht nur
hier, sondern verbringt hier auch seinen Urlaub – wie er im Vorwort zum
Visitors Guide schreibt. Fünfmal schon
hat Seattle den Titel der »schönsten
Urlaubsstadt« der USA errungen, ganz

Die Skyline von Seattle mit Space Needle und Mount Rainier

zu schweigen davon, daß es (wie Portland) regelmäßig zur »Most Livable City« gekürt wird. Bei schlechtem Wetter hat das Seattle News Bureau ein Rezept: Regenbekleidung von »Peter Storm, Inc.« oder »Weather or Not« – wenn das kein Witz ist ...

Jetlag hin oder her, das Besucherbüro im Convention Center ist immer eine gute Adresse. Am besten erreicht man es zu Fuß über die Pike Street, denn ein Auto ist in Seattle ohnehin nur hinderlich. Im modernen Hallenbau des Center trifft man erstmals auf *public art* – Kunst im öffentlichen

Raum oder »Kunst am Bau«. Gemäß einer städtischen Verordnung muß hier (wie in Portland) ein Prozent der Baukosten für öffentliche Gebäude für die Kunst abgezweigt werden.

Wer keine Stadtrundfahrt mit Gray Line buchen will, schlendert die Pine oder Pike Street zum **Pike Place Market** hinunter. Man bummelt dabei an den Schaufenstern der Kaufhäuser der Downtown vorbei, betrachtet das bunte Treiben am verkehrsberuhigten Westlake Center und beschnuppert die Kaffeesorten bei Starbucks.

Apropos Starbucks: Seattle ist kaffeesüchtig. Seit die Firma 1971 ihren ersten Laden am Pike Place eröffnete, sind 116 weitere *coffee stands* im Stadtgebiet hinzugekommen; heute teilen sich je zwei Häuserblocks einen Starbucks. Das Novum waren frisch geröstete, ganze Bohnen und Kaffee zum Probieren. Inzwischen ist die Kaffeewelle über den ganzen Nordwesten geschwappt, kleinere Ketten sind hinzugekommen. Die »Seattleites« lieben vor allem ihren *caffe latté* (sic!), eine Art Cappuccino mit viel Milch, aber auch die Kaffeevarianten *mocha, americano* und Espresso. Es ist daher kein Wunder, »Schlaflos in Seattle« zu sein.

Der **Pike Place Public Market** ist der älteste noch funktionierende Bauernmarkt der USA. Seit 1907 bringen hier Farmer und Fischer frisches Obst, Gemüse, Fleisch und Fisch aus dem Umland zum Verkauf. MEET THE PRODUCER – konnte man früher in großen Lettern am Markteingang lesen. Heute ist der Markt ein idealer Ort zum Schlendern, Schauen, Schmausen und Schoppen. Besonders Feinschmecker kommen auf ihre Kosten: Kaum ist man von der Pike Street in **Pike Place** eingebogen, animiert der Duft von Röstkaffee, frischem Brot, gebratenem

51

Gleich wird er fliegen, der Lachs am Pike Place Market

Fisch und Gewürzen zu einem zweiten Frühstück oder zu einem frühen Mittagessen.

Am Wochenende herrscht Volksfeststimmung auf dem Markt. An allen Ecken klingt und swingt es. Fünf schwarze Herren singen – a cappella – von Jesus dem Herrn. Schwarzhaarige Indios mit Zopf und Hut bieten südamerikanische Folklore dar. Junge Leute sitzen auf der Schräge der unteren Pine Street und lauschen Little Bill & The Blue Notes, gesponsert von Seattle's Best Coffee. »Little Bill« singt einen mächtigen, schwarzen Blues ins Mikrofon.

Sonntags staut sich die Menge vor dem Stand der **Pike Place Fish Company.** Hier herrscht reger Flugverkehr: Der vom Kunden ausgesuchte Fisch wird vom Mann vor der Auslage gegriffen und einem Kollegen hinter der Theke zugeschleudert. Der fängt den King Salmon, Coho Salmon, Heilbutt oder Seeteufel schon in Wickelpapier auf, wiegt ihn ab und packt ihn ein. Die Jungs können aber nicht nur werfen, sondern auch brüllen. Bisweilen lassen sie einen Monsterfisch an einer Strippe zappeln – zum Schrecken der Kinder. Eine bühnenreife Show!

Nur wenige Schritte entfernt, im kleinen Steinbrueck Park, weitet sich der Blick auf Elliott Bay. Seinen Namen hat das Grün von Victor Steinbrueck, dem Leiter der Bürgerinitiative, die den Markt in den siebziger Jahren vor der Abrißbirne gerettet hat. Doch die Bedrohung ist längst noch nicht vorüber, denn Baulöwen und Stadterneuerer planen Höheres für das citynahe Gelände mit seinen alten Schuppen. Im Park sieht man Menschen auf dem Rasen oder auf den Bänken sitzen, die an ihrem *Take-out*-Lunch knabbern. Flinke Jungen kicken währenddessen kleine, schlappe Bällchen durch die Luft.

Über den Pike Place Hill Climb geht es hinunter zum Waterfront Park und **Seattle Aquarium** am Pier 59. Hier gäbe es Rochen, Riesenkraken und Hundshaie zu besichtigen, doch das Aquarium in Newport, Oregon, ist auch nicht ohne (siehe 9. Tag, S. 122 f.). Heute folgen wir jedoch der **Waterfront** entlang nach Süden, rechts flankiert von den touristisch aufgemöbelten Piers 57 bis 54 und links von der Autobahn auf Stelzen. Die steht hier seit 1953, weil sich die Bürger von Seattle damals und seitdem immer wieder gegen die Schiene entschieden haben. Als Erinnerung an ihre stolze Straßenbahnvergangenheit importierten sie die Nostalgiebahn **Historic Waterfront Streetcar** aus Australien.

»Nirgends ist Seattle schöner als vom Wasser her«, meinen **Argosy Cruises** sinnigerweise in ihrem Prospekt. Die Schiffe ihrer weißen Flotte starten häufig ab Pier 55 zu geruhsamen Hafenrundfahrten. Wer trotzdem warten muß, kann bei **Ivar's Acres of Clams** hineinschauen – ein Geschäft, das über und über mit stadtgeschichtlichen Souvenirs und historischen Fotos angefüllt ist.

Während der einstündigen Rundfahrt erzählt der Kapitän über seine Stadt: den Smith Tower von 1914, mit 42 Stockwerken der damals höchste Wolkenkratzer westlich des Mississippi, und das Edgewater Inn am Pier 67, wo die Gäste direkt vom Hotelfenster aus angelten – der Hotelkoch briet ihnen die Fische. Im sich anschließenden Handelshafen ankern große Containerschiffe, mit denen Holz und Getreide ausgeführt und japanische Autos

Bemoost vom vielen Regen? Straßenkunst in Seattle

Space Needle mit Skulptur

importiert werden. Doch auch von den anderen Säulen der Wirtschaft im Raum Seattle ist die Rede: Luftfahrt (Boeing), Handel mit den Staaten des *Pacific Rim*, Mikrotechnologie (Microsoft) und Tourismus.

Zurück auf dem Festland geht's noch ein Stück die Waterfront hinunter, bis man zum **Pioneer Square** gelangt. Am Yessler Way glitten einst geölte Baumstämme den Hang hinunter, direkt in die Bassins von Yesslers Sägemühle. Man nannte die Strecke damals »Skid Road« – *Skid Row* bedeutet heute ein heruntergekommenes Stadtviertel im besonderen oder sozialen Abstieg im allgemeinen. Hier steht kein Gebäude, daß vor 1889 gebaut wurde, weil die ganze hölzerne Innenstadt damals abbrannte und danach aus rotem Backstein und Eisen wiederaufgebaut wurde.

Jetzt ist man mitten im **Historic District**. Dicht beieinander liegen am Yessler Way das feine Al Boccalino Ristorante (klein, gemütlich, teuer), das kürzlich renovierte Pioneer Square Hotel (Backsteinbau von 1914) und der Pioneer Square Saloon (eine richtige Kneipe). Am dreieckigen Pioneer Square treffen sich die Obdachlosen. Aber sie sind nicht der Grund dafür, daß in den Fenstern um 1st Avenue und Main Street Schilder wie ROOMS 75 CENTS oder STEAM BATH hängen – in einem Historic District darf eben nichts verändert werden.

Wer Appetit hat auf Bücher und einen Snack, besucht **Elliott Bay Bookstore & Cafe** – eine Legende in puncto Auswahl und Atmosphäre. Zu Fuß oder mit der Historic Street Car erreicht man den ein paar Straßenzüge entfernt liegenden **International District** – wie der politisch korrekte Ausdruck für Chinatown lautet. Das Karree zwischen 5th und 7th Avenue, Jackson und Weller Street ist reich an asiatischer Gastronomie. Hier bietet sich die Gelegenheit zu einen (späten) *Dim Sum*-Lunch (warmen, chinesischen Vorspeisen).

Wer des Laufens müde geworden ist, wird in den **Metro Tunnel** (Eingang 5th Avenue) hinabsteigen, um mit dem Bus zum **Westlake Center** zu fahren. Auch die Busröhre ist als öffentliches Bauwerk über und über geschmückt mit *public art* (nicht unbedingt der besten). Die Busse waren nicht immer Säulen des öffentlichen Nahverkehrs in Seattle. Eine Werbeschrift von 1919 preist die »269 Straßenbahnmeilen« als Vorzug der Stadt. Daneben gab es Vorortzüge und *cable cars* – wie in San Francisco. Später haben die Seattleites allerdings ihre Bahnen abgewählt, sie wollten die autogerechte Stadt.

Vom Westlake Center aus befördert **Monorail** die Besucher in 90 Sekunden zum **Seattle Center**. Dort steht die **Space Needle** wie eine Frisbee-Scheibe auf Stäbchen. Soll man, soll man nicht? Die Fahrt nach oben kostet für eine Familie mit zwei Kindern immerhin 25 Dollar – die Rückfahrt ist frei.

Natürlich fährt man hinauf, sonst wäre man ja nicht gekommen. Der Blick aus 184 Metern Höhe ist überwältigend, atemberaubend und etwas furchterregend. Mit mulmigem Gefühl umkreist man mehrmals das Aussichtsdeck hinter Plexiglas. Von hier oben sieht es so aus, als würden unten im Park Liliputaner Rad schlagen und platt auf dem Boden liegenbleiben. Fatale Gedanken schleichen sich ein: Werden die Kaskadenvulkane ruhig bleiben? Wird diese Raumkapsel auf Spinnenbeinen dem erwarteten »Big One« standhalten?

Von hier oben überblickt man die Umgebung: Was ist das – dieser Wolkenkratzer, jene Wasserfläche, dieser Freeway? Wo liegt unser Hotel? Sind das schon die Olympic Mountains? Und ist jenes Wasser, das da in der Abendsonne glitzert, Lake Union, wo »Sleepless in Seattle« gedreht wurde? Wer viel Geld ausgeben möchte, speist danach im Restaurant unter der Plattform. Von der Suppe bis zum Nachtisch rotiert man einmal um die eigene Achse.

Sind Sie noch fit fürs Nachtleben? Seattle hätte eine vitale Musikszene zu bieten, z. B. die Lokale mit Post-Grunge oder Jazz in Belltown, auf Capitol Hill oder am Pioneer Square – das aktuelle Programm findet man im *Seattle Weekly*.

Wer den Tag lieber gemütlich ausklingen lassen will, findet an der unteren Virginia Street ein wahres »gastronomisches Ökotop«. Zum Einstieg könnte man sich einen frisch gepreßten Saft oder eine exotische Kreation aus Soja, Buchweizen oder Quinoa »coole« in der **Gravity Bar** gönnen, das Dinner – bei höheren Ansprüchen – im europäisch-gepflegten **Cafe Sophie** einnehmen und mit einem der sieben Sorten Mikrobräu vom Hahn den Abend im **Virginia Inn** mit seinem künstlerischen Flair beschließen. ✳

Downtown Seattle

2. Tag – Route: Seattle – Everett – Vancouver
(243 km / 152 mi)

km/mi	Zeit	Route
	Vormittag	Besuch des **Seattle Art Museum**.
0		Danach I-5 North bis Exit 189, dann WA 526 West 3 mi bis
51/ 32	Mittag	**BOEING TOUR CENTER** (nicht: Visitor Parking!). Führung durch das Werk der Firma bei Everett. Zurück zur I-5 North und weiter nach
243/152	Abend	**Vancouver, BC**.

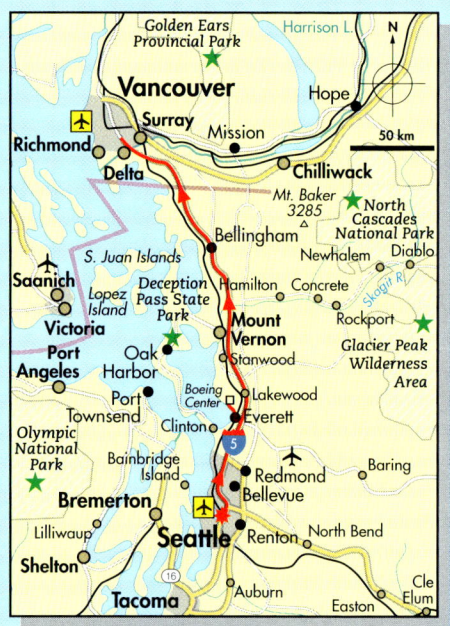

Alternativen und Extras
1. Boeing Tour von Gray Line
Statt selber zu Boeing nach Everett zu fahren, kann man sich der **Boeing 747/767/777 Tour** von Gray Line anschließen (beginnt allerdings erst um 14.30 Uhr). Die Tour hat den Vorteil, daß man seinen Platz bei Boeing sicher hat.

2. Für Pflanzenliebhaber
Ein Arboretum ist »ein lebendes Museum von Holzgewächsen zum Zwecke der Bildung, Erhaltung, Forschung und Präsentation« – so definiert es die Stiftung, die das Gelände angelegt hat. Das **Washington Park Arboretum** ist in erster Linie ein wilder und schöner Park. Der East Arboretum Drive führt wie ein Gartenweg hinein. Am Visitor Center erhält man ein Faltblatt zur Orientierung über »thematische Inseln« mit Ahorn, Magnolien, Lärchen, Holzapfel usw. Im Frühling wird ein Spaziergang längs des **Azalea Way** zu einem besonderen Erlebnis: überall blühende, duftende Azaleen, Rhododendren, Japanische Kirschen und Hartriegel. Zu jeder Jahreszeit stehen andere Pflanzen in Blüte – und im Zentrum des Interesses. Den Pazifischen Madrona-Baum, der nur in einem schmalen Küstenstreifen des Pazifischen Nordwestens heimisch ist, gilt es genauer zu betrachten. Weil er weiß blüht, haben ihn die Matrosen von Captain Vancouver verwechselt, als sie 1792 am vermeintlichen »Magnolia Bluff« vorbeisegelten.

3. Für Tierfreunde

Er gilt als einer der zehn besten Zoos der USA: **Woodland Park Zoo** im Norden Seattles. Konzepte wie *open environment* und *landscape immersion* sorgen dafür, daß der Besucher dicht an die Tiere herankommt. Praktisch heißt das: Man schaut nicht in eine Voliere hinein, sondern steht mitten darin. Die Tiefland-Gorillas haben ihren »Urwald mit Fluß«, die Vögel der asiatischen Baumwipfelzone ihren »feuchtheißen Regenwald« – daß es dem Besucher die Brille beschlägt.

4. Radikale Alternative: Direkter Weg in die Olympics

Wer auf Vancouver verzichten möchte, nimmt den Quereinstieg in die Olympics und fährt direkt zum **Olympic National Park.** Dazu folgt er den Schildern, die in Seattle TO FERRIES und zum Pier 52 weisen. Nachdem die Fähre nach Bainbridge Island abgelegt hat, sieht man die Skyline von Seattle schrumpfen wie durch ein umgekehrtes Fernrohr. Bei guter Sicht schwimmt der Schneehut des fernen Mount Rainier wie ein Eisberg über den Wolken. Von Bainbridge Island aus beginnt eine Fahrt durch die zerklüftete Welt der Inseln und Halbinseln um Puget Sound. So zerrissen ist das Land, daß man oft nicht weiß, auf welcher Insel oder an welcher Bucht man sich gerade befindet. Jenseits Agate Passage beginnt die nördliche Kitsap Peninsula – Halbinsel deshalb, weil sie im Süden am Festland festgewachsen ist. Links und rechts dehnt sich das diffuse Grün des Sekundärwaldes. Den Urwald haben sich längst die Sägemühlen von Port Gamble, Port Ludlow, Port Hadlock und Port Townsend geholt.

Unweit Agate Passage steht das **Suquamish Museum** (s. u.) – von der Smithsonian Institution als »bestes Museum zur Kultur und Geschichte der Indianer am Puget Sound« gelobt. »Mit den Augen von Chief Seattle« heißt das Video, das die Lebensweise der Suquamish im 19. Jahrhundert und ihre Handwerkskünste (Kanubau, Weberei, Korbflechten) beschreibt. Daneben läuft die Medienshow »Voices of the Suquamish People«, in der die Stammesältesten zu Wort kommen. – Chief Seattle liegt nicht weit vom Museum auf dem kleinen Friedhof der katholischen Missionskirche St. Peter begraben, zwei Kanus auf Pfählen markieren die Stätte. Auf dem Grabstein steht: »Sealth. Der feste Freund der Weißen, und nach ihm wurde die Stadt Seattle benannt.« Als die US-Regierung ihn zur Abtretung der Stammeslande an der Bucht von Seattle drängte, hielt er seine berühmte Rede (1854): »Wie kannst du die Luft besitzen? Wenn wir die Frische der Luft und das Glitzern des Wassers nicht besitzen – wie könnt ihr sie von uns kaufen? Denn das wissen wir – die Erde gehört nicht den Menschen, der Mensch gehört zur Erde.« Die Rede hat weder ihn noch sein Volk vor der Vertreibung gerettet. Als er 1866 starb, lebten die Suquamish und Duwamish längst auf dem Reservat von Port Madison, wo Reste des Stammes noch heute anzutreffen sind.

Good-bye, Chief Sealth! Bei **Port Gamble** öffnet sich der Blick auf eine museale Idylle. Hier entstand 1853 die erste Sägemühle der Region (1853), jetzt hat die Pope & Talbot Lumber Co. den hübschen Ort als Historic District zubereitet. Weiter geht es »schwimmend« über die **Hood Canal Floating Bridge**, die ebensowenig eine richtige Brücke ist wie Hood Canal ein Kanal. Der Weg zur US-101 und zum Anschluß an die Route des 4. Tages führt über die WA-104 West.

2. Tag – Informationen

 Seattle Art Museum
100 University St. (Downtown)
☎ 654-3100 und 654-3255
Di–So 10–17, Do bis 21 Uhr
Hervorragendes Kunstmuseum zu Asien, Afrika, Nordamerika (modern und Nordwestindianer). $ 6

 The Boeing Company – Everett Plant
Hwy. 526 (Tour Center)
Everett, WA 98203
☎ 342-4801
Mo–Fr (außer feiertags) 9–15 Uhr
Gigantisch: die Halle, die Flugzeuge, der Andrang. Führungen stündl., Dauer 1 ½ Std., Teilnahme gratis. Reservierung nicht möglich, außer mit Gray Line (s. o.).

 Gray Line of Seattle – Sightseeing
720 S. Forest St.
☎ 626-5208 und 1-800-426-7532
Tickets und Abfahrten: Convention Center
City Tour (im Sommer) tägl. 9, 11.15, 13, 16, 18 Uhr, Dauer 3 Std., ca. $ 23;
Boeing 747/767/777 Tour (im Sommer) Mo–Fr 14.30 Uhr, Dauer 3 ½ Std., ca. $ 33.

 Washington Park Arboretum
2300 Arboretum Drive E. (Visitor Center)
☎ 543-8800

Park tägl. bei Tageslicht geöffnet, Visitor Center Mo–Fr 10–16, Sa/So 12–16 Uhr. Eintritt frei.
Bus 43 oder 11 ab Downtown, sonst Zufahrt ab E. Madison St., dann links in Washington Blvd. einbiegen, dann Arboretum Dr. E.

  Woodland Park Zoo
5500 Phinney Ave. N. (nahe Green Lake)
☎ 684-4800
15. März–14. Okt. tägl. 9.30–18, 15. Okt.–14. März 9.30–16 Uhr
Im Norden von Seattle; Bus 5 ab Downtown. Eintritt $ 7.50 + $ 3.50 Parkgebühr.

 Suquamish Museum & Tribal Center
15838 Sandy Hook Rd. (nahe Agate Passage/WA 305)
Suquamish, WA 98392
☎ (360) 598-3311, App. 422
April–Sept. tägl. 10–17, sonst 11–16 Uhr
Gute Einführung in die indianische Welt um Puget Sound. $ 2.50

 Microsoft Corporation
1 Microsoft Way
Redmond, WA 98052-6399
☎ 487-5113 (Carolyn Anderson)
Fax 936-7329
Führungen Di, Mi, Do 9.30 und 13.30 Uhr; einstündig. Maximal 15 Personen, mindestens 2 Wochen im voraus reservieren.

Seeotter im Seattle Aquarium an der Waterfront

Hotel Vancouver
900 W. Georgia St.
Vancouver, B.C. V6C 2W6
ℂ 668-43131, Fax 662-1901
Historisches Grandhotel in bester Lage in Downtown mit allen Annehmlichkeiten; mehrere Restaurants, Pool. $$$$

Pan Pacific Vancouver Hotel
300-999 Canada Place
Vancouver, B.C. V6C 3B5
ℂ 662-8111, Fax 685-8690
Luxushotel am Hafen nahe der Water St. mit herrlichem Blick auf Burrard Inlet und Innenstadt. $$$–$$$$. Das **Five Sails Restaurant** im Hotel *(upper lobby level)* zählt zu den besten der Stadt. $$$$

Canadian Pacific Waterfront Centre Hotel
900 Canada Place Way
Vancouver, B.C. V6C 3L5
ℂ 691-1991, Fax 691-1999
Komforthotel; ein Teil der Zimmer mit Aussicht auf den Hafen. $$$$

Pacific Palisades Hotel
1277 Robson St.
Vancouver, B.C. V6E 1C4
ℂ 688-0461, Fax 891-5130
www.shangrila.com
sales@palisades.com
Die Zimmer in den oberen Stockwerken haben eine grandiose Aussicht. $$$$

Parkhill Hotel
1160 Davie St.
Vancouver, B.C. V6E 1N1
ℂ 685-1311, Fax 681-0208
Modernes Hotel im West End der Innenstadt mit Blick auf die English Bay. Nehmen Sie ein Zimmer in den oberen Stockwerken! $$$$

The Sutton Place Hotel
845 Burrard St.
Vancouver, B.C. V6Z 2K6
ℂ 682-5511, Fax 682-5513
Angenehmes Hotel im europäischen Stil, wenige Minuten Fußweg zu den Attraktionen von Downtown Vancouver. $$$$

Wedegewood Hotel
845 Hornby St.
Vancouver, B.C. V6Z 1Y1
ℂ 689-7777, Fax 608-5348
Elegantes kleines Luxushotel mit nur 90 Zimmern, direkt neben dem Robson Square gelegen. Gutes Restaurant und Bar. $$$$

Sylvia Hotel
1154 Gilford St.
Vancouver, B.C. V6G 2P6
ℂ 681-9321
Gemütliches historisches Hotel, von Efeu überwachsen, in ruhiger Wohnlage am sandigen Ufer der English Bay und nahe der Innenstadt; einfache, saubere Ausstattung. Leisten Sie sich eine (preiswerte) Suite mit herrlichem Blick über die Bucht. $$–$$$

Beautiful Bed & Breakfast
428 W. 40th Ave.
Vancouver, B.C. V5Y 2R4
ℂ 327-1102, Fax 327-2299
Sehr schönes, antik eingerichtetes Haus in der Nähe des Queen Elizabeth Park. $$$–$$$$

European Bed & Breakfast
648 E. Keith Rd.
North Vancouver, B.C. V7l 1W5
ℂ 988-1792, Fax 988-1782
Von deutschem Ehepaar betriebene Pension in der Nähe von Grouse Mountain und Capilano Suspension Bridge. $$–$$$

Kingston Hotel (B & B)
757 Richards St. (Downtown)
Vancouver, B.C. V6B 3A6
ℂ 684-9024, Fax 684-9917
Einfache Unterkunft mit Etagendusche, zentral gelegen. 60 kleine Zimmer. Viele jüngere Gäste, oft mit Rucksack. Bescheidenes Frühstück. $

Vor der Kulisse des Canada Place, Vancouver

The Buchan Hotel
1906 Haro St. (West End)
Vancouver, B.C. V6G 1H7
ℂ 685-5354 und 1-800-668-6654
Fax 685-5367
Schön im Wohnviertel zwischen Downtown und Stanley Park gelegen. 60 kleine Zimmer; Nichtraucher! Preiswert und komfortabel genug. Wochenenden: reservieren! $$

Capilano RV Park
295 Tomahawk Ave.
North Vancouver, B.C. V7P 1C5
ℂ 987-4722, Fax 987-2015
Laut, aber in guter Lage; nächster Campingplatz zur Innenstadt, unter der Nordrampe der Lions Gate Bridge.

Burnaby Cariboo RV Park
8765 Cariboo Place
Burnaby, B.C. V3N 4T2
ℂ 420-1722, Fax 987-2015
Fax aus Deutschland 0130-818635
www.bcrvpark.com
camping@bcrvpark.com
Weitläufiger, privat betriebener Campingplatz im Osten Vancouvers; mit Hallenbad.

Le Crocodile
909 Burrard St.
ℂ 669-4298
Sehr gutes und entsprechend oft ausgebuchtes Edel-Bistro mit hauptsächlich elsässisch-französischer Küche. $$$

The Cannery
2205 Commissioner St. (am Ende des Victoria Dr.)
ℂ 254-9606
Sehr beliebtes Fischrestaurant im Hafenviertel mit Blick über North Vancouver; gute Weinkarte. $$–$$$

Babalu
654 Nelson St.
ℂ 605-4343
Art-déco-Einrichtung, Live-Musik. Beliebt bei Zigarren-Rauchern.

Bimini
2010 W. 4th Ave.
Live-Musik – von Piano bis Rock.

Grenzüberschreitungen
Von Seattle nach Vancouver

Der Vormittag in Seattle ist kostbar. Manches wäre geeignet, ihn in die Länge zu ziehen: Noch ein Bummel über Pike Place Market; Besuch von Washington Park Arboretum, Woodland Park Zoo oder Seattle Art Museum; eine Stadtrundfahrt mit den Profis von Gray Line, ein Ausflug zu den Chittenden Locks, die Fährfahrt zu Chief Seattle auf Bainbridge Island, eine Stippvisite bei Bill Gates ... Und die Boeing-Werke in Everett? Die liegen sowieso an der Strecke.

Heute ist der Tag der Grenzüberschreitungen. Nicht nur von USA hinüber nach Kanada, sondern auch hinüber zur Kunst, zu den Pflanzen, zu den Tieren, zur Technik und möglicherweise auch hinüber zu einem ganz anderen Kulturkreis. Bei so vielen Angeboten hat der Reisende die Wahl, der Autor die Qual. Wie entscheiden, was Pflicht ist, was Kür?

Ein Kunstmuseum besuchen – inmitten dieser grandiosen Naturlandschaft? Heißt das nicht, etwas zu tun, das man

Taumel der Perspektiven, mit »Hammering Man« vor dem Seattle Art Museum

genauso gut zu Hause tun könnte? Nicht in diesem Fall. Das **Seattle Art Museum** bietet bedeutende Sammlungen zur afrikanischen und asiatischen Kunst, zur amerikanischen Moderne sowie zur Kunst der Indianer der nordwestlichen Küste. Im folgenden sei auf die »Americana« abgehoben, wobei ein Seitenblick auf die »Africana« unbenommen bleibt.

Am Eingang 1st Avenue & University Street hämmert der mehrfach überlebensgroße *Hammering Man* von Jonathan Borofsky, der schon fast zum Symbol für Seattle geworden ist. Das Gebäude selbst wurde von Robert Venturi entworfen (1991). Eine Besonderheit des Museums fällt auf, sobald man die Eingangshalle betreten hat: der viele freie Raum über der Prachttreppe. Sie führt an marmornen Widdern und chinesischen Grabwächtern vorbei zu den Galerien. Der Rundgang wird zu einer Feier des Raumes, so großzügig sind die Objekte gehängt und gestellt.

Unter den Kunstwerken der Küstenindianer beeindrucken die Totempfähle und Masken. Zwei Grizzlybären sind in die Pfähle geschnitzt, darüber hockt ein »Thunderbird« mit Krummschnabel. In grobes Holz gebannte Umwelt und Mythen! Die Museumsleitung hat alles mühsam in der Ursprache beschriftet, mühsam auch für den Betrachter. Neben geschnitzten Hauspfosten und Kanus gibt es außerdem Kleider, Körbe, Matten und Taschen (für die Harpune mit Seil) zu sehen. Die Textilien sind ganz aus Wurzeln und Zedernbast geflochten. Die *western redcedar*, Totembaum der Nordwestindianer, lieferte das Material – für Kanus, Körbe, Kleider. Mehr davon findet man bei den Makah, Quileute und Suquamish (s. S. 57 und S. 85).

Eine Stärke des Museums liegt in seinen Ausstellungsstücken zum abstrakten Expressionismus, zu Pop-art und Minimalismus. Gezeigt werden Werke von Jackson Pollock, Franz Kline, Mark Rothko, Jasper Johns, Robert Rauschenberg, Andy Warhol und Roy Lichtenstein. Für manchen wird es die erste Begegnung mit dem Minimalismus sein: Welch karge Blüten die Kunst doch treiben kann ...

Auch die regionale Kunst des Nordwestens ist vertreten, etwa durch Mark Tobey und Morris Graves. In einem anderen Raum kann man die Glaskunst des in Tacoma beheimateten Dale Chihuly bewundern – Glasbläserei *in action* wird es in Cannon Beach zu sehen geben. Noch eines: Die Säle sind nicht nach Künstlern oder Kunstepochen benannt, sondern nach Washington Mutual, Weyerhaeuser Inc. usw.

Auf nach Vancouver! Auf dem Wege dorthin lädt die **Boeing Commercial Airplane Company** zur Visite. Das Material, das die Company zur Selbstdarstellung einsetzt, und die (kostenlosen) Führungen durch die Montagehalle der »747«, »767« und »777« bieten ein hervorragendes Beispiel für professionelle Public Relations. Die Touristen nehmen das Angebot gerne an, denn sie kommen in Scharen und aus aller Herren Länder. Hat sich eine Gruppe mit 90 Personen zusammengefunden, müssen die übrigen warten; Vorbestellungen gibt es nicht. So fährt man volles Risiko, wenn man die Interstate-5 (WA 99 ist auch nicht schöner) in Richtung BOEING TOUR CENTER verläßt.

Die Regeln vorweg: Keine Kinder unter zehn Jahren (oder einem Meter) und keine Kameras. Das Programm beginnt mit zwei Videos, eines davon ein PTQ *(Put Together Quickly)*, das den Zuschauer im Zeitraffer durch die Montage eines Jumbos jagt. Ein langer Tunnel führt die Besucher anschließend in eine sehr große Halle. Dort ist es merkwürdig still. Bis zu acht Großraumflugzeuge werden phasenverschoben montiert. An einer Stelle steht ein einzelnes Cockpit, nebenan erhält eine »767« gerade ihren Rumpf, weiter hinten warten drei fertige »747« auf ihr Innenleben. Eine Beobachtung am Rande: Die »777« wird in westlichen Ländern mit 305 Sitzplätzen ausgeliefert, in asiatischen mit 440.

Die Besichtigung wird zu einem Bad in Superlativen. Die Montagehalle – die größte der Welt – ist elf Stockwerke hoch und hat ein Volumen von sage und schreibe 8 240 000 Kubikmetern. 21 Maschinen pro Monat werden hier produziert. Boeing beschäftigt etwa 70 000 Menschen im Staate Washington und ist größter Arbeitgeber der Region. (»Wenn Boeing hustet, liegt Seattle flach«, heißt dementsprechend eine Redensart.) Die »777« ist der erste zweistrahlige Jet, der direkt ab Werk für Transozeanflüge zugelassen ist. Usw. usw.

Wer in Seattle Boeing sagt, muß wohl auch **Microsoft** sagen. Wenn auch ein Softwareprogramm kaum so spekta-

kulär wie ein Jumbojet ist. Trotzdem zeigt die Weltfirma ihre Abteilung für Produktion und Vertrieb in Bothell sowie ein Video zur Firmengeschichte. Dazu gestattet sie einen Blick über die Schultern der Mitarbeiter ins interne Projektmanagement. Das alles gibt es an drei Tagen der Woche für kleine Gruppen. Übrigens, Bill Gates hat sich ein voll programmiertes Haus am Lake Washington gebaut: Es ist aber nicht zu besichtigen. Und es liegen schließlich ja auch noch rund 200 Kilometer bis Vancouver vor uns …

Viel gibt es allerdings direkt an der Interstate-5 nicht zu sehen, man müßte schon größere Abstecher machen, um lohnende, interessante Ziele zu erreichen. Aber ein Abendprogramm in **Vancouver** hat nach dem Check-in ins Hotel auch seine schönen Seiten. Die Downtown bietet einige hervorragende Restaurants, in denen saftige Steaks oder ein feines Lachsgericht serviert werden. Für den, der danach noch das Nightlife von Vancouver genießen möchte, stehen Bars mit Rythm 'n' Blues über Rock bis hin zur Piano-Unterhaltung zur Auswahl. ✺

Blick in die Montagehalle von Boeing

3. Tag – Programm: Vancouver

Vormittag	Spaziergang auf der **Robson Street** von der Ecke Denman St. stadteinwärts zum Robson Square mit **Court House** und **Vancouver Art Gallery**. Weiter bis zum Library Square und dann links über die Homer St. zur Georgia St. An der Howe St. rechts bergab zum **Canada Place**. Über die Cordova St. bis zur Seymour St. und auf dieser einen Block nach rechts zum Eingang des **Harbour Centre** (Hastings & Richards Sts.): Fahrt auf die Aussichtsplattform.
Nachmittag	An der Rückseite des Harbour Centre beginnt auf der Water St. der Bummel durch den Stadtteil **Gastown**: Einfach der Water St. bis zum **Maple Tree Square** folgen. Danach gibt es für den Rest des Tages mehrere Optionen:
Entweder:	Mit dem Taxi (!) weiter zum chinesischen Tor (China Gate) in der West Pender St. und Besuch im **Dr. Sun Yat-Sen Classical Chinese Garden** und Park hinter dem China Gate. Auf der Pender St. drei Blocks nach Osten zur Gore Ave. Zum Abschluß wahlweise mit dem Taxi zur **Science World** oder nach **Granville Island**. Von Science World kann man mit dem SkyTrain (Haltestelle Main Station) zum **South Shore SeaBus Terminal** neben dem Canada Place zurückfahren. **Wichtig:** Die Gegend links und rechts der Carall St. ist *Junkie-Land*. Hier sollten Sie besser nicht zu Fuß gehen, auch wenn es von der Water St. zur West Pender St. nicht sehr weit ist!
Oder:	auf der Water St. zurück zum South Shore SeaBus Terminal und Fahrt nach North Vancouver zum Bummel am **Lonsdale Quay** mit Blick über die Skyline und danach Fahrt auf den **Grouse Mountain**.

3. Tag – Programm: Vancouver

Alternativen und Extras: Wer etwas mehr Zeit hat, kann in Vancouver einen Zusatztag einlegen. Eine von vielen Möglichkeiten für eine Tour durch die Stadt beginnt an der Cambie St. Von dort aus geht es Richtung Süden in den **Queen Elizabeth Park** (Cambie Ontario Sts. in der Höhe der 33rd Ave.; Mai–Sept. 10–20 Uhr) mit dem **Bloedel Flora Conservatory** (Gewächshaus mit exotischen Pflanzen aus Wüste und Regenwald, bevölkert von über 50 Vogelarten). Anschließend kann im **Museum of Anthropology** (6393 N.W. Marine Dr., tägl. 11–17 Uhr, Mo geschl.) die Kunst und Kultur der Indianer der Norwestküste studiert werden. Sehenswert auf dem Weg zurück Richtung Downtown: das **Maritime Museum** (1905 Ogden Ave., tägl. 10–17 Uhr), mit seinen Modellen und Fotos, die die Seefahrtsgeschichte anschaulich darstellen. Das quirlige **Granville Island** mit seinem Public Market lädt zum Verweilen bei einem Kaffee ein. Der **Stanley Park**, das Naherholungsgebiet Vancouvers, bietet auf seinen Wegen rund um die Halbinsel, die am besten mit dem Fahrrad zu erkunden ist, schöne Blicke auf den Yachthafen, eine Gruppe von Totempfählen, mächtige Urwaldfichten und Zedernbestand, sowie einen Vogelschutzpark.

3. Tag – Informationen: Vancouver   Vorwahl: ☎ 604

 Sightseeing: Keine Lust zum Laufen oder Autofahren? Für $ 23 können Sie alle für Vancouver genannten Ziele, außer Grouse Mountain, Queen Elizabeth Park und Museum of Anthropology, mit dem roten **Gray Line Double Decker Bus** erreichen. Mit dem zwei Tage gültigen Ticket können Sie beliebig oft ein- und aussteigen (Gray Line Double Decker Bus Tours, ☎ 879-3363, www.grayline.com). Ein ähnliches Angebot gibt es von **Vancouver Trolley** (☎ 451-5581, www.vancouvertrolley.com), die auch den Queen Elizabeth Park anfahren; das Ticket gilt allerdings nur für eine volle Runde entlang der Fahrtstrecke. Broschüren mit den Routen beider Angebote gibt es in allen Hotels der Stadt.

 Vancouver Visitor Info Centre
Im Waterfront Centre, Plaza Level
200 Burrard St.
Vancouver, B.C. V6C 3L6
☎ 683-2000,
Fax 682-6839

 www.greatestescapes.com
Ausführliches Internet-Reisemagazin mit einem großen Anteil an Informationen über Vancouver (z. B. Hotel- und Restaurantkritiken, Spaziergang durch Chinatown usw.). *travel links* verbindet zu interessanten Homepages anderer Regionen.

 O'Douls Restaurant and Sidewalk Café
 1300 Robson St.
☎ 684-8461
Straßencafé (ab 7 Uhr morgens) mit großem Frühstücks-Menü und sehr geschmackvoll eingerichtetes Restaurant (bis 22 Uhr); interessante Speisekarte und – selbstverständlich – guter *Irish coffee*. $–$$

 The Bread Garden
 1040 Denman St.
 ☎ 685-2996
Angenehme Self-Service-Cafeteria mit vielen Brotsorten; auch *healthfood* und Vegetarisches; Terrasse. Gut zum Frühstücken. $–$$

Coco Rico Café
1290 Robson & Jervis Sts.
☎ 687-0424
Kaffee in vielen Variationen, Croissants
usw. $–$$

 Robson Street
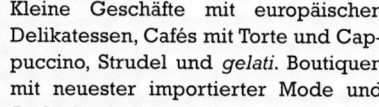 Kleine Geschäfte mit europäischen
Delikatessen, Cafés mit Torte und Cap-
puccino, Strudel und *gelati*. Boutiquen
mit neuester importierter Mode und
Andenkenläden.

 Robson Square
An die über mehrere Etagen verteilte
Mischung von Geschäften, Restaurants,
offenen Terrassen und Schlittschuh-
bahn schließt im Süden die geometri-
sche Glasarchitektur des neuen Gerichtsgebäudes (Court House) an.

 Vancouver Art Gallery
750 Hornby St.
☎ 682-4668
Geöffnet Mo–Sa 10–17, So 12–17 Uhr
Oft wechselnde Wanderausstellungen.
Ein Raum der ständigen Ausstellung ist
Emily Carr (1871–1945), der bekanntesten Künstlerin von British Columbia,
gewidmet.

 Library Square
Führungen durch das Gebäude: Mai–Sept.
Mo–Sa 10–18 Uhr
Die interessante Architektur der Vancouver Library wird je nach Einstellung
des Betrachters als schön und elegant
oder als protzige Scheußlichkeit emp-
funden. Führungen durch das Gebäude
gibt es von Mai–Sept., Mo–Sa, 10–18
Uhr.

 Duthie's
919 Robson St.
☎ 684-4496
Vancouvers führender Buchhändler mit
Riesenauswahl.

 Pacific Centre
Georgia & Granville Sts.

Rund 200 verschiedene Geschäfte und
Kaufhaus Eatons.

 The Bay
Georgia & Granville Sts.
☎ 681-6211
Das Flaggschiff-Kaufhaus der ehrwür-
digen Hudson's Bay Company.

 Heritage Canada
356 Water St.
☎ 669-6375
Indianische Kunst, Schnitzereien und
Totempfähle – schön, aber teuer.

 Harbour Centre
555 W. Hastings St.
 ☎ 669-2220
Schöner Rundblick vom *viewing deck*
im obersten Stockwerk und dem **Top of
Vancouver**-Restaurant (Drehrestaurant).
Man kann von einer touristischen Attraktion keine große Küche erwarten,
aber das Panorama ist beeindruckend.
$$–$$$

 Tsui Han Village
1193 Granville St.
☎ 683-6868
Immer volles Chinalokal mit freundli-
cher Bedienung, besonders gute Krabben. Am Becken kann man sich seinen
Fisch selbst aussuchen. $$

 Gastown
Stadtviertel im Bereich von Water, Alex-
ander, Columbia und Cordova Sts. Das
revitalisierte alte Herz der Stadt ist heu-
te eine Ansammlung von Boutiquen und
Restaurants. Cambie & Water Sts. steht
die vom städtischen Dampfnetz betrie-
bene Steam Clock.

 Water Street Café
300 Water Street
☎ 689-2832
Bemerkenswerte kanadisch-italienisch-
französische Kreationen in einem um-
triebigen Bistro. $$–$$$

Chinatown

Das Viertel um Hastings und Pender St. bietet neben Geschäften voller Reiseandenken und Kitsch Restaurants mit z. T. sehr guter Küche. Sehenswert: der **Dr. Sun Yat-Sen Classical Chinese Garden** im Stil der Ming-Dynastie (578 Carrall St., Zugang auch vom **Chinesischen Tor** in der Pender St.; geöffnet 10–16.30 Uhr). Der **Dr. Sun Yat-Sen Park** liegt nebenan. Architektonisch interessante Gebäude: das **Kuomintang-Gebäude** (529 Gore Ave.) und **Wongs Benevolent Society** (121–125 E. Pender St.).

Mings

147 E. Pender St.
Großes Chinalokal, täglich gutes Dim Sum zu Mittag. $–$$

Science World

1455 Québec St.

☏ 268-6363
Tägl. 10–17, Sa bis 18 Uhr
Naturwissenschaftliches Museum zum Anfassen. Im kugelförmigen Glasbau auch ein Omnimax-Kino mit Filmen auf einer 17stöckigen Leinwand.

Granville Island

Unter der Granville St. Bridge, am Eingang zum False Creek

☏ 666 6655
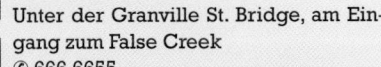
9–18 Uhr, im Winter Mo geschl.
Altes Lagerhausviertel mit einer bunten Mischung von Geschäften, Restaurants und Cafés. Schöner Blick auf Downtown, die Burrard St. Bridge und den Yachthafen. Im Granville Island Public Market zahlreiche Marktstände mit fangfrischem und geräuchertem Lachs, Krabben, Obst, Nüssen, Fleisch.

Grouse Mountain Seilbahn

Nancy Greene Way, am Ende der Capilano Road (oder vom Lonsdale Quay mit Bus 246 und umsteigen in Bus 232)
☏ 984-0661
Tägl. 9–22 Uhr

An der Bergstation auf 1 200 m gibt es Wanderwege und einen Sessellift ganz hinauf auf den Gipfel. Beim Dinner im

Grouse Nest Restaurant

hat man einen spektakulären Blick auf Vancouver, Fraser Delta und Burrard Inlet. Reservierung ☏ 984-0661

Bacchus

845 Hornby St., in der Lobby des Wedgewood Hotel
☏ 608-5319
Elegantes Restaurant mit ausgezeichneter, innovativer Küche. $$$–$$$$

Diva at the Met

645 Howe St. (im Metropolitan Hotel)
☏ 687-1122
Pacific Northwest cooking mit kulinarischen Spitzenleistungen. $$$$

Nachtleben

Einen Überblick über die Szene findet man in *Guides* wie *Vancouver Guideline* oder *Visitors Choice* bzw. dem für 6 $ an Zeitungskiosken erhältlichen *City Guide* des *Vancouver Magazine*.

Soft Rock Cafe

1925 W. 4th Ave.
☏ 736-8480
Musik und Cappuccino.

The Yale

1300 Granville St.
☏ 681-9253
Ab 20.30 Uhr Rythm 'n' Blues.

Bar None

1222 Hamilton St.
Szenebar im alten Lagerviertel »Yaletown« mit Pool-Tischen und großer Bierauswahl.

Yaletown Brewing Co.

1111 Mainland St.

☏ 669-1940
Beliebte Szenekneipe mit Restaurant.

Vancouver
Perle des Pazifiks

Himmelstürmend: Wolkenkratzer in der City von Vancouver

Von den drei Großstädten West-Kanadas ist Vancouver mit Sicherheit die beeindruckendste. Lässig und jugendlich, mit unvergleichlicher Ausstrahlung und Lebensfreude präsentiert sie sich als perfekte Kombination des heiteren Westküsten-Lebensgefühls mit europäischer Kulturtradition. Unvergleichlich sind Lage und Stadtbild: Auf einer Halbinsel zwischen Fluß und Fjord, vor der spektakulären Kulisse der oft schneegekrönten Gipfel der Coast Mountains schimmert eine Skyline aus Stahl und Glas. Gepflegte Vororte erstrecken sich vom Fuß der Berge bis weit hinein ins Tal des Fraser River.

Meer, Berge und die Wolken, die sich zwischen beiden zusammenbrauen, bestimmen das Klima in Vancouver. Der warme Kuro-Shiwo-Strom, pazifischer Vetter unseres Golfstroms, sorgt dafür, daß die Temperatur im Winter selten unter den Gefrierpunkt absinkt. Die Berge fangen die feuchtigkeitsbeladene Seebrise ein und erzeugen Vancouvers wolken- und regenreiches »perma gray«-Wetter.

Aber: So schlecht wie sein Ruf ist das Wetter in Vancouver gar nicht. 160 Regentage im Jahr bedeuten ja auch 205 Tage ohne Regen. Und ein Regenguß an den grünen Hängen von North Vancouver kann durchaus auch von trockenem Pflaster in Downtown Vancouver und von Sonnenschein in den südlichen Vororten begleitet sein. Die »Vancouverites« lassen sich vom Wetter sowieso nicht abhalten, ihre Parks und Promenaden zu genießen. Sie leben nach dem Grundsatz, daß es kein schlechtes Wetter gibt, nur ungeeignete Kleidung. Und der Regenschirm wird zu Wanderstiefeln so selbstverständlich eingesetzt wie zu Inline-Skates.

Vancouver: die Burrard Street Bridge überspannt den Yachthafen

Vancouver demonstriert in vorbildlicher Weise das kanadische Ideal der »multikulturellen Gesellschaft«, in der, im Gegensatz zu dem in den USA propagierten »Schmelztiegel«, das kulturelle Erbe der europäischen und asiatischen Einwanderer erhalten bleibt und jede Gruppe ihren spezifischen Beitrag zum Wohl der Nation leistet. So sind denn auch die vielen ethnisch geprägten Bezirke wesentlich beteiligt am kosmopolitischen Flair und an der Lebensqualität der Stadt. Vancouvers Ruf als kulinarische Weltstadt und als auch im internationalen Vergleich bestehende Kulturstadt dürfte nicht unwesentlich vom friedlichen Nebeneinander der unterschiedlichsten Kulturen profitiert haben.

Die »Robsonstrasse« zum Beispiel war in den 50er Jahren Sammelpunkt der deutschsprachigen Einwanderer. Deutsche Geschäfte und Restaurants versorgten die heimwehgeplagten Neukanadier mit den gewohnten Zeitungen und Lebensmitteln, in den Cafés traf man sich, um Stern und Spiegel zu lesen und um sich mit Landsleuten zu unterhalten. Heute ist die Robson Street zwischen Denman und Seymour Street

eine der beliebtesten Flaniermeilen der Stadt, an der sich kleine Geschäfte, Andenkenläden, elegante Boutiquen mit neuester importierter Designer-Mode, Restaurants und Cafés mit Torte und Cappuccino, Strudel und *gelati* aufreihen. Nachmittags und abends drängelt man sich auf Gehsteigen und Fahrbahn. Es läuft der Korso der Schönen und der Schauer, man will sehen und gesehen werden.

Unser Rundgang durch die Stadt beginnt mit einem Frühstück in einem der Cafés an der Robson Street oder einem Besuch im **Robson Public Market** zwischen Cardero und Nicola Street. Unter dem Glasdach des Marktes ist eine Vielzahl von Geschäften versammelt, die Delikatessen aus aller Welt, Blumen und Souvenirs, Kunst und Kitsch anbieten.

Vancouver hat keine Monumente oder herausragenden Bauwerke, die, wie in Sydney oder Paris, als Wahrzeichen der Stadt gelten könnten, obwohl die neueren Gebäude der Stadt durchaus architektonisch Bemerkenswertes zu bieten haben. So zum Beispiel Arthur Eriksons filigranes Glas- und Stahlfachwerk auf der massiven Betonkonstruk-

Ein Blick auf die Skyline von Vancouver

tion des neuen Gerichtsgebäudes (Court House) am Südrand des Robson Square. Am Nordende des Platzes ist unter der Kuppel des alten Gerichtsgebäudes heute die **Vancouver Art Gallery** untergebracht, die eine umfangreiche Sammlung der von der Westküsten-Indianerkultur inspirierten Malerin Emily Carr präsentiert. Dahinter leuchten die grün-

spangefärbten Dächer des traditionsreichen »Hotel Vancouver« – das dritte mit diesem Namen.

Vancouvers kleine und überschaubare **Downtown** schließt nordöstlich an die Robson Street an. Von der Howe Street auf dem Weg hinunter zum Ufer des Burrard Inlet fällt der Blick zwischen den Hochhäusern immer wieder

bäude, bevor sich am Ende der Straße links der Blick auf die fünf »Segel« des **Canada Place** öffnet. Die eindrucksvolle Segelsilhouette ergibt sich aus den zeltartig gespannten Kunststoffbahnen des Daches, das eine riesige Messehalle stützenfrei überwölbt. Dieser Bau des Architekten Eberhard Zeidler war während der EXPO 1986 der kanadische Pavillon. Heute dient er als Handels- und Kongreßzentrum und als Kreuzfahrtschiff-Terminal. Unterhalb der Dachkonstruktion verläuft eine Promenade um das Gebäude herum, das auf drei Seiten von Wasser umgeben ist. Von hier ergeben sich interessante Ausblicke auf Stadt, Hafen und die Berge jenseits der Bucht. Gegenüber, in der Nordwestecke des **Waterfront Centre**, erhält man im großzügigen Vancouver Visitor Info Centre so ziemlich jede gewünschte Auskunft über Stadt und Umgebung.

Zwei Häuserblocks weiter nach Osten, an der Hastings Street zwischen Seymour und Richards Streets, liegt das **Harbour Centre** mit dem *lookout*. Vom Untergeschoß fährt ein Aufzug hinauf zum Aussichtsdeck und zum darüberliegenden Drehrestaurant. Hier, in über 160 Meter Höhe, gewinnt man den schönsten Überblick über die Stadt. Downtown ist auf drei Seiten von Wasser umgeben: Im Westen schimmert die English Bay hinter den noblen Apartmenthochhäusern, im Norden der natürliche Hafen des Burrard Inlet, auf dem sich Frachter und Yachten, Fährboote und Wasserflugzeuge, Segelboote und gelegentlich sogar ein Ruderboot ein Stelldichein geben. Dazwischen liegt die grüne Insel des **Stanley Park**. Im Osten leuchten die roten Kräne der Hafenanlagen, und Güterzug-Raupen kriechen langsam über die weitläufigen Gleisanlagen. Im Süden blinkt die High-Tech-

auf die fichtengrünen Hänge und felsigen Gipfel der Berge im Norden. Wir überqueren die Ost-West-Magistrale Georgia Street, an der sich Luxushotels, Shopping Centres und Kaufhäuser aufreihen wie Perlen auf einer Schnur, und passieren das »finanzielle Herz« der Stadt mit Börse und den schimmernden Glasfassaden der Verwaltungsge-

71

Charme der Jahrhundertwende: Gastown

Kugel des Science-World-Gebäudes am Ende des False Creek. Gegenüber dominiert unübersehbar die graue Riesenkuppel des **B.C. Place Stadium**. 16 riesige Ventilatoren erzeugen den nötigen Überdruck, um die Zeltkuppel in der Schwebe zu halten. Nach »Astrodome«, »Saddledome« und »Superdome« bliebe eigentlich nur noch ein Name für das Ding, witzeln die Vancouverites: »The Condome«.

Gastown, der älteste Teil von Vancouver, beginnt unmittelbar zu Füßen des Harbour Centre. Links und rechts der gepflasterten Water Street stehen liebevoll restaurierte Lager- und Backsteingebäude in der charakteristischen Architektur der ausgehenden viktorianischen Epoche, und an der Ecke von Cambie und Water Street pfeift die vom städtischen Dampfnetz betriebene Steam Clock stündlich eine entfernt an die Glocken von Westminster erinnernde Melodie. Auf den backsteingepflasterten Bürgersteigen bummelt man unter Bäumen und antiken Straßenlaternen an Restaurants und Geschäften vorbei und gelangt schließlich zum **Maple Tree Square** mit dem bronzenen Abbild von Jack Deighton auf einem Whiskyfaß. Um die Kneipe, die der alte Jack in der Nähe eines alten Sägewerks eröffnet hatte, entstand 1866 die erste Siedlung auf dem Boden Vancouvers. Weil er sehr geschwätzig *(gassy)* war, bürgerte sich für den Ort der Name »Gastown« ein. In den 70er Jahren dieses Jahrhunderts war das Hafenviertel dann so heruntergekommen, daß es einer Autobahn und neuen Hochhäusern weichen sollte. Doch dann brachte eine Bürgerinitiative das Projekt zu Fall: Gastown wurde zum *historic district* erklärt und restauriert.

Chinatown mit einigen der ältesten Häuser von Vancouver – eine Zeitlang ebenfalls in Gefahr, der Autobahn zum Opfer zu fallen – schließt direkt an Gastown an. Der lebendige, farbenfrohe Stadtteil ist nach derjenigen in San Francisco die größte Chinatown der amerikanischen Westküste. Obwohl nur noch ein Bruchteil der weit über 100 000 Chinesen Vancouvers hier lebt, hat sich das Viertel als Kultur- und Einkaufszentrum der chinesischen Bevölkerung erhalten. Entlang der quirligen Pender Street, zwischen Carrall Street und Gore Avenue, drängen sich unzählige Restaurants, Geschäfte, Metzgereien. Vom lebenden Karpfen über *bok choy* bis zur geräucherten Ente, von Tuschezeichnungen über Seidenstoffe bis zum Papiergeld zum Verbrennen auf dem Grab der Ahnen, vom Grillenkäfig für einen Dollar bis zur Cloisonné-Vase für 100 Dollar gibt es hier einfach alles. Interessant auch die Architektur: Wongs Benevolent Society ist ein ausgezeichnetes Beispiel für die typischen, zurückgesetzten chinesischen Balkone im Obergeschoß; an der Ecke Carrall und Pender Streets steht das **Sam Kee Building**, mit einer Breite von 1,80 Meter das wahrscheinlich schmalste Bürohaus der Welt. Schräg gegenüber leuchten die Farben eines traditionellen Tores am Eingang zum **Chinese Cultural Centre**. Eine Oase der Ruhe ist der dahinter gelegene chinesische Park mit dem angrenzenden **Dr. Sun Yat-Sen Classical Chinese Garden**, dem einzigen klassischen Garten im Stil der Ming-Dynastie außerhalb Chinas.

Zum Abschluß des Tages bieten sich gleich mehrere Alternativen an. Eine kurze Bus- oder Taxifahrt auf der Main Street nach Süden bringt naturwissenschaftlich Interessierte zur **Science World**. In der 15 Stockwerke hohen Edelstahlkugel, einem Überbleibsel der EXPO, befinden sich ein Omnimax-Kino, das auf seiner überdimensionalen Rundumleinwand Filme aus Natur und Wissenschaft zeigt, sowie ein Museum, das Naturwissenschaft zum Anfassen präsentiert: Drei ständige Ausstellungen behandeln Themen aus Physik, Biologie und Musik. Das ursprünglich für jüngeres Publikum konzipierte Museum hat auch Älteren einiges an Einsichten zu bieten. Die »Matter and Forces«-Abteilung zum Beispiel führt leicht verständlich in die grundlegenden Prinzipien der Physik ein. Ganz in der Nähe von Science World, an der Ecke von Terminal und Main Street, liegt ein Bahnhof des **SkyTrain**, Van-

Die Pender Street in Chinatown

Straßencafé an der Robson Street in Vancouver

couvers automatisierter und fahrerloser Stadtbahn – eine interessante Möglichkeit, um ins Zentrum zurückzukehren.

Ein Bummel über **Granville Island**, Drinks und Dinner mit Blick auf die in der Abendsonne funkelnde Skyline der Innenstadt sind verlockende Aussichten zum Ausklang des Tages. Granville Island, bis in die 70er Jahre ein verrotteter Industrie-Slum mit schäbigen Wellblechbauten, ist ein Musterbeispiel für gelungene Stadtsanierung. Statt abzureißen und neu zu bauen hat man die alten Lagerhallen behutsam wieder hergerichtet, die Docks instandgesetzt, die Fabrikgebäude renoviert. 30 Millionen kanadische Dollar gab die kanadische Bundesregierung für das Projekt aus, verhältnismäßig wenig, bedenkt man die Größe des Areals von 115 Hektar.

Die geringen Kosten schlugen sich in niedrigen Mieten nieder und förderten die Ansiedelung einer bunten Mixtur von Boutiquen, Studios und Kunstgalerien, Restaurants und Non-Profit-Unternehmen. Eine Hausbootkolonie, Yachtausrüster und eine große Marina (Yachthafen) betonen die maritime Komponente des wie Phoenix aus der Asche

auferstandenen Inselschmuckstücks unter der Granville Street Bridge. Glanzstück der Insel ist der **Granville Island Public Market**, in dessen farbenfrohem Durcheinander sich Obst und Gemüse, fangfrischer Fisch, Krabben und Langusten, Steaks und Räucherlachs auf den Tischen der Verkaufsstände türmen. Gleich dahinter kann man auf den Planken des Piers am Ufer des False Creek in der Sonne sitzen, den Segelbooten und dem Betrieb am Fähranleger zuschauen und die im *food court* gekauften Leckerbissen verzehren.

Schöne Aussicht und viel Natur bietet, sofern das Wetter mitspielt, die Seilbahnfahrt auf den **Grouse Mountain** in North Vancouver. Knapp 1 200 Meter über der Stadt schweift der Blick vom Hausberg Vancouvers weit über die Stadt und ihre Vororte, über das Delta des Fraser River bis zum schneebedeckten Gipfel des Mount Baker im U.S.-Bundesstaat Washington. Weit im Westen lugen die Berge von Vancouver Island über den Horizont, und tief unten zwischen Burrard Inlet und English Bay leuchten die Glas- und Metalltürme der City im Licht der untergehenden Sonne. Eine wirklich glänzende Perspektive!

Für den Trip zum Grouse Mountain in North Vancouver ist Zeitplanung wichtig: Richtig gut ist die Aussicht nur von den Fenstern des Restaurants an der Bergstation und vom eigentlichen Gipfel, auf den eine kurze Sesselliftstrecke hinaufführt. Und wer zu spät kommt, den bestraft die Liftmannschaft – um 17 Uhr stellt sie den Betrieb ein. Als (lohnende) Aussichts-Alternative bietet sich die Fahrt zum Highview Lookout im **Cypress Provincial Park** an, der einen beeindruckenden Ausblick auf Downtown Vancouver und das Tal des Fraser River bietet. ❖

km/mi	Zeit	Route
0	8.00 Uhr	I-5 South bis Abzweig WA 20 West bei Burlington (Ausfahrt 230), dann WA 20 West nach
173/108	11.00 Uhr	**Deception Pass:** State Park, Nature Trail, CCC Interpretive Center. WA 20 West bis zur Höhe Penn Cove, dort ggf. auf Libbey Road rechts nach **Libbey Beach** zum Picknick. Sonst auf **Madrona Way** links nach
181/113	12.00 Uhr	**Coupeville.** Bummel über Front St. und ggf. Lunch. WA 20 West oder Nebenstraßen zur Fähre nach Keystone: Überfahrt nach
195/122	14.30 Uhr	**Port Townsend**, Stadtbummel. WA 20 West nach Discovery Bay, dann US 101 West über Sequim nach **Port Angeles**. Über Race St. und Mt. Angeles Rd. direkt nach
296/185	17.30 Uhr	**Hurricane Ridge** (27 km/17 mi ab Port Angeles); ggf. Wanderung nach Hurricane Hill. Zurück nach
323/202	19.00 Uhr	**Port Angeles** (oder weiter nach Lake Crescent).

Weichenstellung: Das **Olympic National Park Visitor Center** schließt um 16 Uhr; man sollte es daher für den frühen Morgen des nächsten Tages einplanen. Bei schlechtem Wetter hat die Auffahrt nach **Hurricane Ridge** keinen Sinn, dann ist es in Port Townsend interessanter.

Alternativen und Extras: Port Townsend bietet nicht nur die historische **Water Street**, sondern auch feinste Übernachtungsmöglichkeiten. – Gut zum Übernachten ist auch **Port Angeles**, noch besser **Lake Crescent. Log Cabin Resort** und **Lake Crescent Lodge** bieten Unterkunft und Verpflegung (Reservierung empfohlen). Außerdem spart man 29 km/18 mi auf den nächsten Tag.

Radikale Alternative: Statt über I-5, WA 20 und US 101 kann man auch auf dem Seeweg in die Olympics gelangen, und zwar über folgende Stationen: 1. Autofähre

4. Tag – Route: Vancouver – Whidbey Island – Port Townsend – Port Angeles – Hurricane Ridge – Port Angeles (323 km/202 mi)

von Vancouver (Tsawwassen) nach **Vancouver Island** (Swartz Bay). 2. Übernachtung in **Victoria**. 3. Autofähre von Victoria nach **Port Angeles**. Die erste Verbindung wird häufig, die zweite seltener, aber täglich bedient. Fährpläne im Hotel oder Vancouver Visitor Info Centre. Man verliert einen Tag, gewinnt aber Erholung, erlebt Victoria und bekommt einen gleitenden Übergang vom britischen Kanada zu den amerikanischen USA.

4. Tag – Informationen

Vorwahl: ℭ 360

  **Deception Pass State Park**
WA 20, 14 km/9 mi nördl. von Oak Harbor, Whidbey Island
ℭ 675-2417
Einer der beliebtesten (und schönsten) State Parks in Washington, beiderseits Deception Pass. Erholungsmöglichkeiten, *Nature Trail*, Interpretive Center des CCC (ℭ 355-5578; Mi–So 10–17 Uhr) im Nordteil. 251 Stellplätze, keine *hookups*.

Alter Pier mit Gastronomie, Coupeville

 Coupeville Cafe & Harbor Store
Front St.
Coupeville
Terrassenrestaurant am Ende des alten Piers. Küche mit interessantem asiatischem Touch, z.B. *Mussel chowder* und *stir-fry*. $

 Knead & Feed
(Unterhalb) 4 Front St.
Coupeville
Gut für den leichten Lunch mit *homemade bread*, Kuchen, Suppen und Salaten.
$

 Washington State Ferries
Zentrale: 801 Alaskan Way (Colman Dock/Pier 52)
Seattle, WA 98104
ℭ (206) 464-6400 und 1-800-84-FERRY
Größtes Fährunternehmen der USA. Fahrpläne im Visitor Center, Hotel und am Dock. Moderate Preise, auch für das Auto.

Port Townsend, WA 98368

 Port Townsend Chamber of Commerce Visitor Center
2437 E. Sims Way
ℭ 385-2722
Tägl. geöffnet

Holly Hill House (B & B)
611 Polk St. (Uptown)
ℂ 385-5619 und 1-800-435-1454
Gepflegtes Haus von 1872. Schöne Zimmer, hohe Betten, erlesenes Frühstück – mit »Breakfast Talk« der Wirtin. Über eine nahe Staffel geht es hinunter zur Stadt. $$–$$$

 Palace Hotel
1004 Water St.
ℂ 385-0773 und 1-800-962-0741
Klassisches Nobelhotel von 1890. $$–$$$

 Bishop Victorian
714 Washington St.
ℂ 385-6122 und 1-800-824-4738
Historisches Stadthotel. 13 renovierte Suiten in Backstein von 1890. $$–$$$

 Silverwater Cafe
237 Taylor St.
ℂ 385-6448
Biere, Weine aus biologischem Anbau, gesunde Küche (örtliche Produkte aus organischem Anbau). Publikum schick, New Age und jedermann. $$

 The Public House – Grill & Ales
1038 Water St.
ℂ 385-9708
Nichtraucherkneipe mit Stil und hohen Decken. Für Hamburger und Bier direkt ab Theke genau richtig. $

Port Angeles, WA 98262

 Olympic National Park Visitor Center/Pioneer Memorial Museum
3002 Mt. Angeles Rd. (über Race St.)
ℂ 452-0330 und 452-4501
Tägl. 9–16 Uhr (ganzjährig)
Auf dem Weg nach **Hurricane Ridge**. Umfassende Infos zum Nationalpark. Exponate zu Natur und Geschichte der Olympics. *Discovery room* für Kinder. Eintritt frei.

 Port Angeles Chamber of Commerce – Visitor Center
121 E. Railroad Ave. (am Fährhafen)
ℂ 452-2363

 Flagstone Motel
415 E. 1st St. (zentral)
ℂ 457-9494
Ein »ganz normales« Motel, aber sauber, geräumig, die Möbel echte Imitate. 45 Zimmer, energische Wirtin. $$

 Zwei ruhige Motels in erhöhter Lage: **Hill Haus Motel** (111 E. 2nd St., ℂ 452-9285; 23 Zimmer) und **Uptown Motel** (101 E. 2nd St., ℂ 457-9434; 51 Zimmer); beide $$–$$$.

Lake Crescent

 Cabin Resort
3183 E Beach RD (Nordufer Lake Crescent, 29 km/18 mi westl. Port Angeles
Port Angeles, WA 98363
ℂ 928-3325, Fax 928-2088
Mitte Mai – Ende Sept.
Resort mit Tradition (seit 1895), unter alten Zedernbäumen direkt am Seeufer gelegen. Komfortable Zimmer (ohne TV und Telefon), Cabins, RV-Stellplätze. Restaurant und Bootsverleih. $$–$$$

 Lake Crescent Lodge
416 Lake Crescent Rd. (US 101; Südufer Lake Crescent)
Port Angeles, WA 98362
ℂ 928-3211
Ende April bis Ende Okt.
Gasthof von 1915 (Anglerherberge), heute Hotelanlage mit Zimmern, *Cabins*, schöner Lobby und Bar. Hervorragendes Restaurant für leichte Kost: Minestrone, Quiche aus *Dungeness crab*, warme Brombeertorte – dazu die gute Sitte, das Dressing auch ungebeten *on the side* zu servieren. Auch halbe Portionen ($$). $$$

Kurs auf die Olympics
Von Vancouver nach Port Angeles

Die Fahrt auf der Interstate ist nicht gerade ein Vergnügen. Deshalb sollte man bei Burlington abbiegen und den Obst- und Gemüsestand der **Country Farm Produce** an der WA 20 East (Burlington Boulevard) aufsuchen. Er hat allerdings nur von April bis Oktober geöffnet, denn laut dem Manager werden hier nach Möglichkeit nur Produkte aus der Region verkauft. Ein Exot in einer Zeit, da man *in* Washington Äpfel *aus* Washington abgepackt im Supermarkt ersteht!

Der wahre Grund für die Ausfahrt bei Burlington ist indessen WA 20 West, und die läßt den Besucher im Frühjahr ein blühendes Wunder erleben. Von Mitte März bis Anfang Mai wechseln sich am unteren Skagit River das Gelb, Rot und Blau der Osterglocken, Tulpen und Iris ab – in dieser Folge. Zur Zeit des Tulip Festival (erste beide Aprilwochen) blüht außerdem der Fremdenverkehr. Dann wird es eng in den Quartieren ums feine »Fischerdorf« **La Conner**. Mitten unter Tulpen lockt **Roozengaarde** mit einem Schaugarten und verrät eine *Dutch Connection*. Die Washington Bulb Company, größtes Versandhaus für Tulpenzwiebeln der Welt, hat den Betrieb geschluckt.

Wo WA 20 SPUR geradeaus nach Anacortes weiterführt, dem Sprungbrett zu den San Juan Islands, biegt man mit WA 20 West links in Richtung Oak Harbor ab. Gisela's Cafe lockt mit »German and American Food«, doch dafür ist die Zeit nicht reif – so bald nach Reiseantritt.

Bei **Deception Pass** stellt man seinen Wagen auf dem Seitenstreifen oder auf dem Parkplatz (Scenic Vista) ab und schaut in den Abgrund. Unten wirbeln die Gezeitenströme mit bis zu neun Knoten durch die Meerenge. Diesen Mahlstrom hat Captain Coupe einst mit dem Viermaster gemeistert! Ihren Namen bekam die Passage aber von Captain Vancouver, als der 1792 seinen Irrtum *(deception)* eingestand, Whidbey Island für eine Halbinsel gehalten zu haben. Die Brücke haben übrigens 1935 die jungen Männer des Civilian Conservation Corps (CCC) gebaut, und zwar für einen Spottpreis.

Ihnen ist im Nordteil des Parks ein **Interpretive Center** gewidmet. Themen wie »The Best Time of My Life«, »Building Men« und »Glimpses of Camp Life« atmen das Pathos der großen Gemeinschaftsaufgaben der 1930er. Pfadfinderromantik? Sozialutopie? Heutige Touristen haben den Regierungsprogrammen der Roosevelt-Ära jedenfalls viel zu verdanken. Mit über 3,5 Millionen Besuchern pro Jahr ist **Deception Pass State Park** der meistbesuchte State Park in Washington. Man glaubt es sofort, wenn man die vielen jungen Leute sieht, die vor ihren Kugelzelten hocken und die Fische braten, die sie am Steg gefangen haben.

Whidbey Island ist schön und grün – wenn man über die alten Baumstümpfe hinwegsieht. Der Inselführer bemerkt trocken: »Die meisten Waldgebiete auf Whidbey Island waren bis 1900 abge-

Mukilteo, Sprungbrett nach Whidbey Island

holzt oder abgebrannt. Das verbliebene Waldland sind Douglastannen, Zedern und Erlen der zweiten oder dritten Generation. Rhododendron und Madrona sind auf Zentral-Whidbey heimisch und verbreitet.«

Seit man Long Island, New York, zur Halbinsel erklärt hat, gilt Whidbey Island als größte Insel der USA. An schönen Wochenenden bietet sie dennoch kaum Platz genug für alle Besucher, vor allem die Seattleites, die auf einen Tagesausflug hierher kommen. Am liebsten möchte man sich dann an einen stillen Strand flüchten, etwa den von **Libbey Beach**, auf der Höhe von Penn Cove. Der sanfte Park steht in keinem Reiseführer. Er besitzt ein paar Picknicktische, einen Unterstand und ein Klo. Wenn der Picknickkorb auf

dem Tisch steht, kommt ein Hase aus dem Gebüsch und schaut zu. Menschen sieht man hier keine, außer dem älteren Herrn, der mit seiner Sozia auf dem Chopper eine Runde dreht. Der Strand ist steinig. Auf der Klippe stehen windzerzauste Fichten.

Ein paar Lockerungsübungen auf dem Rasen, dann geht es zurück zur WA 20 und über den schönen **Madrona Way** ins gute alte »Kapitänsstädtchen« **Coupeville**. »Alt«? In der Tat, denn der Ort wurde 1852 gegründet, sieben Jahre nachdem die ersten Siedler Washingtons in Tumwater Falls (bei Olympia) Fuß faßten.

An einem schönen und ruhigen Wochentag im Mai läßt es sich fein auf der alten **Front Street** promenieren, in Toby's Tavern oder Captain's Galley

Port Townsend, Waterfront und Uptown

hineinschnuppern oder im Knead & Feed oder Coupeville Cafe & Harbor Store zum Lunch einkehren. Letzteres steht am Ende des historischen Piers auf Pfählen. Auf seiner Terrasse hört man die Wellen klatschen und die Wasservögel schreien. Wenn weiterer Bedarf an Heimatkunde besteht, ist das Island County Historical Society Museum die richtige Adresse. Auch die gepflegten, auf der Hochfläche gelegenen Häuschen im viktorianischen Stil geben sich »historisch«.

Von Coupeville aus fährt man schnurstracks zur Fähre nach Keystone. Sie verkehrt dreiviertelstündlich und benötigt 30 Minuten für die Überfahrt nach Port Townsend. Dafür zahlt man etwa sechs Dollar (in der Saison mehr) pro Wagen und Fahrer, fürwahr ein sozialer Preis.

Eine Fahrt mit den **Washington State Ferries** ist richtiggehend entspannend. Ungeahnte Ruhe kehrt ein, nachdem das Auto erst einmal verstaut ist und man die Hafenkais allmählich davon-

Fährnetz Nordamerikas und werben mit dem kühnen Spruch: »The Beauty of Mass Transit«. Das mag den Arbeitsalltag eines Pendlers kaum versüßen, doch die Touristen freuen sich. Sie haben keine Platzprobleme, sofern sie gegen den Strom der Pendler schwimmen. An Wochenenden allerdings ändert sich das Bild. Da packen nämlich die Seattleites Kind und Kegel ins Auto und im Passagierdeck ihre Brotzeit aus. Es kann ziemlich eng werden in den Ladebuchten, denn Reservierungen gibt es nicht.

Die Stadtkulisse von **Port Townsend**! »Viktorianischer Seehafen« oder »Stadt der Träume« – die derbe Hafenstadt von einst hat sich ein neues Image gegeben. Im selben Jahr gegründet wie Seattle (1851), holzte sie zunächst ihre Wälder ab (wie Seattle); dann wurde sie Welthafen. Hohe Handelshäuser aus rotem Ziegelstein zierten die Unterstadt, feine Villen die Oberstadt – bis der Crash kam. Anfang der 1890er stand nämlich fest, daß nicht Port Townsend, sondern Seattle Endpunkt der transkontinentalen Eisenbahn werden sollte. Die Stadt verfiel – bis Hippies sie in den 1960ern wiederentdeckten. Heute bummeln Touristen und Tagesbesucher in hellen Scharen und kurzen Hosen über die **Water Street**.

»Stadt der Träume« wohl auch, weil besonders Hochzeitspaare die schönen Bed & Breakfast Inns von Uptown mit ihren Himmelbetten zu schätzen wissen. Am Morgen danach bieten die Villenbesitzer ihren Gästen wahre Frühstücksereignisse in viktorianischem Dekor. Dahinter wollen die alten Stadthotels von Downtown nicht zurückstehen, sie wedeln den Staub von den Vertikos und modernisieren ihre Suiten. Die Gemeinde hält mit: Die ganze Kernstadt wurde 1976 zum National Historic District erklärt.

schwimmen sieht. Eine Weile steht man noch an der Reling und läßt sich die Brise um die Nase wehen, dann geht man unter Deck und blättert im Reiseführer. Für eine halbe Stunde gibt es nichts, das man tun müßte oder könnte. Dann entdeckt man die Prospekte im Steckregal – und schon ist man wieder online und plant das weitere Geschehen.

Die Fähren sind die Vorortzüge von Seattle, das mit seinen Schlafgemeinden mächtig über den Sund greift. Die Washington State Ferries besitzen das größte

Ruhige Kugel: Bar in Port Townsend, Washington

Bevor WA 20 auf US 101 trifft, geht es noch an der **Discovery Bay** vorbei. Bei Blyn meint man, einer Fata Morgana aufzusitzen: Ist das, was sich links der Straße abzeichnet, ein Atommeiler, eine Haftanstalt, eine vergessene Hollywood-Kulisse oder doch nur ein Trugbild? Nichts von alledem! Es ist die bürgerliche Spielhölle des 7 Cedars Casino, wo auch »Kinder zum Bingo willkommen« sind. Drei mächtige Totempfähle weisen auf die indianischen Besitzer hin.

Die relative Autonomie der Reservate treibt seltsame Blüten. In Washington und Oregon ist das Glücksspiel von Staats wegen verboten, also nutzen einige Stämme die Chance ihrer territorialen Souveränität und bauen Spielcasinos. Der Häuptling des Jamestown S'Klallam-Stammes sieht es so: »Das Casino ist ein Schlüssel zur Verwirklichung eines Traumes. Es zeigt, was Indianer leisten

können.« Jetzt holen sich weiße Kunden dort ihre *cheap thrills.*

Im dichten Verkehrsstrom schwimmt man auf US 101 nach Westen. Sequim zieht vorbei, ein trostloses Straßendorf. Was in aller Welt kann Menschen dazu verleiten, sich hier niederzulassen? Es ist das Klima! Im Regenschatten der Olympic Mountains gedeiht ein »Sunny Sequim« – »Sequim Prairie« weist in dieselbe Richtung. Die liebe Sonne ruft die *developer* auf den Plan, und die legen Seniorensiedlungen an, weil Senioren angeblich die Dürre lieben. Wo Farmer einst Beeren, Kräuter und Weihnachtsbäume zogen, sonnen sich jetzt die neuen Siedler.

Rechts ginge es zum Dungeness Spit, der »längsten Nehrung der USA«, wo sich Tausende Seevögel tummeln. Die hier beheimatete *Dungeness crab* wird die weitere Reise als Seafood begleiten. Dann ist **Port Angeles** erreicht, das »Tor zum Olympic National Park«. Am besten, man folgt hier sogleich den Schildern zum **Olympic National Park Visitor Center** und begibt sich auf die Fahrt nach **Hurricane Ridge.** Bei gutem Wetter wird das ein Highlight der Reise.

Gleichsam im Steigflug führt Mount Angeles Road auf 17 Meilen von Normal Null auf 1 594 Meter Höhe hinauf. Den Rundblick wird man nicht vergessen: die ganze Gipfelflur der Olympic Mountains in Cinemascope! Zum **Hurricane Hill** sind es noch drei Meilen oder 150 Höhenmeter zu Fuß. Längs des Weges geht die Vegetation von den *subalpine firs* des Tannengürtels zu den Bergblumen und Gräsern der Höhenzone über. Die Tannen sind so gleichmäßig geformt wie Kirchturmspitzen. Ihr tiefgrünes Nadelkleid umhüllt sie wie eine Schürze, die bis zum Boden reicht.

Zum Picknick an der Hurricane Hill Road sind die Gäste schon da: kleine, aufgeplusterte, graue Vögel, die *dipper* heißen. Wenn man die Brote auspackt,

weiß man, warum (sie so heißen). Die *dipper* sitzen auf einem Tannenzweig, wiegen das Köpfchen und nehmen Maß. Dann tauchen sie in einer steilen Flugkurve zum Tisch hinunter, sichten kurz das Terrain und schwingen sich im selben Zuge wieder aufwärts, um auf einem Zweig der gegenüberliegenden Tanne zu landen. Es wird ein Picknick fürs Album, eine Rast in völliger Reinheit und Ruhe der Natur.

Port Angeles ist nicht gerade schön, besitzt aber eine gute Infrastruktur. Die Geschäftszeilen um die gespaltene US 101 sind von mäßigem Appeal. Die Engel, die bei der Gründung von »Puerto de Nuestra Señora de Los Angeles« Pate standen, haben sich offenbar verabschiedet. Doch die Stadt bietet ordentliche Unterkünfte, Gastronomie und einen »Safeway«, der 24 Stunden am Tag geöffnet hat. Wenn man abends, von erhöhter Stelle, etwa bei Sonnenuntergang, über die Meeresstraße von Juan de Fuca schaut, kann es passieren, daß man die Engel über das Wasser schweben sieht. ☼

The Great Port Townsend Bay Kinetic Sculpture Race

km/mi	Zeit	Route

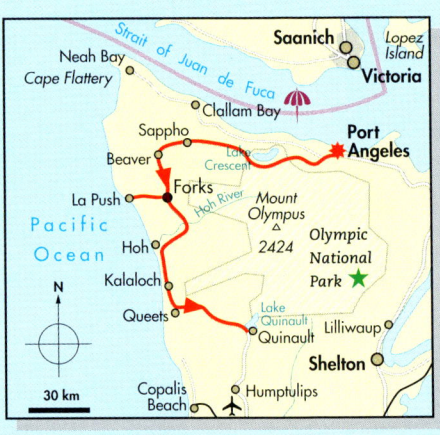

0 — 9.00 Uhr — **US 101 West** nach

29/ 18 — 9.30 Uhr — **Lake Crescent**: Besuch der **Storm King Ranger Station** (ggf. ein kurzer Spaziergang nach **Maryme- re Falls**. – US 101 West über Sappho bis 2 mi nördl. Forks, dort WA 110 West in Richtung La Push. Ca. 3 mi vor La Push Hinweis auf

110/ 69 — 12.00 Uhr — **Third Beach**. Dort parken und zu Fuß durch Regenwald zum Strand (1,5 mi). Auf demselben Weg zurück und weiter nach **La Push**: Ortsrundgang. WA 110 East zur US 101 South, dann über Forks nach

197/123 — 18.00 Uhr — **Kalaloch**: Lodge (mit Shop), Bucht (mit *beach logs*), Ranger Station (mit Infos) und **Kalaloch Creek Nature Trail**. US 101 South über Queets und Amanda Park, dann links auf S. Shore Rd. (2 mi) zur

251/157 — 20.00 Uhr — **Lake Quinault Lodge** am Lake Quinault.

Alternativen und Extras: 1. Wer es am Vortag nicht geschafft hat: Besuch des **Olympic National Park Visitor Center** und hinauf nach **Hurricane Ridge**!
2. Die Exkursion nach **Neah Bay** braucht Zeit: für die Anreise, den Besuch des **Makah Museums** (Ortseingang Neah Bay, ✆ 360-645-2711; Sommer tägl. 10–17 Uhr, Mitte Sept. bis Ende Mai: Mi–So) und die Geländefahrt nach **Cape Flattery**. Wenn es keine Gewalttour werden soll, übernachtet man in Neah Bay, Forks oder La Push (zum Beispiel: **The Cape – Motel & RV Park**, Bayview Ave., Neah Bay, WA 98357, ✆ 645-2250. $$). Abzweig 8 km/5 mi westl. Port Angeles von US 101 auf WA 112 West (von Lake Crescent kommend, über Piedmont Rd.). Der Picknickkorb sollte für diesen Abstecher gut gefüllt sein, denn die Strecke ist gastronomisch karg. Und vorher in Port Angeles tanken!
Auf den letzten 15 Meilen läuft die WA 112 West so nah an der **Strait of Juan de Fuca** entlang, daß man die Kormorane auf den Muschelbänken sitzen sehen kann. Aber Vorsicht! Die Kurven sind eng, und an Wochenenden schleppen die Familienjeeps heimischer Urlauber wippende Sportboote hinter sich her. Entsprechend sind die Quartiere in Neah Bay: sportlich-rustikal. Alle Motels an der Bayview

Avenue haben Stellplätze für Wohnwagen.

WELCOME TO MAKAH INDIAN RESERVATION – und man steht vor einem der feinsten Museen der Region. Im Makah Museum weisen drei große Totempfähle den Weg nach innen. Aus dem gedämpften Licht schälen sich die Relikte des Fischerdorfes Ozette, das vor 500 Jahren von einer Schlammlawine verschüttet wurde. Die Bewohner von einst nutzten als Materialien nur

Wo eine Lichtung ist, läßt er sich fotografieren: der Regenwald

Knochen, Stein, Holz, Gräser – kein Metall. Sie gingen in Einbaumkanus auf Waljagd, mit Harpunen aus Eibenholz, Klingen aus Muschelschalen, Widerhaken aus Hirschgeweih, Klebstoff aus Fichtenpech, Seilen aus Zedernzweigen und Schwimmkörpern aus Seehundsfell. In der Mitte des Gebäudes ist ein komplettes Longhouse aufgebaut. Fischgeruch zieht durch den Raum – von den Lachsschwarten, die von der Decke baumeln. Jim Jarmusch hat seinen Film »Dead Man« mit indianischen Komparsen aus Neah Bay gedreht, aber nicht hier, sondern an der Küste Oregons. Und die Kulissen? Nachgebaut: Vor dem Museum liegt noch ein Totempfahl aus Styropor.

Am westlichen Ende von Neah Bay gabelt sich die Straße: 7,5 Meilen zu den CAPE TRAILS! Für die Fahrt nach **Cape Flattery** braucht man gute Nerven und ein Auto mit reichlich Bodenfreiheit. Zum Glück weitet sich der Fahrweg irgendwann zu einer Art Parkplatz. Jemand hat ein roh gezimmertes Schild an einen Baum genagelt: TRAILS. Von hier geht es zu Fuß weiter – indianermäßig. Eine halbe Stunde lang stolpert man über Wurzeln und querliegende Bäume, patscht auf schwankenden Planken durch schlammige Pfützen. Dann öffnet sich der Wald – und man steht am Kap. Das also ist der nordwestlichste Punkt des Reservates, des Staates Washington und der »zusammenhängenden« USA, dahinter kommen nur noch Tatoosh Island und Japan. Die Felsplatte ist von Rhododendron und jungen Fichten umwachsen. Ungläubig schaut man in die quirlende Tiefe. Die Brecher zerstieben an triefenden Felsen, donnern in Hohlkehlen hinein und schwappen durch Spalten wieder heraus.

Man sollte niemandem empfehlen, die »Cape Flattery Loop« in voller Länge zu absolvieren, denn die Löcher werden tiefer und die Piste wird enger – bis die Zweige gegen die Wagenscheiben klatschen. Wer sich dennoch durchschlägt, landet nach langer Blindfahrt auf einer Sandstraße, die zum Dorf zurückführt. In der Gegenrichtung fährt man auf ihr nach **Koitlah Point** hinauf. Der Weg zur Hauptroute geht von Neah Bay schließlich zurück über WA 112 East und WA 113 South zur US 101 bei Sappho.

3. Die berühmten Regenwälder von **Hoh**, **Queets** und **Quinault** verdienen einen Extratag oder eine spätere Reise. Hoh ist der meistbesuchte, Queets der ursprünglichste und Quinault der zugänglichste der drei.

Coffee House Restaurant & Gallery
118 E. 1st St. (US 101 East)
ℂ 452-1459
Beliebtes Restaurant für Naturkost (auch vegetarisch) zum Frühstück, Lunch und Dinner – täglich. Treff für Kunstfreunde. $$

 Cafe Garden
1506 E. 1st St. (US 101 East, östl. Ortsausgang)
ℂ 457-4611
Volkstümlich: Frühstück, Lunch, Dinner. Üppige Salate (auch mit Seafood), interessante *stir-fries*. Die Einheimischen packen die Reste in *doggy bags*. $

  Bonny's Bakery
502 E. 1st & Vine Sts. (US 101 East, gegenüber Hauptpostamt)
Port Angeles
ℂ 457-3585
Bäckerei zum Zuschauen mit kleinen Gerichten. *French pastries* zum Kaffee, *rustic bread* für den Picknickkorb. $

  La Push Ocean Park & Shoreline Resorts
P.O. Box 67 (26 km/16 mi westl. Forks)
La Push, WA 98350
ℂ 374-5267 und 1-800-487-1267
Stammeseigene Betriebe der Quileute: Motels, *Cabins*, Camping (mit RV-*hook-ups*) direkt am Meer (First Beach). $$

Forks, WA 98331

 Manitou Lodge & Indian Gift Shop (B & B)
P.O. Box 600 (13 km/8 mi westl. Forks)
ℂ 374-6295
Zufahrt ab La Push Rd. (WA 110) über Mora Rd. (WA 110 SPUR) und Kilmer Rd. Villa im Wald mit 5 schönen »Themenzimmern«, plus *Cabin*; ganzjährig, moderate Preise. Gästeraum mit Kamin und Klavier. Indianisches Ambiente. Im **Gift**

Shop findet sich Kunst der Makah und Quileute (Olympic West Arttrek). $$

 Forks Motel
351 S. Forks Ave.
ℂ 374-6243 und 1-800-544-3416
Fax 374-6760
Traditionsmotel (seit 1947) mit 73 Zimmern, großzügig und funktional, z. T. mit *kitchenettes*. Waschautomat, Pool. Morgens ab 6 Uhr dröhnen die Holztransporter. $$

 Allen Logging Company
176462 Hwy. 101 (24 km/15 mi südl. Forks)
ℂ 374-6000
Holzwirtschaftlicher Betrieb. Führungen Juni–Aug. 10–15 Uhr.

 Rain Forest Hostel
169312 Hwy. 101 (37 km/23 mi südl. Forks)
ℂ 374-2270
www.hostels.com/rainforest
Originelle, schlichte Herberge fürs ganze Jahr; idealer Zugang zur Küste und zum Hoh Rain Forest. Linienbus von/nach SEA-TAC. 25 Betten in mehreren Räumen, auch für Paare oder Familien. Bettzeug, Regenzeug, freundliche Beratung. $

 Kalaloch Campground
(bei Kalaloch Lodge, s. u.)
Mit 177 Plätzen größter Campingplatz des Nationalparks. Schöne Bäume, frischer Wind. *First come, first served.* RV's OK, aber keine *hookups.*

  Die Lodge als Lifestyle
Wenn man im Nordwesten die Wahl hat zwischen Hotel, Motel, Bed & Breakfast Inn, Resort oder Lodge, dann hat die »klassische« Lodge leicht den Vorzug. Ob sie Quinault oder Kalaloch, Sun Mountain oder Timberline heißt, eine Lodge hat oft Patina, ist großzügig angelegt und wunderbar gelegen –

Eigenschaften, auf die frühere Touristen Wert legten. Eine Lodge ist kommunikativ. Sie besitzt eine Great Hall, Lobby oder Lounge, in der ein Kaminfeuer knistert, die Gäste ihre Drinks einnehmen, plaudern, lesen oder in die Runde schauen.

Lake Quinault Lodge
345 S. Shore Rd. (2 mi ab US 101)
Lake Quinault, WA 98575
✆ 288-2900 und 1-800-562-6672
Klassische Lodge, am See gelegen (1926 erbaut); ganzjährig geöffnet. 92 Zimmer verschiedenen Typs; im Winter ermäßigte Zimmerpreise sowie *midweek specials*. **Roosevelt Dining Room** mit Seeblick für alle Mahlzeiten. Lounge, Swimmingpool, Sauna, Game Room;

Kanu- und Fahrradverleih. Zugang zum Regenwald. $$–$$$$

Kalaloch Lodge
157151 Hwy. 101 (56 km/35 mi südl. Forks)
Forks, WA 98331
✆ 962-2271
1953 als Anglerherberge angelegt. So nah am Ozean, daß man ihn rauschen hört. Ganzjährig. 40 komfortable Blockhütten (ohne TV oder Telefon), dazu 8 Zimmer im Hauptgebäude. Winter und *midweek* ermäßigte Preise. Kleines, feines **Galley Restaurant** für alle Mahlzeiten, mit Blick auf Sonnenuntergänge, Brandungswellen und Wale; Lounge. Lage im Coastal Strip des Nationalparks; Regenwald. $$–$$$

Wilde Washington Coast

Regenwald und wilde Küste
Die Olympic Peninsula

In Port Angeles ist der Frühstückstisch schon gedeckt. Die Einheimischen wissen ihr Coffee House & Gallery zu schätzen – mit seinen Bildern an der Wand und einem Hang zur Gesundheitsküche. Üppiger speist man im populären Cafe Garden am östlichen Ortsausgang. Bonny's Bakery lockt mit guten Düften, Kaffee und Croissants sowie mit echtem Brot für den Vorratskorb. Die US101 wartet schon vor der Tür: um die Olympic Peninsula

Ulk in Grün: mit Bärlapp überwachsene Bäume im Olympic National Park

herum und durch bis Oregon und Kalifornien ...

Apropos Croissant. Den wie ein Hörnchen geschwungenen **Lake Crescent** darf der Beifahrer in voller Länge genießen. Zu einem Blick auf den See hält man am besten am **East Beach**, umrahmt von Zedern und buntstämmigen Madrona-Bäumen. Hätte man Zeit – aber welcher Urlauber hat schon Zeit? – dann könnte man im Log Cabin Resort ein Paddelboot mieten oder mit der »Storm King« in See stechen. Von der **Storm King Ranger Station** führt

»Big boys, big trees, big trucks«

ein kurzer Wanderweg (1 Meile) durch Altwald *(old growth)* nach **Marymere Falls**. Schon am Parkplatz geht es bunt zu: Knallblaue Häher mit schwarzen Köpfen *(Steller's jays)* hüpfen durch immergrüne Zedern.

Der Rest ist einfach. Man läßt sich von der gut geführten US 101 durch Nationalpark, Regenwald und Indianerreservate lenken, bis man am Lake Quinault Quartier bezieht. Wer diese schnelle, bequeme Alternative wählt, verpaßt allerdings einiges. Interessant wird es nämlich erst bei einem Trip nach Cape Flattery oder La Push. Den Nationalpark berührt der Highway bei Lake Crescent, im Coastal Strip und bei Quinault. Will man den Regenwald wirklich sehen, so muß man zu Fuß hinein: bei Hoh, Queets oder Quinault. Auch wer mehr über die Indianer, die Makah, Quileute und Quinault, erfahren will, sollte auf die Abstecher nicht verzichten.

Sobald man den Nationalpark verläßt, sprechen die Holzkonzerne Klartext: WELCOME TO A WORKING FOREST – als ob der im Park zu nichts nutze wäre. Langholztransporter schaffen die Stämme nach Port Angeles

Wilde Küste im Coastal Strip des Olympic National Park: Mora bei La Push

oder Aberdeen zur Verschiffung. Auf dem Randstreifen stehen zwei Trucks und warten auf einen dritten. Sie haben zusammen eine einzige, dreigeteilte Fichte geladen, jeder fährt ein 30-Tonnen-Stück. Wo sie den Baum herhaben? Achselzucken. Wo sie ihn hinbringen? Nach Aberdeen. Ob der Baum dort zu Chips zerraspelt wird? Nein, dazu ist er zu schade.

Kurz vor Forks zweigt WA 110 (La Push Road) nach Westen ab. Drei Meilen vor **La Push** kommt ein Hinweis auf **Third Beach**. Dort stellt man den Wagen ab und betritt den Wald. Auf dem Wege zum Strand erklingt eine Symphonie mit zwei Themen: Regenwald und Ozean.

Die Ouverture ist piano. Am Waldboden tief unter dem Dach der Baumkronen herrscht feierliche Stille. Im Dämmerlicht modern gefallene Riesen, die hundert Jahre brauchen, um zu verwittern. Es geht weiter al passo maestoso – die Bäume stehen wie Säulen, ihre

Kronen verlieren sich im Dunst. Dann wird der Wald lichter, das Rauschen des Meeres schwillt an – crescendo. Noch liegt ein Riegel aus verkantetem Treibholz im Weg, dann setzt der Ozean mit Paukenschlägen zum krachenden Finale an – fortissimo.

In **La Push** betreiben die Quileute-Indianer zwei Resorts in eigener Regie, **Ocean Park** und **Shoreline**. Sie machen das eher nonchalant und familiär, da darf ein Paneel aus Holzimitat (mitten im Regenwald!) an den Zimmerwänden oder der durch die Ritzen pfeifende pazifische Wind nicht stören. Eine junge Indianerin mit dickem, schwarzem Zopf kramt im Büroschrank nach Konserven für Touristen, die versäumt haben, sich rechtzeitig mit Proviant zu versorgen. Sie bietet an, das Video vom »Paddle to Seattle zu zeigen«, eine Aktion der Quileute von 1989. Alles macht sie ruhig, freundlich und langsam.

Auf den Hafenkais liegen die Fangkörbe für *Dungeness crabs*. Vor der

Bucht ragen *seastacks* aus dem Wasser, kleine Inseln mit steilen Klippen und Bürstenfrisur, Erosionsreste einer früheren Küste. Das Boatlauncher Restaurant wird von einem jungen Mann aus Wisconsin geführt, so selbstbewußt und *mainstream*, als hätte er gerade ein Studium der Betriebswirtschaft abgeschlossen. Er erzählt von den Rehen, die ihm heute früh am Strand begegnet sind. Diese Nähe zur Natur gefalle ihm, die niedrigen Mieten übrigens auch. Im kleinen Kulturzentrum solle man sich ruhig die Körbe, Masken und Schnitzereien ansehen, sagt er, die gehörten dazu.

Doch *Mainstream America* hat längst Einzug gehalten. Am Ortseingang hat eine Resort Company einen funkelnagelneuen Lonesome Creek RV Park hingestellt, samt Krämerladen und Post. Und schon befehlen die Schilder: NO PUBLIC ACCESS – bei gepfefferten Preisen für die *hookups*. Ein Kasino soll noch kommen, als Vorleistung hat die Gesellschaft den Dörflern schon ein paar neue Häuschen spendiert. Es wäre doch gelacht, wenn man aus dem verschlafenen Nest nicht noch was Ordentliches machen könnte!

Zurück zur US 101 und einem späten Lunch in **Forks**. Der Coffee Shop des Pay & Save Supermarket serviert Holzfällerportionen – der *short stack* (zwei Lagen) *hotcakes* zum Frühstück war

Fischer beim Netzeflicken

91

schon nicht zu schaffen. Am Tisch nebenan gräbt sich ein gewichtiger Herr durch einen Berg Bratkartoffeln, Eier, Speck und Toast – und läßt die Hälfte liegen. Ein paar alte Männer (so alt sind sie gar nicht) kommen zum nachmittäglichen Schwatz. Mühsam klettern sie aus ihren Pickups und humpeln zum Eingang. Sie sind gezeichnet wie der Wald.

Grobe Holzschnitzereien am Ortsausgang machen deutlich, was hier wirtschaftlich Sache ist. Das Denkmal für die »gefallenen Fäller« mutet an wie ein Kriegerdenkmal. Die holzverarbeitenden Betriebe am Highway heißen Cedar Products, Cedar Company, Logging & Shake Company … Am Hoh River hat die **Allen Logging Company** ihren Firmensitz, und die ist zu interessanten Betriebsführungen bereit. Ihren Betrieb mußte sie allerdings einschränken, heißt es im Prospekt, »weil die Bäume fehlen«.

Hinter Forks schwenkt die US 101 in Richtung Westen und Ozean. Der **Coastal Strip** des Nationalparks beginnt mit Ruby Beach (Stippvisite), dann folgen die Beaches Sechs bis Eins plus South Beach. Alle Strände sind über kurze Stichstraßen erreichbar. Die wilde, schroffe Küste des Coastal Strip mit ihren steilwandigen Felsspornen, Kiesbuchten, Treibholzbarrieren und *seastacks* reicht 57 Meilen weit hinauf bis zum Reservat der Makah. Zünftige Naturburschen wandern mit Gepäck die Küste entlang. Um manche Felsspitzen umrunden zu können, müssen sie gelegentlich eine Pause einlegen und auf Ebbe warten.

Kalaloch! – ein gastlicher Ort mit Lodge, Campingplatz und Ranger Station. Vor der Lodge links geht der **Kaloch Creek Nature Trail** ab. Auf den feuchten Planken (und wann sind sie nicht feucht?) haften Turnschuhe immer noch am besten – wie auf den *beach logs* am Strand. Ohne Regen kein Regenwald! Und der Lohn für die durchweichten Schuhe? Eine mit allen Sinnen wahrnehmbare Frische. Die Tropfen an den Hemlock-Tannen glitzern wie die Perlen, die von den Plateauindianern in ihre Gewänder gestickt werden. Die Ranger wissen viel über den Nationalpark; sie schweigen über das, was draußen vorgeht.

Das Indianerdorf **Queets** (direkt neben der US 101) kostet nur ein paar Minuten. Trostlose Hütten, einige davon abgebrannt, stehen in Reihe, daneben sieht man Autowracks, Kinderspielzeug und Unrat. Auf den Türschwellen und in den Einfahrten sitzen Hunde, alles Mischlinge. Sie blicken verdrossen drein, weil es ihnen aufs Fell regnet. Als ein Artgenosse in einem Schuppen heult, laufen sie zusammen, beschnuppern den Schuppen und ziehen wieder ab. Ein Mann befreit den Hund. Dabei löffelt er etwas Eßbares aus einer Schachtel, murmelt: »Must steal some beans«, und geht weiter.

Bei Queets beginnt die Quinault Indian Reservation, ein verwüstetes Land. Seit 1922 holen die Holzgesellschaften heraus, was herauszuholen ist. Dank langfristiger Verträge mit dem Indian Bureau schlugen sie von 1950 bis in die 1970er ganze Landstriche kahl, so daß die Flüsse in Schlamm und Astwerk erstickten. Als die jungen Leute des Stammes aus den Colleges zurückkamen, demonstrierten sie gegen den Raubbau und blockierten die Fahrwege – bis man Auflagen in die Verträge schrieb. Am Weg stehen einige kleine Schindelfabriken mit dampfenden Meilern. Ob sie das Zedernholz verarbeiten, das so zählebig ist, daß es nicht verwittern kann?

Jim Tobin vom **J J's Restaurant** in Amanda Park hat eigentlich nichts

Klassisches Ferienhotel in bester Lage: Lake Quinault Lodge

dagegen, daß die Wälder seines Stammes verkauft werden. »Die Bäume im Park verkommen ja nur«, sagt er. Eine landläufige Meinung in dieser Region. Tobin ist eigentlich Yakama-Indianer, hat sich aber dem Stamm der Quinault angeschlossen, weil »man irgendwo hingehören muß«. Nur um die Zedern tue es ihm leid, denn die »kommen nicht wieder, weil sie so langsam wachsen«. *Thuja plicata*, der »Überlebensbaum« der Indianer, aus dem sie alles machten: Kanus, Kleider, Decken, Hütten.

Auf South Shore Road geht es links ab zur **Lake Quinault Lodge**. Die Lodge ist ein Glücksfall. Sie wurde 1926 in kürzester Zeit, aber solide gebaut. Vierkantige Holzsäulen tragen eine Balkendecke, ein gemauerter Kamin sorgt für Wärme: ein behagliches Inneres, ohne TV und Telefon. Und das Wetter? Im Mai hellt es auf, der Juni bringt wieder Schauer (aber keine Gewitter), die wirklich trockenen Monate sind Juli, August, September. Wenn es im November so richtig schüttet, wird es drinnen erst gemütlich (und die Preise purzeln bis auf 30 Dollar pro Zimmer). Mal gegen den Strich gedacht: Wenn man in Arizona leben müßte, wäre dann der Regen von Quinault nicht richtig schön? ✺

km/mi	Zeit	Route
0	9.00 Uhr	S. Shore Rd. in Richtung US 101 zum **Quinault Rain Forest Nature Trail**: Rundgang (0,5 mi). US 101 South über Neilton und Moclips Highway (unbefestigt) zur
18/ 11	10.30 Uhr	**Quinault National Fish Hatchery**: Visitor Center und Fischbassins. Zurück zur US 101 South, über Humptulips, Hoquiam (Proviant!), Aberdeen, Raymond/South Bend nach
198/124	18.00 Uhr	**Long Beach**. Strandspaziergang.

Alternativen und Extras: 1. Wer den Tag mit einer Wanderung beginnen will, folgt dem gut markierten **Quinault Loop Trail** (4,5 mi ab Lake Quinault Lodge oder Quinault Village), darin einbezogen ist der **Quinault Rain Forest Nature Trail**. Der Weg führt über Bäche, durch Lichtungen mit Laubwald und einen Zedernsumpf, vorbei an hohen Stümpfen, in denen einst die *springboards* der Holzfäller steckten.
2. Extratag im Regenwald: Rundfahrt auf teils rauher Strecke um **Lake Quinault** (50 km/31 mi über N. und S. Shore Rd.). Unterwegs Rundgang auf **Maple Glade Nature Trail** (0,5 mi) ab N. Shore Rd., mit moosverhangenem Ahorn und Erlen. Ab dem östlichstem Punkt der Tour am Schnittpunkt von N. und S. Shore Rd. ist Weiterfahrt nach **Graves Creek** oder **North Fork** möglich, von dort Fußwanderung. Über den Zustand der Wanderwege: Ranger fragen.
3. Die Option Portland: Wer auf Long Beach verzichten und eine Großstadt besuchen will, nimmt ab Aberdeen US 12 East, dann I-5 South nach **Portland, Oregon**. Was bietet die »Stadt der Rosen« und der Mikrobrauereien? Den Tom McCall Waterfront Park, den Saturday Market, »Powell's City of Books«, viel *public art* um Pioneer Square, die Szeneviertel um Nob Hill und Hawthorne Boulevard, das Hoyt Arboretum, urige Bräukneipen und eine originelle Unterkunft: **McMenamins Edgefield Manor** in Troutdale, ein umgebautes Armenhaus mit 103 Lodge-Zimmer, Hostel, Restaurant, Bräukneipe, Weinkeller und Kino (2126 S.W. Halsey St., Troutdale, OR 97060, ✆ 503-669-8610 und 1-800-669-8610. $$–$$$; zu erreichen über I-84 Exit 16A, 238th Drive St., Halsey St. links und 0,5 mi bis Edgefield). Für den Besuch in Portland braucht man einen Extratag. Anschluß an die Route über US 30 in Astoria.

6. Tag – Informationen

 Quinault Ranger Station (Forest Service)
353 S. Shore Rd.
Quinault, WA 98575
℅ 288-2525
Mo–Fr 8–16.30 Uhr
In Quinault Village. Aktuelle Wege- und Wanderinformationen.

 Quinault National Fish Hatchery
Moclips Hwy., 8 km/5 mi westl. US 101
℅ 288-2508
Tägl. 8–15.30 Uhr
Im Visitor Center Ausstellung zu Natur, Wirtschaft und Geschichte des Reservates. Auskunft und Führung durch Ranger. Eintritt frei.

Long Beach, WA 98631

 Long Beach Peninsula Visitors Bureau
P.O. Box 562
℅ 642-2400 und 1-800-451-2542
US101/Pacific Hwy. (WA 103).

 Our Place at the Beach
1309 S. Boulevard St.
℅ 642-3793 und 1-800-538-5107
Eine Menge Motel fürs Geld! Schöne Lage zum Dünengürtel, Privatweg zum Strand. Fitneß, Sauna, Dampfbad, Hot Tubs. $$

 Arcadia Court
401 N. 4th & Boulevard Sts.
℅ 642-2613
Malerische Motelzeile mit 8 gepflegten Zimmern (5 mit Küche) und überdachtem Zugang (daher »Arcadia«). Helen McDaniel, die Besitzerin, spricht deutsch (d. h. pfälzisch). $$

Sand-Lo Motel & Trailer Park
1910 N. Pacific Hwy. (nördl. Ortsende)
℅ 642-2600 und 1-800-676-2601
Sauber, geräumig, preiswert. 10 Zimmer, 15 *hookups*. $$

   Shelburne Country Inn (B & B)
4415 Pacific Way & 45th St.
Seaview, WA 98644
℅ 642-2442, Fax 642-8904 (Hotel)
℅ 642-4142 (Restaurant)
Feines viktorianisches Hotel von 1896 mit 15 Zimmern voller Antiquitäten und superfeinem Frühstück. Lunch und Dinner tägl. im renommierten **Shoalwater Restaurant** ($$$), danach ins **Heron & Beaver Pub**. $$$–$$$$

 Fort Columbia Hostel
Fort Columbia State Park
P.O. Box 224
Chinook, WA 98614
℅ 777-8755
US 101, zwischen Astoria Bridge und Chinook. 23 Betten. $

 Fort Canby State Park
(4 km/2,5 mi westl. Ilwaco)
P.O. Box 488
Ilwaco, WA 98624
℅ 642-3078
Schönster Park der Halbinsel, Nähe **Lewis and Clark Interpretive Center**. Picknick und 250 Plätze, davon 60 *full hookups*.

 Sea Mist Restaurant
4th N. St. & Pacific Hwy.
℅ 642-3522
Frühstück, Lunch, Dinner. Hervorragendes Seafood im biederen Rahmen (mit Blick auf die Küche). Im *seafood platter* ist alles drin, was um Long Beach schwimmt. Sehr preiswert! $-$$

  Cafe Pastimes
5th St. S. & Pacific Hwy.
℅ 642-8303
Älteste Espresso-Bar der Halbinsel, mit künstlerischem Touch. Täglich Spezialitäten zum Lunch. Einmal monatlich *open house* mit lokalen Künstlern. Andenken und Antiquitäten. $$

Wald, Watt und Langer Strand
Von Quinault nach Long Beach

»Jahrhunderte vor Chartres, Sankt Peter und Notre Dame gab es in Oregon Kathedralen, die noch immer stehen. Durch uralte, hohe Säulen gefiltert, dringt dämmeriges Licht auf den Boden, wo eine unheimliche Ruhe herrscht. So absolut ist die Einsamkeit, so vollkommen die Stille, daß man meint, man habe die Hallen eines Heiligtums betreten ...« *(Oregon: Official Travel Guide)*

Auch ohne die lyrischen Zutaten der Touristikbranche bleiben die Regenwälder an der Westflanke der Olympics eine der großen Attraktionen des Nordwestens. Sie gedeihen bei Jahresniederschlägen von 3500 Millimeter und mehr, milden Temperaturen und geringer Höhenlage. In den Tälern von Quinault, Queets und Hoh, wo sich der Regen nochmals staut, erreichen sie ihre vollste Ausprägung; eine Douglastanne im Hoh Rain Forest hält mit 91 Meter Höhe und elf Meter Umfang den Rekord. An lichteren Stellen finden sich Laubbäume wie Ahorn und Roterle, am Waldboden wuchern Farne. Auf die gestürzten Stämme setzt sich der Nachwuchs.

Eine der großen Attraktionen im Nordwesten: der Regenwald

Der kurze, kompakte Lehrpfad des **Quinault Rain Forest Nature Trail** macht die Nacken steif – so kerzengerade ragen die Fichten in den Himmel. Hier sind sie alle vertreten, die »Großen Vier« des Regenwaldes: Sitka-Fichte, Douglasie, Hemlock-Tanne und Zeder. Die Natur mischt die Arten durch – anders als draußen in den Forsten, wo Monokulturen von Douglasien und Hemlock das Bild bestimmen. Verschwinden die Zweige auch im Nebel, so sind die Bäume immer noch an ihrer Rinde zu erkennen: *Sitka spruce:* groß geschuppt; *Douglas-fir:* rauh mit tiefen Furchen; *western hemlock:* eng gerippt; *western redcedar:* geflochtene Strähnen.

Wo Riesen fallen, machen Zwerge mobil. Laubbäume und Farne bringen viel Farbe ins Bild: saftiges Grün neben dem warmen Braun modernder Stümpfe. Junge Bäume sitzen rittlings auf ihren »Ammenstämmen« *(nurse logs)*, die sie wie mit Fangarmen umklammern. Sie nutzen das bißchen mehr Licht und im Sommer das Wasser, das die toten Stämme speichern. Als Folge sieht man reife Bäume, die auf bizarren Luftwurzeln und in merkwürdigen Reihenformationen stehen. Die Parkbehörde hat überall Tafeln mit erklärenden Texten angebracht. Das Miteinander von Alt und Jung, von Werden und Vergehen gerät den Dichtern der Tafeln zu Sinnbildern des Lebens.

Eine Allee hoher Fichten gibt dem Reisenden das Geleit, dann ist es mit der Poesie kahlschlagartig vorbei. Die Etappe zeigt das Drama des nordwestlichen Waldes in voller Schärfe. Vom einstigen Urwald sind nur mächtige Stümpfe übrig. Mit Schildern wirbt die Holzwirtschaft für ihr *resource management:* CLEARCUT 1920 – CLEARCUT

So groß werde ich auch noch

1976 – PLANTED 1977 ... READY FOR NEXT HARVEST: 2046. Bisweilen schieben sie die Parole nach: TREES GROW JOBS. Auf der Pysht Tree Farm im Norden der Olympic Peninsula lernen die Kinder schon im Schulalter, daß man für jeden alten Baum vier neue pflanzt. Kein Wunder, bei dem Größenunterschied!

Ein Hausbesitzer in Neilton hat seine alten Stümpfe im Vorgarten so flach gesägt, daß sie wie Grabplatten wirken. Südlich von Neilton zweigt der Moclips Highway rechts zur **Quinault National Fish Hatchery** ab, wo die Quinault-Indianer unter fachkundiger Anleitung des U.S. Fish & Wildlife Service Chinook-Lachse und Forellen züchten. Im Mai ist *tagging time* für die Jungfische. Dann stehen die *Natives* aus Taholah dicht gedrängt im Trailer, werfen die Fingerlinge ins Narkosebad, beschneiden die Fettflosse und stanzen

Dinosaurier an der Küste

winzige Kennmarken in die Nasen der Fische. Im Herbst kommen reife Lachse den Cook Creek herauf, werden gefangen, erschlagen, entlaicht und an die Indianer verteilt.

Bei **Humptulips** – so heißt der Ort tatsächlich – steht eine kernige Highway Tavern am Wege: die **Oxbow Tavern**. Vom Barhocker aus hat man alles im Blick: die leckeren Cheeseburger, die auf der Stahlplatte brutzeln; die beiden Fernseher, die gleichzeitig laufen – mit unterschiedlichem Programm; die Jukebox, die Bierreklamen, den Billardtisch und die Country Boys, die sich im Hintergrund Geschichten erzählen. Ein Herr an der Theke öffnet pausenlos Lose aus grellen Boxen über der Schankwand. Ist das ein arbeitsloser Holzfäller? Schließlich läßt er einen Haufen Papierschnipsel liegen und geht.

Ein Schild an der Tür verrät, woher der Wind weht: SUPPORTED BY TIMBER DOLLARS. Würde man sich hier auf ein Gespräch über die wirtschaftliche Lage einlassen, so bekäme man einiges zu hören: wütende Ausfälle gegen die Regierung, die Naturschützer und vor allem die *spotted owl*, die den gesetzlichen Vorwand für den Schutz der Urwälder liefert. Dabei ist eh nicht mehr viel zu holen. Wer hätte geahnt, daß sich um Humptulips einmal die dichtesten Douglasienhaine des Nordwestens ausbreiteten – so dicht, daß man immer nur in dieselbe Richtung fällen konnte!

Weiter geht es nach **Hoquiam** und **Aberdeen**. *Ho-qui-umpts* ist indianisch und bedeutet »hungrig nach Holz« – eine Bezeichnung, die alles verrät. Seit 1892 die erste Sägemühle an der Bucht von Grays Harbor errichtet wurde, gehen Holz und Holzprodukte in alle Welt. In Aberdeen liegen ganze Stämme, Bauhölzer, verleimte Platten und Chips, die auf ihre Verschiffung warten. Im Chehalis River modern die Pfosten alter Stege, und auch sonst bieten Aberdeen und Hoquiam ein Bild des Niederganges. Die lange Ortsdurchfahrt wird zur ödesten der Reise.

Zum Glück bietet sich bald ein Lichtblick. In Hoquiam, direkt an der US 101 in Richtung Süden, steht ein **Swanson's**, Ableger einer örtlichen Filialkette mit Tradition. Wenn man sich mit frischen Lebensmitteln eindecken will, dann am besten hier. Der kleine und feine Supermarkt hat sogar eine eigene Bäckerei, die auch »Pumpernickel« bäckt – ohne Konservierungsstoffe.

Südlich von Aberdeen wird es waldiggrün, der Highway taucht in junge Forsten ein. Hier besitzt die Firma Weyerhaeuser große Areale, und hier begann sie 1941, den Wald als »nachwachsende Ressource« zu nutzen. Wenn die Douglasien und Hemlock-Tannen auf den »Baumfarmen« 15 Jahre alt sind, dünnt man sie aus; sind sie mit 60 Jahren »erntereif«, schlägt man die Flächen in der Regel kahl. Das Argument für den Kahlschlag lautet: mehr Licht für die neuen Setzlinge. Der Staat macht nur die Auflage, daß binnen zweier Jahre aufgeforstet wird, und das liegt sowieso im Interesse der Firma.

US 101 South windet sich durch Raymond und South Bend am Willapa River, kreuzt den trichterbreiten Naselle River und streicht an den Schlamm-

Public Art in Long Beach

99

bänken von Willapa Bay vorbei, die bei Ebbe freilaufen. Wo die **Long Beach Peninsula** im Süden am Festland angewachsen ist, zweigt US 101 ALT nach Westen ab. Am Pacific Highway (WA 103) reihen sich Läden und Gaststätten, fließen die Orte Seaview, Long Beach und Pacific Park ineinander. Was jetzt am meisten lockt, ist ein Blick auf den Strand – laut Werbung der »längste der Welt«.

Long Beach ist eigentlich gar nicht so schlimm, wie von einem Ferienort dieser Klasse zu erwarten wäre. Zugegeben, es fehlt ein rechtes Zentrum, Autoschlangen (im Sommer) schaffen noch kein urbanes Ambiente, und die paar historischen Gemälde an den Mauern verlieren sich im Stadtbild. Doch auf den ersten Eindruck folgt ein zweiter, denn hinter dem Pacific Highway folgt eine zweite und dritte Reihe – mit alten Bäumen, Ferienhäusern und hübschen Unterkünften. Die vierte Reihe ist der **Boardwalk** - aus echtem Holz, 3,65 Meter breit, 700 Meter lang und abends beleuchtet (Zugang ab Ende Bolstad Street).

Die Halbinsel lebt von Austern, Preiselbeeren und Touristen. Es regnet bis in den Juni hinein, anschließend kommen drei trockene Monate – und Sommerfrischler in Scharen. Sie bauen Sandburgen, lassen Drachen steigen und fahren mit dem Auto über die Strände. An gefragten Wochenenden (4th of July, Labor Day) oder zum Kite Festival ist hier alles ausgebucht. Dann erhöhen die Motels ihre Preise, um hereinzuholen, was ihnen im Winter entgangen ist. Mit den Preisen steigen die Feste – Ragtime & Dixieland (Ende April), Jazz & Oysters (Mitte August), das Kite Festival (Ende August), ein Rod Run für alte Autos (Anfang September), ein Knoblauch-

fest im Juni und ein Preiselbeerfest im September.

Aber das ist nur die eine, die laute Seite von Long Beach. Es gibt nämlich ein paar hundert Leute, die hier ständig wohnen. Denen machen weder die großen Regenmengen, die übers Jahr gesehen hier fallen, noch die Einsamkeit etwas aus. Im Gegenteil, sie suchen die Abgeschiedenheit, die Weite des Ozeans und den lockeren Lebensstil der *off-season*. Eine kleine Boheme der Weitgereisten und Angekommenen, die sich einmal monatlich im **Cafe Pastimes** zum *open house* trifft. Die drei Buchläden der Halbinsel versorgen sie mit Lesestoff, Jack's Country Store, »der alles hat«, mit allem übrigen.

Was aber bietet Long Beach dem Touristen? Zunächst einmal einen 28 Meilen langen festen Sandstrand, dahinter einen Dünengürtel und auf der Rückseite der Halbinsel das Wattenmeer. In den kühlen Jahreszeiten treibt der Wind Regenschauer vom Pazifik herein, reißt dann wieder blaue Löcher in die Wolken, durch die die Sonne strahlt. Er wickelt zarte Sandfahnen um die Knöchel des Strandwanderers und bläst so manchen Kopf klar. Bei soviel Wind und Sand ist man mit Wetterjacke und Kapuze immer richtig angezogen. Das Klima hier hat einen Vorteil: Der April kommt schon im Februar.

Unterkünfte sind in Long Beach reichlich vorhanden, und es gibt ein unscheinbares Lokal wie **Sea Mist**, direkt an der Hauptstraße, das mit dem herrlichsten, frischesten Seafood aufwartet, das man sich als Festlandsmensch nur vorstellen kann. Die Preise stimmen auch, und davon kann sich so mancher Ort an der Oregon Coast eine Scheibe abschneiden. ✤

7. Tag – Route: Long Beach – Astoria – Cannon Beach (134 km/84 mi)

km/mi	Zeit	Route
0	Vormittag	Strandspaziergang. Halbinselrundfahrt über Pacific Hwy. (WA 103) North bis nach **Oysterville** und **Nahcotta**, zurück über Sand-ridge Rd. South nach
48/30	12.00 Uhr	Long Beach. US 101 South nach Ilwaco, nach der Ampel rechts und über North Head Rd. zum
58/36	13.30 Uhr	Fort Canby State Park und **Lewis & Clark Interpretive Center**. Abstecher zum Leuchtturm **Cape D** oder **North Head**: Aussicht! Zurück über Ilwaco zur US 101 South und weiter über **Astoria Bridge** nach
82/51	15.30 Uhr	**Astoria**. Hinauf zur **Astoria Column** auf Coxcomb Hill (ggf. **Columbia River Maritime Museum**). US 101 BUS (BUSINESS)/ Warrenton – Astoria Hwy. ab südl. Ortsausgang über Youngs Bay Bridge und Lewis & Clark River zum
94/59	16.30 Uhr	**Fort Clatsop National Monument**. US 101 BUS West, dann North nach Fort Stevens State Park zum Strand und Wrack der »Peter Iredale«: Fotostopp! US 101 South über Gearhart und Seaside nach
134/84	19.00 Uhr	**Cannon Beach**.

Weichenstellung: Sollen es die Halbinselrund-fahrt oder die Museen von Astoria sein? Das **Maritime Museum** schließt um 17, **Fort Clatsop** um 17 (Winter) bzw. 18 Uhr (Sommer)!
Alternativen und Extras: Neben Cannon Beach sind auch **Astoria** (viele B & Bs in zierlichen Häusern im viktorianischen Stil) und **Seaside** (Seebad mit Tradition und Kapazität) gute Übernachtungsalternativen.

7. Tag – Informationen

Willapa National Wildlife Refuge
Ilwaco
℡ (360) 484-3482
Zentrale 14 km nördl. US101/101 ALT
(vor Long Island). Ökotouren 4 Std.
Eintritt frei.
Für Naturfreunde bietet es Watten,
Marschen und festes Land mit Reh-
wild, Bibern, Bären, Kojoten und
Tausenden von Zugvögeln. Umfaßt die
Schutzgebiete um Leadbetter Point,
die südliche Willapa Bay und Long
Island. Auf Long Island steht ein Hain
urwüchsiger tausendjähriger *western
redcedars*, einer der letzten seiner Art
im Nordwesten. Beste Besuchszeit:
Okt.–Mai.

**Nahcotta Natural Store – Cafe & Post
Office**
270th St. Sandridge Rd.
Nahcotta
℡ (360) 665-4449
Bioladen am Watt; außerdem B & B.
Ausflüge auf Willapa Bay für Naturfreunde sowie Kajak- und Fahrradverleih. $

My Mom's Pie Kitchen
12th St. S. & Pacific Hwy.
Long Beach
℡ (360) 642-2342
Di–So 11–16 Uhr
Erstklassige *Clam chowder* und aller-
feinste, selbstgemachte Torten – »wie
von Muttern«. $

Lewis & Clark Interpretive Center
Ilwaco
℡ (360) 642-3029 und 642-3078
Tägl. 10–17 Uhr
Vom Parkplatz in Fort Canby State Park
geht es 200 Meter bergauf zum ehemaligen Fort und Museum. Hervorragende
Darstellung der Expedition von Lewis
und Clark (mit Ton-Bild-Schau) und
der Schiffahrt am Columbia. Eintritt
frei.

Astoria, OR 97103   Vorwahl: ℡ 503

Peter Pan Market
712 Niagara Ave.
℡ 325-2143
Praktisch für Lunch: prima Sandwiches,
Suppen, Kuchen, Kaffee – im Lebens-
mittelladen nahe Coxcomb Hill; historische Bilder. $

Cafe Uniontown
218 W. Marine Dr.
℡ 325-8708
Di-Sa 11–21/22 Uhr
Lunch und Dinner. Frisches Seafood,
gute Atmosphäre. Do–Sa abends Live-
Musik. $$

Rosebriar Hotel (B & B)
636 14th St. (nahe Zentrum)
℡ 325-7427 und 1-800-487-0224
Kleines Hotel von 1902, vormals Privat-
villa, dann Kloster. In Hanglage im
Wohnviertel. Feudales Foyer und 11
hübsche Zimmer mit Kamin (Gas). Erst-
klassiges Frühstück. Nichtraucher.
$$

Columbia River Maritime Museum
1792 Marine Dr.
℡ 325-2323
Tägl. 9.30–17 Uhr
Hervorragendes Museum zur Ge-
schichte der Seefahrt und Fischerei um
Columbia River und Küste. Feuerschiff
»Columbia«. $ 5

Fort Clatsop National Memorial
Fort Clatsop Rd. (ab US 101 BUS, 13 km/
8 mi südwestl. Astoria)
℡ 861-2471
Sommer tägl. 8–18, Winter bis 17 Uhr
Nachgebautes Winterlager von Lewis
und Clark (1805/06). Visitor Center mit
Dia-Show (17 Min.) und Video (30 Min.).
Im Sommer täglich *living history.*
$ 2

Fort Stevens State Park

Nahe Hammond, nordwestl. Astoria
ℰ 861-1671 und 1-800-452-5687
Ganzjährig. 603 Plätze, darunter RV-*hookups*. Vom Gelände gehen zahlreiche Wanderwege und Radwege ab. Zugang zum Strand und zum fotogenen Wrack der hier gestrandeten »Peter Iredale«.

Pacific Way Bakery & Cafe

601 Pacific Way
Gearhart
ℰ 738-0245
Sommer Do–So 8–21, sonst 11–21 Uhr
Omelettes, Waffeln, beides sehr leicht und bekömmlich; frisches Brot und Kuchen aus der eigenen Bäckerei. Fotos über Fotos! $

Seaside, OR 97138

Dooger's Seafood & Grill

505 Broadway
ℰ 738-3773
Cannon Beach:
1371 S. Hemlock St.
ℰ 436-2225
Frisches Seafood, gekonnt zubereitet – Portionen zwischen *regular* und *light*. Weine aus Oregon. Vernünftige Preise. $$

Sea Side Inn (B & B Hotel)

581 S. Promenade
ℰ 738-6403 und 1-800-772-PROM
Neues Haus direkt an der »Prom«; 14 »Themenzimmer«, höchst individuell und geschmackvoll eingerichtet. Nichtraucher. $$$

Seaside International Hostel

930 N. Holladay Dr.
ℰ 738-7911, Fax 717-0163
48 Betten, auch mit Familienzimmern. $

Cannon Beach, OR 97110

Cannon Beach Chamber of Commerce & Information Center

2nd & Spruce Sts.
ℰ 436-2623, Fax 436-0910

Cannon Beach Hotel (B & B)

1116 S. Hemlock St.

ℰ 436-1392
Um 1900 Fremdenheim, jetzt hübsches kleines Hotel in zentraler Lage; **JP's Restaurant** im Hause. Mit **Courtyard Annex** zusammen 26 Zimmer. Nichtraucher. $$–$$$

Blue Gull Inn Motel

487 S. Hemlock St.
ℰ 436-2714 und 1-800-507-2714
Fax 436-0226
Variable Unterbringung in Studios (mit Küche), Cabins und Houses. Nichtraucher. Sauna; Waschautomat. $$–$$$

Ecola Creek Lodge

P.O. Box 1040
ℰ 436-2776 und 1-800-873-2749
Fax 436-9550
Originelles Haus, 21 individuelle Zimmer. $$–$$$

RV Resort at Cannon Beach

345 Elk Creek Rd. (US 101, Exit Cannon Beach Loop)
ℰ 436-2231 und 1-800-847-2231
RV-Resort der Luxusklasse – mit *hookups* und Kabelfernsehen. 100 Plätze (unbedingt vorbestellen!). Swimmingpool, Laden, Propangas.

Cafe de la Mer

1287 S. Hemlock St. (Haystack Square)
ℰ 436-1179
Eines der renommiertesten Seafood-Restaurants der Küste. Der Küchenchef nennt seine Menüs: *edible artwork*. $$$

Unterwegs mit Lewis & Clark
Von Long Beach nach Cannon Beach

Die Strecke ist kurz, aber ihr historischer Gehalt ist bedeutend. Heute ist der Tag der Museen und der Landesgeschichte. Zwei Herren begleiten die Tour: die Hauptleute Meriwether Lewis und William Clark, die Präsident Jefferson zwischen 1804 und 1806 ausschickte, das einstige Oregon Country zu erkunden und die Ansprüche der USA darauf zu festigen.

Wer will, geht vorher auf Halbinselrundfahrt durch **Long Beach Peninsula**, die wie ein Krückstock geformt ist, wobei Leadbetter Point den Griff bildet. Dafür fährt man den Pacific Highway an der Westseite hinauf, über die Oysterville Road zur Ostseite hinüber und über Sandridge Road an der Ostseite wieder hinunter. An der Westseite

passiert man mehrere Stichstraßen mit BEACH ACCESS, wo Autos auf den Strand dürfen. Mögen sie im Treibsand steckenbleiben!

Im nördlichen Dünengürtel wird gebaut, entwickelt und erschlossen, was das Zeug hält. Makler haben ihre Claims abgesteckt, Zweithäuser warten auf ihre Käufer. Die Einheimischem betrachten den Boom mit gemischten Gefühlen. Teils rufen sie den Kaliforniern zu – und alle, die den unschuldigen Nordwesten überrollen, verstädtern, verderben oder kaufen wollen, sind »Kalifornier«: »Go down where you came from!«. Teils spotten sie, daß es »für Florida wohl nicht gereicht« habe. Teils machen sie ihre Geschäfte mit den Neuen.

Ideal für Beach Volleyball: Seaside, Oregon

Cannon Beach, Oregon

In **Oysterville** zeugen Halden von Austernschalen vom ältesten Gewerbe der Halbinsel. Seit Häuptling Nahcati den ersten Siedlern 1854 die Austernbänke von Willapa Bay zeigte, brachten Segler die Schalentiere nach San Francisco, wo man in Gold für sie bezahlte. Aus jener Zeit hat Oysterville einen richtigen Dorfkern geerbt, eine Seltenheit im westlichen Amerika. Das Kirchlein von 1892 lädt zu »romantischen« Trauungen ein, die Häuser sind als National Historic District geschützt.

Im seichten Wasser der Bucht stehen Graureiher und spähen nach Fischen – aber menschliche Wattläufer, die sieht man nicht. »Es ist zu schlammig,« meint der junge Mann am Austernstand. Aber deswegen macht ein Spaziergang durchs Watt doch gerade Spaß, Junge!

In **Nahcotta** erlaubt das **Willapa Bay Interpretive Center** Zugang zum Wattenmeer, sonst sind die schönen Lagen fest in privater Hand. Zahllose FOR SALE-Schilder markieren den Straßenrand von Sandridge Road. Folgt man einmal ganz unbotmäßig einer Privatstraße zum Wattenmeer, so stößt man bald auf edle, kaum sichtbar in den Strandwall geduckte Villen – und legt diskret den Rückwärtsgang ein. Bei der Weiterfahrt glaubt man plötzlich an eine Erscheinung: Da taucht ein wahrhaftiger Naturkostladen aus der Landschaft, inklusive B & B, Café und Post. Im alten Bahnhof der einstigen »Clamshell Railroad« serviert ein schüchterner Naturbursche hausgemachte Bohnensuppe.

Einkehr zum Lunch in **My Mom's Pie Kitchen** in Long Beach, wo man eine

Trubel im Treibholz: Vor der Küste von Oregon

erstklassige *Clam chowder* bekommt (aber nicht nur das, und nicht nur dort), dann geht es weiter zum **Lewis & Clark Interpretive Center** bei Ilwaco. Dort stehen die beiden Herren schon selbst bereit, um die Führung zu übernehmen. Das Museum vermittelt anhand von suggestiven, großformatigen Bildern, ausgewählten Realien und einem Lehrfilm einen Eindruck vom Alltag der Expedition. Der Film, den zum Glück keine Schauspieler verderben, greift weit aus: bis nach Illinois, wo die Reise begann.

Einen Eindruck erhält man auch von den Schwierigkeiten der Schiffahrt um die Mündung des Columbia, vor allem um die berüchtigte Mündungsbarriere *(Columbia River bar)*. Hier scheiterten so viele Schiffe, daß der Mündungsbereich des Columbia den traurigen Ruhm eines »Friedhofs des Pazifik« erwarb. Heute fangen Molen die Treibsande auf, halten Bagger die Fahrrinne frei, markieren Bojen die Strecke. Long Beach hat den Nutzen davon: Sein Langer Strand wird immer länger.

Als der britische Seefahrer John Meares 1788 die Mündung des Columbia im Nebel verpaßte, rächte er sich mit dem Namen **Cape Disappointment**. An diesem Kap entstanden – aus naheliegenden Gründen – zwei der ersten Leuchttürme des Nordwestens, **Cape D** (1856) und **North Head** (1898). Ein glitschiger Fußweg (3/4 Meile) führt zu »D« (für Disappointment) hinüber und hinauf. Dort steht man im Wind, während unten die Wellen gegen die Klippen schlagen. *Storm watching* ist hier immer angesagt, auch bei Windstille.

Ohne Risiko – und völlig mautfrei – geht es heute über den breiten Mündungstrichter des Columbia. Die 1966 erbaute, vier Meilen lange **Astoria Bridge** beginnt mit einer langen Geraden, steigt dann, gleich der Startrampe einer Achterbahn, zur Durchfahrtshöhe großer Seeschiffe empor und windet sich anschließend in einer Spirale von 360 Grad zum Marine Drive in **Astoria** hinunter.

Während die Stahlstreben vorbeiflitzten, konnte man erste Blicke auf die schöne Stadt am Hang werfen, von der eine Broschüre arglos behauptet, sie sei die »älteste Siedlung westlich des Mississippi«. Nun, John Jacob Astor hat hier zwar 1811 ein paar Kisten an Land werfen lassen, doch was ist 1811 gegen die Gründungsdaten der spanischen Missionen in Kalifornien, des alten Santa Fe in New Mexico zum Beispiel – ganz zu schweigen von den Dörfern der Chinook, Clatsop und Tillamook, die hier seit Urzeiten wohnten?

Mit seinen hübschen Viktorianerhäuschen am Hang gilt Astoria als schönste Stadt der nordwestlichen Küste – aber auch als die regenreichste. Das erlebt ein jeder, der im Frühling oder Herbst unterwegs ist. Böige Schauer wechseln mit Sonnenschein aus klarem Himmel, und jeder Guß reinigt die Luft, macht die Sicht klar und läßt die Häuschen in frischem Glanz erscheinen. Also zieht man die Regenjacke wieder aus und krempelt die Ärmel hoch – bis zum nächsten Regenschauer.

Der Mensch sucht den Überblick, also fährt er zunächst die steile 16th Street zur **Astoria Column** auf Coxcomb Hill hinauf. Wer die 166 Stufen der Wendeltreppe erstiegen hat, muß sich festhalten – so heftig weht es hier oben. Dafür bietet sich ein Panoramabild von der Gezeitenlandschaft des unteren Columbia, wo selbst Nebenflüsse noch breite Mündungstrichter bilden. Im Hintergrund erscheint das Filigran der Astoria Bridge. Draußen auf See scheinen die Schiffe stillzustehen.

An der Außenwand der Säule entrollt sich, in vergilbtem Braun, die Geschichte der Region. Nur, wie soll man sie lesen? Zwölfmal um die Säule herum und dann von unten nach oben? Die Stirnseite zeigt genug: Lewis und Clark kommen und gehen; John Jacob Astor (der nie hier war) stiftet die Stadt Astoria; sein Schiff, die »Tonquin«, explodiert ... dann kommt ein Riesensprung ins Jahr 1893, als die Eisenbahn hier ankam. Eine merkwürdige Auswahl! Sie wird erst verständlicher, wenn man erfährt, daß die Great Northern Railroad die Säule gestiftet hat.

Das **Columbia River Maritime Museum** ist ein Muß für Freunde der Seefahrt und Liebhaber von Schiffen – und eines der besten Museen im Nordwesten überhaupt. In der Halle stehen Modelle der »Columbia Rediviva« von Robert Gray, der »Chatham« von William Broughton, der »Discovery« von George Vancouver und – im Maßstab 1:2 – der »Sonora« von Bruno Hezeta. Alle hervorragend präsentierten Objekte werden mit knappen Texten erläutert.

An einem Schaukasten wird sichtbar, um was es wirtschaftlich ging. Die Pelzhändler brachten den Indianern blaue Perlen, Eisenknöpfe, Messer, Beile, Wolldecken, Tabakpriem, Bleikugeln, Feuerwaffen und Feuerwasser; dafür bekamen sie die Felle von Seeotter, Seehund, Biber, Marder sowie Lachs. Ein Museumsführer läßt für eine Schülergruppe ein Robben-, ein Biber- und ein Seeotterfell herumgehen. Beim Anfassen spüren die Kinder, wie unglaublich dicht ein Seeotterfell ist. Jetzt verstehen sie auch, warum die Chinesen mehr als hundert Dollar dafür bezahlten – und die Tiere nahezu ausgerottet wurden.

Am 7. November 1805 schreibt William Clark in sein Tagebuch: »Ocian in view! O! The joy.« Und weiter: »Wir haben den Ozean vor uns, diesen großen Pazifischen Ozean, auf dessen Anblick wir so lange gewartet haben, und das Brüllen der Wellen, die sich an der Felsküste brechen, ist deutlich zu hören.« Doch es war nicht der Ozean, sondern erst der Trichter des Columbia. Eine Woche später steht Hauptmann Lewis am Cape Disappointment. Clark berichtet eher beiläufig von der Entdekkung: »Die Männer scheinen mit ihrem Ausflug sehr zufrieden, sahen sie doch mit Erstaunen die hohen Wellen gegen die Felsen schlagen, und diesen immensen Ozean.«

Damit waren die beiden Hauptleute (und ihre 28 Begleiter) am Ziel der Expedition. Viel Zeit zum Feiern hatten sie nicht, denn sie standen im Regen und brauchten ein Winterlager. Nach elf Tagen Dauerregen war alles naß, ihre Kleidung, ihre Decken, ihre Vorräte … »Elf Tage Regen und das widerwärtigste Wetter, das ich je erlebt habe,« schreibt Clark grimmig ins Tagebuch. Dann plötzlich wieder: »Der Morgen war klar und schön.« Freundliche Clatsop-Indianer geleiten die Truppe zu einem »dichten Kiefernhain … auf einer Anhöhe etwa 30 Fuß über der Flut«. Dort bauen sie ein Palisadenfort und nennen es Fort Clatsop.

Von der Befestigungsanlage ist nichts mehr übrig. Das heutige **Fort Clatsop National Memorial** wurde nach den Skizzen der beiden Expeditionsleiter rekonstruiert. Der Standort ist verbürgt, die Männer in Wildleder und Mokassins sind weniger echt – sie sind Akteure in Sachen *living history*. Am authentischsten wirken immer noch die Aufzeichnungen von Lewis und Clark. Das Korps bleibt vom 7. Dezember 1805 bis 23. März 1806 in Fort Clatsop, dann haben alle genug: In 106 Tagen 94 Tage Re-

gen, das ewige Hirschragout, die faulenden Kleider – Läuse und Flöhe, die den Männern der Expedition den Schlaf rauben.

Das Wrack der »Peter Iredale« – ist echt. Seit 1906 steckt es wie ein ausgezehrtes Walfischgerippe im Sand von Fort Stevens State Park. Ein kurzer Blick auf die Reste vergangener Seefahrerherrlichkeit, dann endlich geht es auf US 101 South *down the coast!* Das 344 Meilen lange Teilstück der berühmten Küstenstraße durch Oregon gilt als eine der schönsten Routen der USA. Es ist zudem mit State Parks und Waysides gesegnet. In **Gearhart** verlockt das originelle **Pacific Way Bakery & Cafe** zum Rasten. Hier ist eine Brombeertorte noch eine Brombeertorte, und abends (bis 21 Uhr) kann man bei leichter Kost dinieren. Die Gemüsesuppe ist frisch, das Brot selbstgebacken.

Ein Zwischenstopp in **Seaside**, und man trifft alte Bekannte. Am »Turnaround« stehen Lewis & Clark in Bronze und sollen das Ende des Lewis & Clark Trail markieren. Die Geschichten über die beiden Hauptleute und ihre Expedition begleiten uns aber noch eine ganze Weile. Zum Beispiel lesen wir, Clark habe sich mit zwölf Begleitern in zwei Kanus auf die Suche nach Walfischspeck und Öl gemacht, nachdem die Truppe in Fort Clatsop davon gehört hatte, daß an der Küste ein Wal gestrandet sei. Die Gruppe klettert über Tillamook Head, und Clark erblickt »das großartigste und angenehmste Bild, das meine Augen je geschaut haben«. Unten liegt ein »butifull sand shore«, nämlich der von Cannon Beach. Doch als die Männer ankommen, haben die Tillamook-Indianer den Wal schon »geplündert«.

Mit von der Partie ist Sacagawea, eine junge Shoshone-Indianerin, die als

Lustige Bötchenfahrt im alten Seebad Seaside

Dolmetscherin und einzige Frau an der Expedition teilnahm. Sie muß wohl am Abend zuvor eine ordentliche Szene gemacht haben. Clark notiert: »Sie erklärte, sie sei so weit mit uns gegangen, um das große Wasser zu sehen, und nun, wo es auch noch den Riesenfisch zu sehen gäbe, solle sie auf beides verzichten. Das empfände sie als große Härte...« Sacagewa bewies touristische Neugier am richtigen Fleck: Clark gewährte die Bitte.

Seaside ist von jeher das Ziel von Sommerfrischlern aus Portland, aber seit der Boardwalk von 1908 und das klassische Kurhotel verschwunden sind, gehen dem ältesten und größten Seebad von Oregon allmählich die Attraktionen aus. Mit drei Ausnahmen: dem Seafood-Restaurant **Dooger's**, dem B & B Hotel **Sea Side Inn** und dem **Tillamook Trail** – aber den teilt es mit Cannon Beach. Das ist (fast) schon alles. Denn der Salzofen von Lewis und Clark mit seinen fünf Kesseln ist Attrappe und der »Boardwalk« nur noch Teil der historischen Erinnerung.

Dooger's Seafood & Grill am Broadway ist volksnah, vernünftig und meistens sehr gut besucht. Vernünftig, weil man erstens bei den Portionen zwischen *regular* und *light* wählen und sie zweitens mit jemand teilen kann. Die *Combination plate* enthält von jedem etwas, und mit *deep-fried*, *sauteed* und *cajun* stehen drei Zubereitungsarten zur Wahl. Natürlich gibt es offene Weine, zum Beispiel Chardonnay aus Oregon. Zum Glück steht in Cannon Beach noch ein Dooger's!

Die Leuchttafeln der Banken an der US 101 melden neben Datum, Uhrzeit und Temperatur auch den Zeitpunkt der nächsten Flut. Beim ELK XING südlich von Seaside stehen keine Elche, sondern Hirsche in der Wiese und äsen (weil *elk* eben Hirsch heißt). **Cannon Beach** wirkt friedlicher, als sein martialischer Name erwarten läßt. Den hat es von einer Kanone, die hier 1846 angeschwemmt wurde. Eine schwimmende Kanone? Nicht ganz: Das Geschütz trieb auf den Resten eines gestrandeten Schiffs. ✤

8. Tag – Route: Cannon Beach – Tillamook – Oceanside – Lincoln City – Newport (182 km/114 mi)

km/mi	Zeit	Route
0	9.00 Uhr	Stadt- und Strand-bummel in Cannon Beach. US 101 South zum **Oswald West State Park** (links parken, dann durch die Unterführung): dort Spaziergang zum **Short Sands Beach** (0,5 mi). US 101 South über Manzanita zur **Jetty Fishery** (Nehalem Bay), weiter nach

km/mi	Zeit	Route
64/40	13.00 Uhr	**Tillamook**. Besichtigung der **Tillamook Cheese Factory**. 3rd St. West, anschließend rechts über Bayocean Rd. zur **Three Capes Scenic Route** (Cape Meares, Cape Lookout, Cape Kiwanda). Über Oceanside, Tierra del Mar und Pacific City zur US 101 und weiter nach
144/90	18.00 Uhr	**Lincoln City**. US 101 South über Depoe Bay und **Otter Crest Scenic Loop** nach
182/114	19.00 Uhr	**Newport**.

Alternativen und Extras: 1. Die Oregon Coast ist eigentlich zu schön, um täglich den Ort zu wechseln. Für einen längeren Erholungsaufenthalt eignen sich (neben den Etappenzielen) folgende kleinere Küstenorte: **Manzanita** (Strand um Nehalem Bay), **Oceanside** (die Lage!) oder die Küste um **Yachats** (B & Bs).
2. Wandern an der Küste: Der **Tillamook Head Trail** zwischen Cannon Beach und Seaside (nicht bei Tillamook!) ist ein reizvolles Teilstück des 375 Meilen langen **Oregon Coast Trail**. Vom Klippenweg schaut man hinunter auf Seevögel, Seelöwen und vorbeiziehende Wale. Der Weg ist ganzjährig begehbar, nur stellenweise morastig. Für die 6 mi von Indian Point im Ecola State Park (2 mi nördl. von Cannon Beach gelegen, ☎ 503-436-2844) bis zum Trailhead am Sunset Blvd. bei Seaside (Parkplatz) braucht man 3 bis 5 Std. (hin) – also einen Extratag. Ecola Point und Indian Point (Parkplatz, Zeltplatz) sind mit dem Auto erreichbar.
Von **Oswald West State Park** (US 101, 10 mi südl. Cannon Beach, 36 einfache Plätze zum Zelten) gehen 3 Wanderwege ab. Der kürzeste ($^1/_2$ mi) führt durch Wald zum **Short Sands Beach**. Ein längerer (2 mi) folgt einem Teilstück des **Ore-**

gon **Coast Trail** durch ursprünglichen Küstenregenwald zum **Cape Falcon** (75 m über dem Meer). Ein dritter (4 mi) führt steil auf **Neahkahnie Mountain** (500 m) hinauf zu schöner Aussicht.

Ein Naturreservat besonderer Art ist die **Cascade Head Nature Area** (zwischen Neskowin und Lincoln City) – mit Urwald, Gräsern, Blumen, seltenen Schmetterlingen und einem grandiosen Blick aufs Meer und die Mündung des Salmon River. Zufahrt über Cascade Head Rd. (FS 1861) und Three Rocks Rd. (beide ab US 101). Die Nature Conservancy wünscht allerdings keine Publizität über das Gebiet. Wer mit Respekt wandern will, wendet sich an die **Hebo Ranger Station** (Forest Service; 31525 Hwy. 22, Hebo, OR 97122, ✆ 503-392-2162).

3. *Whale watching* vom Boot aus gibt es in Depoe Bay und Newport. Anbieter in Depoe Bay sind u. a.: **Dockside Charters** (✆ 541-765-2545) und **Tradewinds** (✆ 541-765-2345 und 1-800-445-8730); Preis pro Std. ca. $ 10.

8. Tag – Informationen

Icefire Glassworks
116 E. Gower & S. Hemlock Sts. (Midtown)
Cannon Beach, OR 97110
✆ (503) 436-2359
Tägl. 10–17 Uhr (Di geschl.)
Glasbläserei zum Zuschauen! Mehrere Künstler. Feine Glasarbeiten, auch zum Verkauf. Eintritt frei.

Midtown Cafe
1235 S. Hemlock St.
Cannon Beach, OR 97110
✆ (503) 436-1016
Mi–Sa 7–14, So 8–14 Uhr
Bei einheimischen Kennern beliebtes Lokal für Frühstück und Lunch. Hervorragende Haupt- und Nachspeisen; Zubereitung *from scratch* (also frisch). $

Jetty Fishery – Marina, RV Park & Store
27550 Hwy. 101 (Südufer Nehalem Bay)
Rockaway Beach, OR 97136
✆ (503) 368-5746, Fax 368-5748

Ganzjähriges RV-Camping; Bootsverleih, Einkaufsladen, *crabbing* direkt vom Steg aus, frische *crabs* aus dem Topf.

Tillamook Cheese Factory
4175 Hwy. 101 (2 mi nördl. von Tillamook)
Tillamook, OR 97141
✆ (503) 842-4481
Sommer tägl. 8–20, Winter bis 18 Uhr
Besichtigen, kosten und im Factory Shop einkaufen. Deli-Restaurant, Eisdiele.

Oceanside, OR 97134
Vorwahl: ✆ **503**

House on the Hill Motel
1816 Maxwell Mtn. Rd.
✆ 842-6030
Bestes Haus in Oceanside; hervorragende Aussicht. 15 Zimmer, alle mit Seeblick. $$–$$$

Oceanside Inn
1440 N.W. Pacific St.
© 842-2961 und 1-800-347-2972
9 Zimmer mit *kitchenettes*. $$

 Roseanna's Cafe
1490 N.W. Pacific St.
© 842-7351
Lockeres Restaurant mit Meerblick für Frühstück, Lunch und – Nachtisch. Als Spezialitäten bietet es *Clam chowder* und Fruchtpastete (*cobbler* mit heimischen *marion-berries*). $$

 Grateful Dead Bakery
34805 Brooten Rd.
Pacific City
© 965-7337
Gut für einen Imbiß. Lunch auf der Terrasse, Sandwiches gerne auch zum Mitnehmen, köstlich zubereitetes Gebäck. $

Lincoln City, OR 97367
Vorwahl: © 541

 The Sea Horse
2039 N.W. Harbor Dr.
© 994-2101 und 1-800-662-2101
Resort-Motel auf dem Kliff: Seeblick, Swimmingpool, Hot Tub. 52 praktisch eingerichtete Zimmer mit Küche. $$

 Chameleon Cafe
2145 N.W. Hwy. 101 (zwischen N. 21st & 22nd Sts.)
© 994-8422
Di–Sa ab 11.30 Uhr
Einfallsreich, gut bekömmlich, wohlschmeckend, vegetarisch. Nichtraucher. $

 Bay House
5911 S.W. Hwy. 101
© 996-3222
Fine Dining. $$

Newport, OR 97365
Vorwahl: © 541

 Greater Newport Chamber of Commerce
555 S.W. Coast Hwy.
© 265-8801 und 1-800-262-7844
Fax 265-5589

 Sylvia Beach Hotel (B & B)
267 N.W. Cliff St. (Nye Beach)
 © 265-5428
Als »Cliff House« 1910 erbaut, heute »literarisches Hotel« mit 20 »Autorenzimmern«. Kein Telefon, kein TV, kein Qualm. Erlesenes Frühstück am großen Tisch. Dinner im Restaurant **Tables of Content** (Festpreismenü: $$); reservieren! $$–$$$

 City Center Motel
538 S.W. Coast Hwy.
© 265-7381
Einfach, sauber, preiswert. $

 Brown Squirrel Hostel
44 S.W. Brook St. (nahe Nye Beach)
© 265-3729
Ganzjährig. Ein Häuserblock zum Strand. $

 Pacific Shores RV Resort
6225 N. Coast Hwy. (US 101, 2,5 mi nördl. Newport)
© 265-3750 und 1-800-333-1583
Privat: 287 Plätze. Schöne Lage; Laden, Waschautomat, Hallenbad, Restaurant mit ordentlichem Fast Food. 3 Min. zum Strand.

 Bayfront Brewery & Pub
748 S.W. Bay Blvd.
 © 265-3188
Ausschank für die örtlichen *Rogue Ales* (Mikrobrauerei). Pasta, Pizza, Salate, Suppen, Sandwiches, Fisch. $

 Weitere Restaurants in Newport siehe 9. Tag, S. 120.

Down the Oregon Coast
Von Cannon Beach nach Newport

Am Strand von Cannon Beach

Cannon Beach gilt als *artsy*, gar als »Carmel des Nordwestens« (Carmel: ein kunstsinniger Ort in Kalifornien), das über seinen biederen Nachbarn Seaside gern die Nase rümpft. (Man merkt es vor allem an den Zimmerpreisen.) Nun, so fein ist Cannon Beach auch wieder nicht. Im Sommer strömen ganz normale Touristenmassen durch Downtown – hinein in ganz normale Andenkenläden um Hemlock Street. Je heftiger der Kommerz hier, desto freier der Strand.

Was macht die Kunst in Cannon Beach? Die Gießereien **Bronze Coast** und **Valley Bronze** aus dem Gießereizentrum Joseph im Wallowa Valley sind hier ebenso vertreten wie die **Otter Woods Pottery**, wo funktionale Keramik gefertigt wird – »sämtliche Glasuren frei von Blei oder anderen toxischen Stoffen«. Die Galerien **North by Northwest** und **White Bird** präsentieren vorzugsweise Künstler aus dem Nordwesten. Neben der Kunst immer wieder Kitsch: Cover Girl im Negligé,

Indianermaid am Bach, kleiner Bub mit viel zu großem Golfschläger.

In Midtown versammeln sich die Zuschauer um die Glasbläser der **Icefire Glass Works**. Während in der Ecke der Schmelzofen glüht, entstehen vor aller Augen mundgeblasene Schalen und Gläser, zum Anfassen schön. DO TOUCH – heißt es an den Vitrinen. Im **Midtown Cafe** nimmt das Kunsthandwerk andere Formen an, nämlich als selbstgemachte Marmelade, Ketchup, Dressing, Salsa und Brot aus Vollwertstoffen. Wie man nach Midtown kommt? In Downtown hinunter zum Strand, neun Straßenblocks nach Süden und über Gower Street wieder an Land.

Fragt man die Ortsansässigen (es gibt deren etwa 1 300), was ihnen hier gefällt, dann sagen sie, der Ort sei *laid back* (locker) und *relaxed* (entspannt) – jedenfalls in der Off-Season. Der junge Mann im Visitor Center vergibt sich nichts, wenn er eingesteht, im Winter sei es *gloomy* (düster), denn einen Wintertourismus kennt Cannon Beach nicht. Da treibt nämlich der »Northwester« den Regen waagerecht gegen die Häuser, die mit wetterbeständigen Schindeln aus Zedernholz gedeckt sind. Die schiefgewehten Bäume am Strandwall sprechen Bände.

In der Saison aber scharen sich die Touristen um **Haystack Rock**, den Symbolberg der Oregon Coast. Bei Ebbe kann man ihn trockenen Fußes begehen. In den felsigen Vertiefungen der freigespülten Küste, den *tidepools*, finden sich allerlei Seetiere wie Muscheln, Seesterne, Seeigel und grüne Seeanemonen. Um den Berg schwirren neben den Touristen noch Möwen, Lummen, Taubenlummen, schwarze Kormorane und die drolligen Papageientaucher mit Häubchen.

Oswald West State Park, nur zehn Meilen südlich von Cannon Beach, lockt zum nächsten Spaziergang. Eine halbe Meile zu Fuß, und man steht am **White Sands Beach**. Auch bei Regen ist der Wald schön, dann funkeln die kleinen Tröpfchen an den zarten Nadeln des *hemlock* wie tausend Glas-

Cape Kiwanda

perlen. Am Strand liegen *beach logs* quer, schweres Strandgut, das bei Nässe mit Vorsicht zu genießen ist. Naturverbundene junge Leute kampieren auf einfachen Zeltplätzen; ihr Gepäck holen sie mit Schubkarren vom Parkplatz. Wer weiter will, geht von hier noch zwei Meilen zum **Cape Falcon**.

Dem Vernehmen nach kann man von den Buchten am **Neahkahnie Mountain** aus Wale sehen, am besten vormittags, wenn das Meer noch glatt ist. Die Grauwale ziehen im Winter von der Beringsee nach Baja California, im Frühjahr kehren sie zurück. Freundlicherweise halten sie sich dabei an die Weihnachts-

ferien bzw. das lange Wochenende um Memorial Day (Ende Mai). Grauwale werden 14 Meter lang und 40 Tonnen schwer. Im 19. Jahrhundert hätte man sie fast ausgerottet; seit 1946 stehen sie unter Naturschutz und zählen heute wieder ca. 20 000 Exemplare.

Der Strand von **Manzanita** ist weit, breit und einsam, gut zum Atemholen und Schlendern. Bei Ebbe bauen die Wellen ein Riesenwaschbrett aus Sandrippen. Schaut man genauer hin, dann ergibt sich eine Hügellandschaft – wie im Modell – mit Flüssen und Seen, in die das abfließende Wasser Rinnen gräbt und Schwemmfächer schüttet, die es anschließend wieder zerschneidet. Scharen kleiner Schnepfenvögel (sandpipers) trippeln hinter den Wellen her und stochern mit flinken Schnäbeln im Sand. Und das Baden im Meer? Dazu ist es, wie überall an der Küste, mit 13–16 Grad Celsius meist zu kalt.

Die **Jetty Fishery** an der südlichen Nehalem Bay ist ein Dorado für Freunde fangfrischer Schalentiere. Dungeness crabs kommen mit der Flut herein und driften bei Ebbe wieder heraus. Also leiht man sich einen Krabbenring, bestückt ihn mit einem Köder und versenkt ihn im Gezeitenstrom – vom Mietboot aus oder direkt vom Steg. In dem dampfenden Kessel der Fishery finden die Tiere einen schnellen Tod. Auf der sandigen Insel gegenüber räkeln sich Seelöwen in der Sonne.

Wer beim clamming (Muschelsuchen) dabeisein will, muß früh aufstehen. Wenn die Ebbe zu einer Minustide ausläuft, versammeln sich an Oregons Stränden wie auf ein geheimes Kommando in aller Frühe vermummte Gestalten, die an unauffälligen Vertiefungen den Spaten ansetzen (oder das clam gun, eine »Muschelröhre«). Sie graben nach Scheidenmuscheln (razor

clams), von denen sie eine bestimmte Anzahl erbeuten dürfen. Das Muschelsuchen ist ein Volkssport, zu dem manche eigens aus Portland anreisen.

Man kennt das Produkt inzwischen aus dem Supermarkt, aber während man dort nur Kunde ist, wird man in der **Tillamook Cheese Factory** als Gast behandelt. Alles riecht fein, schaut appetitlich aus, Kostproben werden gereicht, und am Ende spendieren die Familien ihren Kindern ein Eis. Für die Einheimischen ist die Fabrik einen Sonntagsausflug wert. Der Käse wird, so erfährt man, ohne Farbstoffe und Konservierungsmittel zubereitet, sogar das satte Orange des Cheddar wird organisch aus dem Samen des Annato-Baumes gewonnen. Im Factory Shop erwirbt man einen Riegel »Tillamook« für die Reise.

Es folgt der szenische Leckerbissen des Tages, die **Three Capes Scenic Route**, die auf 35 Meilen näher an die Küste heranführt als die große US 101. Die Route berührt drei imposante Kaps – Meares, Lookout und Kiwanda –, von denen jedes als State Park geschützt ist. Doch zunächst fährt man einen nordwestlichen Bogen zum Sandhaken von Bayocean. Vom »zweiten Atlantic City«, das hier ein Baulöwe aus Kansas City 1906 errichten wollte, ist nichts übriggeblieben – die See hat sich alles geholt. Beim Blick von der Klippe im **Cape Meares State Park** fällt der Regen aufwärts, so gewaltig brechen sich die Wellen, so heftig bläst der Wind.

Das feine **Oceanside** lohnt einen erholsamen Aufenthalt. Wie in einer Stadt am Mittelmeer lehnen die Häuser am Hang, aber hier achten sie auf Abstand. Ihre betuchten Besitzer erscheinen in Overalls und Gummistiefeln im Café am Strand und geben sich jovial. Wer hier seinen Platz gefunden hat, braucht nicht mehr anzugeben. Für die Touristen bleibt die Nacht im House on the Hill oder der Nachtisch in Roseanna's Cafe, beides mit Meeresblick.

Tierra del Mar nennt sich die unscheinbare Streusiedlung südlich von Sand Lake, die einmal als »Lido of the Pacific« vermarktet wurde. Den Bungalows sieht man an, daß sie in Eigenbauweise errichtet wurden, die Baulücken dazwischen zeugen von der Vergänglichkeit des Booms. Erst am Dünenwall stehen die besseren Häuser. Dringt man über kleine Gassen zu ihnen vor, dann kommt man ins Träumen. Wie muß es sich anfühlen, hier morgens aufzuwachen und direkt von der Terrasse den mächtigen Pazifik zu begrüßen? Wie müssen hier die Winterstürme toben!

Wo ist die City von **Lincoln City**? Wie ein nicht enden wollendes Häuserband zieht sich der Ort am Highway hin. Ein bekannter Reiseführer über Oregon hat Lincoln City so »verrissen«, daß man geneigt ist, ein gutes Haar in der Suppe zu suchen. Die Strandstadt rühmt sich, sieben Meilen öffentlichen Strandes und die »meisten Zimmer mit Seeblick zwischen Seattle und San Francisco« zu besitzen. Schaut man vom Resort Motel am Kliff durch die Scheiben, dann hat man Fernsehen schon zum Frühstück. Das Programm lautet: »Ozean – live«. Die Leute vom Visitor Bureau sagen: »Viel Zimmer fürs Geld«.

Es folgt ein dicht besiedelter Küstenstreifen – mit Motels, *trailer parks*, Privathäusern und einem strengem Tempolimit von 50 mph(!). Bei **Boiler Bay** kocht die See in ihrer Felsenküche – könnte man meinen, aber den Namen hat die Bucht von einem angespülten Heizkessel. Am »Seawall« von **Depoe Bay** stehen Fernrohre bereit und warten auf Wale.

Möwen bei Mondaufgang: Siletz Bay, nahe Lincoln City

Siletz Bay bei Nacht

Wohlmeinende Ratgeber empfehlen nun, »unbedingt« die **Otter Crest Scenic Loop** zu fahren, schon wegen des »süßen Andenkenladens« am Otter Crest. Nun gut, vier Meilen Nebenstrecke sind kein Umweg, aber irgendwann hat auch der fleißigste Tourist genug von »herrlichen Stränden«, der »tobenden See« und der »reichen Gezeitenfauna«. Am **Otter Crest** erfährt man immerhin, daß auch Captain Cook hier war (1778) und auf die »übelsten und scheußlichsten dicken Nebel« traf. Also nannte er das nahe Kap »**Foulweather**«, was aber kein böses Omen sein soll.

Newport enttäuscht zunächst mit seinen Zweckbauten am Highway. So hatte es Samuel Case nicht gemeint, als er 1866 sein Hotel »Ocean House« hier baute und dieses, wie die Stadt, nach dem berühmten Vorbild an der Ostküste benannte. Zwar kommen die »Summer People« auch heute noch nach Nye Beach, aber nicht um »heiße Seebäder« zu nehmen, sondern um eine der originellstenHerbergen der Region zu besuchen, das **Sylvia Beach Hotel**.

Kenner ahnen es bereits: Sylvia Beach ist kein Strand, sondern der Name jener Pariser Buchhändlerin, in deren Laden sich in den 1920ern die Literaten der Zeit trafen. Auf ihren Spuren streben Bücherfreunde heute zum »Oceanfront Bed & Breakfast for Booklovers«, um in einem der zwanzig Themenzimmer zu wohnen und den Geist »ihres« Autors zu atmen – seien es Herman Melville, Oscar Wilde, Agatha Christie oder 17 andere.

Die Zimmer spiegeln auf höchst intelligente und anregende Weise das Werk des jeweiligen Autors. In der Bibliothek im Dachgeschoß stehen die Originalausgaben, aber auch eine reiche Auswahl an Reise- und landeskundlicher Literatur. Es soll vorgekommen sein, daß Gäste hier oben bei Kaffee und Glühwein die Nacht verplaudert haben. Beim Frühstück trifft man sich wieder und tauscht Erfahrungen aus: Wie war es mit Tennessee Williams in der Glasmenagerie, mit Edgar Allan Poe unter dem Sägebeil …? Manche Gäste bleiben Tage und wechseln jede Nacht das Zimmer, nur so zum Spaß. ✳

9. Tag – Route: Newport – Waldport – Yachats – Florence (80 km/50 mi)

km/mi	Zeit	Route
0	Vormittag	Besuch des **Oregon Coast Aquarium** und Bummel durch die **Old Bayfront Area** von **Newport**; Lunch dort. US 101 South nach
26/16	13.00 Uhr	**Waldport** (ggf. Besichtigung des **Alsea Bay Bridge Interpretive Center**). Weiter über Yachats zum
42/26	14.00 Uhr	**Cape Perpetua Visitor Center**. AUTO TOUR über FS 55 und Viewpoint Rd. zum **Viewpoint** oder

Fußwanderung bzw. Spaziergang zur Küste. Weitere bevorzugte Haltepunkte: Strawberry Hill, Gull Haven Lodge, Devil's Elbow, Sea Lion Caves. Weiter auf US 101 nach

km/mi	Zeit	Route
80/50	18.00 Uhr	**Florence**. Dinner in **Old Town**.

Alternativen und Extras: 1. Die Etappe ist kurz, daher bleibt Zeit zum Wandern (Cape Perpetua), für die Suche nach Meerestieren in den Gezeitenbecken (fast überall), einen Besuch der Sea Lion Caves oder die Dünen (beide bei Florence). Welche Dünen? Z.B. **Honeyman State Park** (ab Florence 3 mi US 101 South) oder **South Jetty** (0,5 mi US 101 South, dann South Jetty Dune & Beach Access Rd.).
2. Newport ist ein Zentrum für Bootsausflüge, Angelfahrten, *whale watching*, Segeln und Windsurfing. Anbieter sind u. a.: **Marine Discovery Tours** (✆ 541-265-6200 und 1-800-903-BOAT) und **Newport Sportfishing** (✆ 541-265-7558 und 1-800-828-8777).
3. Übernachtungsalternativen zu Florence sind die B & Bs um Ten Mile Creek südl. **Yachats** (s. u.). – Die Steigerung von B & B? B & B auf einem Schiff! Im kleinen Sporthafen **Winchester Bay** (40 km/25 mi südl. Florence) ankert die **Salmon Harbor Belle**: P.O. Box 1208, Winchester Bay, OR 97467, ✆ 541-271-1137 und 1-800-348-1922; $$$$. Ebenfalls dort: **Cafe Francais** mit *French country cuisine* und **Umpqua Lighthouse State Park** (Camping). Das spart 25 mi am nächsten Tag!

Newport, OR 97365

 Oregon Coast Aquarium
2820 S.E. Ferry Slip Rd. (südl. Yaquina
Bay Bridge)
Nach der Brücke links, dann Schildern
folgen.
© 867-3474
15. Mai–14. Okt. tägl. 9–18, sonst 10–17
Uhr
Eindrucksvolles neues Aquarium
(1992), nach Ökosystemen geordnet. In
Freigehegen Robben, Seeotter, Seevögel. *Keiko was here!* $ 8

 Canyon Way Restaurant & Bookstore
1216 S.W. Canyon Way (Nähe Bayfront)
 © 265-8319
Lunch und Dinner. Frische Pasta, köstli-
ches Brot, Croissants mit Seafood,
Kuchen – auch zum Mitnehmen. Buchla-
den anbei. $$

 The Whale's Tale
452 S.W. Bay Blvd.
© 265-8660
Frühstück, Lunch, Dinner. Gemütliches
Seafood-Restaurant mit maritimem
Touch und Tradition. Gesunde Speisen,
auch vegetarisch. *German potato salad!*
$$

 Port Dock 1 – Restaurant & Lounge
325 S.W. Bay Blvd.
© 265-2911
Lunch und Dinner. Seafood-Restaurant
mit Blick auf die Bucht. $$

 **Alsea Bay Bridge Interpretive
Center**
620 N.W. Spring St. (US 101, Südende
der Brücke)
Waldport
© 563-2002
Sommer tägl. 9–17, sonst Di–Sa 9–16
Uhr.
Verkehrsgeschichte der Oregon Coast.
Eintritt frei.

Yachats, OR 97498

 **Yachats Area Chamber of
Commerce/Visitors Center**
441 Hwy. 101
© 547-3530

 Cape Perpetua Visitor Center
2400 Hwy 101 S. (2 mi südl. Yachats)
 © 547-3289
Mai–Sept. tägl. 9–18, sonst Sa/So 10–16
Uhr
Informationen zur Geschichte und Öko-
logie der Küste; Rolle des CCC (Civili-
an Conservation Corps). Bequemer
Weg zu den *tidepools* (0,5 mi), steiler
Aufstieg zum Viewpoint (1 mi), oder
AUTO TOUR.

 Sea Quest (B & B)
95354 Hwy. 101 (10 km/6 mi südl. von
Yachats)
© 547-3782
In halber Höhe über dem Meer gele-
gen (Grundstück 1 ha). 5 komfortable
Zimmer, großzügige Gäste-Lounge mit
Kamin. Erlesenes Frühstück. $$$$

 Oregon House Inn
94288 Hwy. 101 (13 km/8 mi südl. von
Yachats)
© 547-3329
Guter Ferienstandort (Grundstück 1,5
ha) mit Park, Rasen, Strand (GUESTS
ONLY) und 10 *units* in 5 Häusern – alle
verschieden. Kein Schnickschnack,
aber mit Küche. Kein Telefon, kein TV.
Nichtraucher. Vernünftige Preise.
$$–$$$

 Woitere interessante B & Bs um Ten
Mile Creek (11 km/7 mi südl. Yachats):
The Kittywake, »man spricht deutsch«
(95368 Hwy. 101, © 547-4470, 2 Zimmer;
$$$–$$$$); **The See Vue**, etwas
»schräg« mit 11 Zimmern (95590 Hwy.
101 S., © 547-3227; $–$$).

Keiko, berühmter Ex-Bewohner des Aquariums von Newport

Florence, OR 97439

 Sea Lion Caves
91560 Hwy. 101 (18 km/11 mi nördl. Florence)
✆ 547-3111
Mai–Sept. tägl. 9–19, sonst bis 16 Uhr
Blick in die Unterwelt! Einzige (festländische) Seelöwenhöhle der Welt. $ 6

 Florence Area Chamber of Commerce
270 Hwy. 101
✆ 997-3128

 Edwin K Bed & Breakfast
1155 Bay St. (nahe Old Town)
✆ 997-8360 und 1-800-8-EDWIN-K
Haus mit 6 geräumigen, komfortablen Zimmern (mit Überraschungen); plus Ferienwohnung. Stilvolles Frühstück, interessante Gastgeber. $$–$$$

 Park Motel
85034 Hwy. 101 S. (1,5 mi südl. Florence)
✆ 997-2634 und 1-800-392-0441
Älteres, aber ordentliches Haus, etwas vom Highway abgesetzt. $–$$

 Honeyman State Park
84505 Hwy. 101 S. (3 mi südl. Florence)
✆ 997-3641
Badesee, Leihboote, Dünen zum Toben und Wandern – 2 mi bis zum Strand. Laden, Restaurant, 143 RV-Plätze (z. T. *full hookups*). Im Sommer auf jeden Fall reservieren!

 Bridgewater Seafood Restaurant & Oyster Bar
1297 Bay St. (Old Town)
✆ 997-9405
Elegantes Speiserestaurant im Kyle Building (1901 erbaut). Seafood! $$–$$$

 ICM – International C-Food Market
1498 Bay St. (Old Town)
✆ 997-9646
Windig wie der Name, laut wie eine Markthalle – aber Seafood frisch und preiswert. $$

 Lotus Sea Food Palace
1150 Bay St. (Old Town)
✆ 997-7168
Chinesisch-amerikanisches Restaurant nahe Bay Bridge: mit Sushi-Bar, Musik und Tanz. $$

Rauhe Küste, gepflegte Quartiere
Von Newport nach Florence

9

Als ob sich die Verkehrsvereine sämtlicher Küstenorte darauf geeinigt hätten, fast alle führen dieselben Angebote in ihren Katalogen: *Tidepooling* (Stöbern in Gezeitenbecken); *Clamming & Crabbing* (Muscheln suchen, Krebse fangen); *Whale watching* (Walbeobachtung); *Boat Cruising & Deep-Sea Fishing* (Bootsausflüge und Tiefseeangeln); *Surfing & Windsurfing; Beachcombing* (Strandlaufen), *Kite Flying* (Drachen steigen lassen), *Sandcastle Building* (Sandburgen bauen).

Es gab Zeiten, da konnte man *whale watching* im **Oregon Coast Aquarium** von **Newport** betreiben. Dort schwebte nämlich »Keiko«, der große Fisch, der keiner war, wie ein Zeppelin durch das grünblaue Wasser seines Beckens, achtete auf die Zeichen seines Wärters und ließ sich von Hunderten Besuchern hinter Glas bestaunen. Doch die Verantwortlichen haben ihr Versprechen eingelöst und den Schwertwal in die Freiheit entlassen. Jetzt schwimmt er in heimatlichen Gewässern, vor Island.

Wasserwunderwelt mit Quallen im Oregon Coast Aquarium

Auch ohne Keiko ist das Aquarium eine Attraktion. Den kleineren Kindern gefallen die zarten Quallen ohnehin besser, wie sie in ihren zylindrischen Aquarien auf- und niederschweben. Die Zoologen haben für die Besucher eine »didaktische Route« ersonnen, auf der man von einem Ökosystem zum logisch nächsten gelangt. Draußen schießen Robben und Seeotter wie Torpedos durch ihre Bassins. Unter den weitgespannten Netzen des Aviariums treten Murren, Lummen, Kormorane und Papageitaucher meist paarweise auf, vor allem in der Paarungszeit. Im Mai, meint schmunzelnd der Wärter, kommen aber selbst solide Zweierbeziehungen unter Druck.

Newport nimmt für sich in Anspruch, die einzige historische, noch funktionierende Waterfront der USA zu besitzen. Diese **Old Bayfront** erschließt sich am besten über Bay Boulevard. Den zieren Ladenfronten von der Jahrhundertwende, Wandbilder zur Geschichte von Newport sowie einige fischverarbeitende Betriebe, die zuschauerfreundlich ihre Garnelen abpacken. Der Hafen scheint auch insofern zu funktionieren, als bisweilen schwankende Gestalten am hellichten Tage aus echten Seemannskneipen wanken. In der Bucht schwimmen »echte« Seelöwen, oder sie bellen von der Mole herüber.

Den ersten Impuls erhielt die Stadt durch die Entdeckung hochkarätiger Austernbänke im rückwärtigen Teil der Bucht, dann kam die Sommerfrische um Nye Beach hinzu, die Fischerei nahm Aufschwung, es wurde eine Bahnstrecke nach Corvallis verlegt. Newport sollte Welthafen werden und mit Portland konkurrieren! Doch der rührige Oberst Egonton Hogg kam mit seiner Corvallis & Eastern Railroad 1888 nur bis kurz vor den Kaskaden-

kamm (anstatt bis Boise, Idaho), dann strichen ihm die Geldgeber die Mittel. Yaquina Bay war schlicht und einfach zu seicht für große Seeschiffe, die wandernden Sande vor der Bucht waren nicht zu bändigen.

Seafood gehört zur Bayfront wie Weißwein zum Fisch. Die Krebse und Austern kommen aus dem Yaquina River, die Garnelen aus der Bucht *(bay shrimp)*, Heilbutt, Lachs und Kabeljau aus dem Meer – und alle miteinander frisch auf den Tisch. Wo einkehren, um all diese Köstlichkeiten zu genießen? **The Whale's Tale** hat das passende maritime Ambiente, **Port Dock 1** den Blick auf die Bucht und **Mo's** – eine Menge Zulauf. Allerdings wirkt die starre Bogenbrücke über den Yaquina River mit ihren ägyptischen Obelisken reichlich bizarr. Sie wurde in den 1930er Jahren im Stil der Art déco gebaut, ein Projekt der Works Projects Administration (WPA) unter Roosevelt.

Im **Alsea Bay Bridge Interpretive Center** in Waldport (gleich hinter der Brücke) erfährt man mehr über die großen Brückenbauten der Küste. Erst mit der Überbrückung der breiten Mündungen des Yaquina, Siuslaw und Coos in den 1930ern schuf man die Voraussetzung für eine durchgehende Küstenstraße und den Tourismus entlang der Oregon Coast.

Kurz hinter Yachats wird die Küste dramatisch. Vom **Cape Perpetua Visitor Center**, das mit Informationen zur Ökologie der Küste aufwartet, gehen Spazierwege zum Strand und eine AUTO TOUR zum Viewpoint. Er ist mit 240 Meter der höchste Punkt der Küste, der mit dem Auto zu erreichen ist. Trotzdem kann man auch den Serpentinenweg zu Fuß hinauf nehmen und von jeder Kehre aus etwas bewundern, was sonst nur auf Postkarten, Reisepro-

Highway 101 in Depoe Bay, Oregon

spekten u. ä. erscheint: die Oregon Coast in ihrer ganzen Pracht.

Südlich folgt einer der reizvollsten Abschnitte der Küste – das heißt aber nicht, daß sie überall zugänglich wäre. Fortschrittliche Gouverneure wie Oswald West und Tom McCall haben die Oregon Coast zwar zum öffentlichen Eigentum erklärt, dennoch sind ganze Abschnitte häufig in Privatbesitz. Daher haben die vielen State Parks und Waysides ihren sozialen Sinn. Gute Zugänge bieten **Devil's Churn Viewpoint** (etwas nördlich vom Cape Perpetua Visitor Center), **Strawberry Hill Wayside** (etwas südlich davon), der hüb-

dagegen haben, daß man den hauseigenen Pfad zum Strand benutzt – dort ist man mit sich und der Küste allein. Muscheln und fette Seesterne kleben am nackten Fels, grüne Seeanemonen verspritzen Wasser, wenn man sie berührt. Die Vögel, die man eben noch im Aviarium von Newport gesehen hatte, schaukeln jetzt frei auf den Wellen, zwei bunte Papageientaucher sind auch dabei. Hinter einer Felsbarriere tut sich eine Familienidylle auf: Eine Schar Robben klammert sich mit den Flossen am Stein fest und hält eine Siesta. Nur zwei aufgeweckte Jungtiere planschen im Wasser und recken die Hälse.

Eine Besonderheit dieses Küstenabschnittes sind die Sea Perch und Ziggurat, Sea Quest und Kittywake – Bed & Breakfast Inns, die sich in schöner Lage um Tenmile Creek und Searose Beach (Postadresse Yachats) scharen. Sie bedienen eine Klientel, die es sich leisten kann, gut 100 Dollar pro Übernachtung zu bezahlen. Dafür bieten sie komfortable Privatzimmer mit wahren Kissenburgen auf den Betten, eine gemütliche Gäste-Lounge für alle und ein erlesenes Frühstück.

Hat man zum Beispiel im Sea Quest gebucht, so empfängt einen an der Pforte der Hinweis: »Willkommen! Bitte treten Sie ein. Wir erwarten Sie oben.« Oben lodert ein Feuer im Kamin, stehen Kaffee und Kuchen bereit, warten weiche Polster, ein ornamentales Schachspiel und – nicht zufällig – Reiseliteratur wie »Weekends for Two in the Pacific Northwest«. Beim Gang durchs Haus entdeckt man einen antiken Sekretär, auf dem ein unfertiger Brief und eine alte Lesebrille arrangiert sind. In manchen B & Bs sind die Zimmer so mit Antiquitäten vollgestopft, daß man kaum noch den Fotoapparat ablegen kann.

sche kleine Campground von **Rock Creek** bei Ocean Beach (mit Wegen zum Strand) sowie **Ocean Beach** selbst (eine Meile südlich vom Oregon House Inn).

Acht Meilen südlich von Yachats liegt rechts der Straße der Gasthof **Gull Haven Lodge**. Der Manager wird nichts

125

An der wilden Oregon Coast: Blick auf Hecata Head Lighthouse

Das Frühstück treibt die Gastgeber zu wirklichen Höchstleistungen an. Sie bieten ihren Besuchern alles, was sich auf edlem Tafelgeschirr servieren läßt. Beim fünfgängigen Frühstücksmenü kommt es unweigerlich zum Interessenkonflikt zwischen Kauen und Konversation, dem Wunsch, noch einmal zuzugreifen, und dem Bedürfnis, mehr von den anderen Gästen zu erfahren. Hauptthema bei Tisch: andere B & Bs, die womöglich noch origineller, komfortabler oder gastfreundlicher sind.

Die lukullischen Exzesse lassen die schöne Umgebung des gepflegten Hauses fast zu kurz kommen, obwohl man einen späten Check-out vereinbart hat. Schließlich tritt man doch noch auf die Terrasse, sucht das Meer nach Walen ab und schlendert hinunter zum Strand. Zurück im Haus, kommt Neugier auf. Bei einem letzten Streifzug schaut man sich noch die Zimmer der anderen Gäste an, die abgereist sind.

Am **Devil's Elbow** donnert die See derart durch die Felsentore, daß man eilig höher hinauf ins Trockene flüchtet. **Hecata Lighthouse** schimmert von Norden durch den Dunst, ein Waldweg führt hinüber. Florence liegt fast schon um die Ecke, da schiebt sich eine der großen, kommerziellen Touristenattraktionen der mittleren Küste in den Blick: Grelle Reklametafeln, großer Parkplatz, üppiger Souvenirladen, sechs Dollar Eintritt und ein Fahrstuhlschacht, der 63 Meter tief in den Fels getrieben ist – die **Sea Lion Caves**.

Hieronymus Bosch hätte sich hier Anregungen für seine Darstellung des

Fegefeuers holen können! Im Halbdunkel der Höhle recken sich feiste, glatte Leiber wie verdammte Seelen, winden sich wie Schlangen, bellen, schnappen und kämpfen um die Plätze. Die »Kings« haben die höheren Lagen eingenommen, die Masse wälzt sich am felsigen Boden. Ständig schwappen neue Leiber herein, wuchten ihre massigen Körper auf den glitschigen Fels, bahnen sich eine Gasse durch die dösende Menge, werden weggebissen und gleiten wieder hinaus in die See. Draußen ist der Spuk vorbei. In den Wellen wiegen sich elegante Schwimmer – die Steller-Seelöwen.

Für **Florence**, das Etappenziel des heutigen Tages, haben sich die Stadtväter eine **Historic Old Town** ausgedacht, dazu einen hübschen Stadtplan, der zu einem »Scenic Walk« zu »über 60 einmaligen Geschäften« einlädt. So »alt« kann die Old Town aber nicht sein, denn 1910 brannte sie ab. Auf diese Weise hat das – verschont gebliebene – Kyle Building von 1901 die Ehre, das älteste

Gebäude der Bay Street zu sein. Im selben Haus empfängt das gepflegte **Bridgewater Seafood Restaurant** seine Gäste. Man sollte es sich fürs Dinner vormerken, denn es ist das einzige *Fine Dining Restaurant* in Old Town.

Wenn's schon ums Essen geht: Es gibt da einen Ableger der beliebten Seafood-Kette **Mo's** – draußen wie ein Fischerschuppen, drinnen wie ein Wartesaal. Ferner den **International C-Food Market** – die Abkürzung »C-Food« soll für »Seafood« stehen – mit dem bekannten Schleuderservice, aber superfrischen Meeresfrüchten. Schließlich ist da noch der **Lotus Sea Food Palace** mit seinem chinesischem Touch, Musik und Tanz.

Zur Quartiersuche in Florence gibt es zweierlei zu sagen. Erstens, **Edwin K Bed & Breakfast** ist in jeder Hinsicht erste Wahl. Zweitens, die allzu große Nähe zur Brücke (über den Siuslaw) sollte man meiden. Sie ist zwar ein Baudenkmal der Art déco (1936), aber sie dröhnt! ✺

Fischerboote im Yaquina Bay Harbor

km/mi	Zeit	Route
0	Vormittag	US 101 South bis **Honeyman State Park** (3 mi) zum Spaß in den Dünen. US 101 South bis Siltcoos Beach Rd. (5 mi), dann rechts bis zum Stagecoach Trailhead (1 mi). Wandern auf dem **Lagoon** oder dem **Waxmyrtle Trail**.
72/ 45	13.00 Uhr	US 101 South bis **North Bend/Coos Bay**, von dort in Richtung Charleston und TO BEACHES. Cape Arago Hwy. über Sunset Bay, Shore Acres (ggf. Küstenwanderung) nach
107/ 67	14.00 Uhr	**Cape Arago**. Arago Hwy. zurück bis Seven Devils Rd. und zum **South Slough Sanctuary** (Visitor Center). Seven Devils Rd. und West Beaver Hill Rd. zur US 101 South und weiter nach
139/ 87	16.00 Uhr	**Bandon**. Bummel und Einkehr in **Old Town**. Schleife über Beach Loop Dr. zur US 101 und weiter über **Port Orford** nach
216/135	18.00 Uhr	**Gold Beach** (oder N. Rogue River).

Alternativen und Extras: 1. Wandern an der Felsenküste zwischen **Sunset Bay** und **Shore Acres** (Teil des Oregon Coast Trail): 2 mi hin und zurück. Parken am Arago Hwy. nahe Sunset Bay Campground. – Der **South Slough Estuary Study Trail** führt vom Visitor Center zum South Slough hinunter (2 Std. hin und zurück). Zufahrt ab Cape Arago Hwy. über Seven Devils Rd.
2. Als Etappenziele sind **Bandon** und **Port Orford** gute Alternativen. Dann wird die Etappe des Folgetages aber um so länger ...
3. Radikale Alternative: Von Florence führen OR 126 und OR 242 (Old McKenzie Highway) direkt nach **Central Oregon** (ca. 270 km/170 mi). Dort bilden Lavafelder, Ponderosa-Wälder und die Resorts um Bend und Sisters eine andere Welt! Spätere Verbindungen ins Landesinnere ab Reedsport (OR 38: bequem), Bandon (OR 42: langwierig) und Gold Beach (Agness-Galice Rd.: abenteuerlich).

ℹ Oregon Dunes National Recreation Area – Headquarters
855 Highway Ave. (US 101/OR 38)
Reedsport, OR 97467
ℭ 271-3611
Sommer tägl., sonst Mo–Fr 8–16.30 Uhr
Gelogisches Modell der Dünen, Karten, Informationen für Wanderer und ein 17-Minuten-Film.

South Slough National Estuary Research Reserve
Seven Devils Rd. (5,5 km/4 mi südl. Charleston)
Charleston, OR 97420
ℭ 888-5558
Sommer tägl., sonst Mo–Fr. 8.30–16.30 Uhr; Eintritt frei
Visitor Center mit Exponaten und Film zu Flora und Fauna der Gezeitenbucht; Lehrpfade.

Bandon, OR 97411

ℹ Bandon Chamber of Commerce & Visitors Center
350 S. 2nd St. & Chicago Ave.
ℭ 347-9616

Gut einkaufen (Kunsthandwerk) und zu Mittag essen kann man in der **Bandon Old Town: Winter River Books & Gallery** (170 2nd St., ℭ 347-4111) mit Landeskunde, alternativer Kultur, New Age Music; **Andrea's Old Town Cafe** (160 Baltimore Ave., ℭ 347-3022; $$) mit »Lammspezialitäten«; **Harp's Restaurant** (130 Chicago Ave., ℭ 347-9057) – italienische Küche.

Sea Star Hostel, Guest House & Bistro
375 2nd St.
ℭ 347-9632
Perfektes Ensemble von Hostel (das einzige der südl. Küste; $), Gästehaus mit gemütlichen Zimmern ($$) und Restaurant im lockeren Stil mit gesunder Kost ($$).

Port Orford, OR 97465

ℹ Battle Rock Information Center
P.O. Box 637
ℭ 332-8055

Wohnen im eigenwilligen **Port Orford** im **Castaway-by-the-Sea Motel** (545 W. 5th St., ℭ 332-4502, $$) oder **Home by the Sea** (B & B, 444 Jackson St., ℭ 332-2855, $$), beide mit Hafenblick; Speisen in **The Truculent Oyster & Saloon** (236 Hwy. 101, ℭ 332-9461, $$).

Humbug Mountain State Park
US 101 (6 mi südl. Port Orford)
ℭ 332-6774
Camping in geschützter Lage am Strand (April–Okt.); 30 RV-*hookups*. Zedernhain.

Gold Beach, OR 97444

ℹ Gold Beach Visitors Center & Chamber of Commerce
1225 S. Ellensburg Ave. (US 101)
ℭ 247-7526 und 1-800-525-2334
Fax 247-0188
Unterkünfte sind in Gold Beach reichlich vorhanden! Außerdem:

Inn at Nesika Beach (B & B)
33026 Nesika Beach Rd. (8 km/5 mi nördl. Gold Beach)
ℭ 247-6434
4 große, romantische Zimmer mit Meeresblick und Kamin. $$$

Tu Tu' Tun Lodge
96550 N. Bank Rogue (11 km/7 mi nordöstl. Gold Beach)
ℭ 247-6664, Fax 247-0672
www.el.com/to/tututunlodge
Ab Geisel Monument (US 101) über Edson Creek Rd. Haus am Rogue River, solide gebaut, natürlich ausgestattet. Dinner *family-style*, d. h. gemeinsames Abendessen am großen Tisch zur gleichen Zeit. $$$$

Die südliche Oregon Coast
Von Florence nach Gold Beach

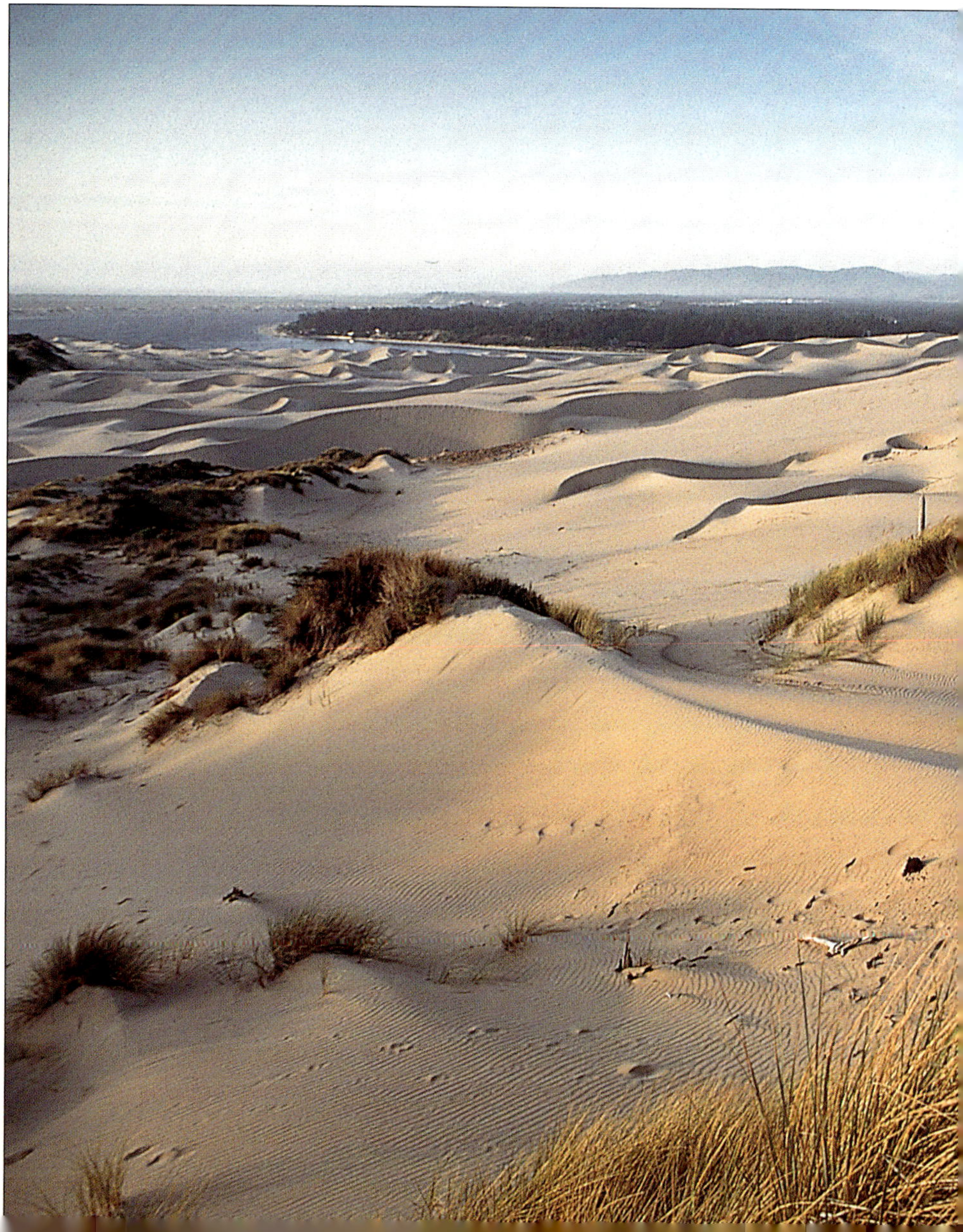

Florence ist – da mag man assoziieren was man will – wirklich nicht schön: die brutale Verkehrsachse, die komische Brücke, die Geschäfte mit ihrem Krimskrams … Morgens mag das Café der **Old Town Coffee Co.** ein wenig versöhnen, da gibt es saubere Holztische, an denen die Einheimischen miteinander plaudern. Oh dieses bürgerliche Amerika, das stets paarweise auftritt, sich nicht setzt, sondern gesetzt wird – aber nie an einen Tisch, wo schon andere

Vom Winde verweht: Zypressen und Strandhafer in den Oregon Dunes

sitzen! Da erscheint eine Bank vor dem Café schon beinahe als kommunikativer Ort.

Gegenüber liegt der Stadtpark, wahrscheinlich der »kleinste der USA«. Er besteht aus einem Gazebo (Pavillon) und einer schwimmenden Plattform mit vier gezimmerten Seekisten zum Sitzen. Der Blick schweift lang und breit über den Siuslaw River. Ein paar hundert Meter flußauf, ungefähr bei Mo's, liegt der Schaufelraddampfer »**Westward Ho!**« und harrt des Sommers, wo er zu Rundfahrten auf dem Siuslaw einlädt. Bliebe man zum Lunch, dann wäre Traveler's Cove eine Empfehlung wert – dank Kunsthandwerk im Laden, Kuchen in der Vitrine und Terrasse über dem Fluß.

Die Etappe verlangt vorausgreifende Entscheidungen. Bleibt man nämlich zu lange in den Dünen, dann wird man auf die Küstenwanderung bei Cape Arago, die Gezeitenbucht von South Slough und die Altstadt von Bandon verzichten müssen. Womöglich kommt man sogar zum *family-style dinner* in der Tu Tu' Tun Lodge zu spät.

Aber den Sand der Dünen muß man einmal unter den Füßen gespürt haben, **Honeyman State Park** liegt sowieso an der Route. Also stellt man den Wagen ab, läßt Cleawox Lake und seine Ruderboote rechts liegen und stürmt hinein in den Sand! Ein ideales Gelände zum Barfußlaufen, Herumtollen, Picknicken und Sonnenbaden. An geschützten Stellen haben sich gelber Ginster und Kiefern angesiedelt. Wer wie Lawrence von Arabien durch die Wüste stapfen will, kann direkt bis zur Küste durchlaufen (zwei Meilen hin). Und: Als Teil der Oregon Dunes National Recreation Area ist alles zugängliche Natur!

Wirbelt viel Sand auf: »dirt bike« in den Dünen bei Florence

Ungestört bleibt man indessen nicht. Weite Teile des Dünengürtels sind für eine Abart des Motorsports zugelassen, die folgende Formen annimmt: Entweder läßt man sich in einem *dune buggy* (King Size oder normal) mit Überschlagschutz und Ballonreifen festgeschnallt durch die Dünen chauffieren. Oder man fährt selbst – auf einem drei- oder vierrädrigen *dirt bike* (Motorrad), das man mietet. Der Schutz der Umwelt ist »streng« geregelt: Verkehrszeiten von 6 bis 22 Uhr, Auspufflärm nicht über 99 Dezibel, roter Wimpel 2,70 Meter über dem Boden. Was macht ein Dünenspaziergänger, wenn ihm eine kreischende Sandwolke entgegenkommt? Er gräbt sich ein.

Das geographische Phänomen der **Oregon Dunes** ist auch vom verbissensten Autofahrer nicht zu übersehen, denn die Dünen erstrecken sich in einem 50 Meilen langen Gürtel von Florence bis Coos Bay. Das mindeste ist ein Halt am **Oregon Dunes Overlook**, zehn Meilen südlich von Florence – mit Aussichtsplattform, Picknicktischen, Wanderwegen und Toiletten. Gründliche Informationen erhält man anhand von Film, Karten und Literatur in der Zentrale der Oregon Dunes National Recreation Area in Reedsport.

Acht Meilen südlich von Florence führt die Siltcoos Beach Road in den Dünengürtel hinein. Auf der Karte steht ein Menü mit drei Gängen: Als »Appetizer« nimmt man den kurzen **Lagoon Trail** (1/2 Meile) ab Stagecoach Trailhead, der einen kleinen See umrundet. Als »Starter« folgt der liebliche **Waxmyrtle Trail**, der sich an den Mäandern des Siltcoos River entlangzieht und auf zirka eine Meile durch Wald und Dünen führt – bis zum Ästuar, wo Graureiher fischen. Als »Entree« schließlich zieht man sich hier die Schuhe aus, watet

durch den Siltcoos, wandert zum Driftwood Campground hinauf und kehrt über die Siltcoos Beach Road zurück (Dreieck von 3,5 Meilen).

Weiter geht es im Strom der Urlauber auf US 101 nach Süden. Die hellen Hügel nahe der Brücke über Coos Bay sind keine Dünen mehr, sondern die Chip-Halden der Sägewerke. Jenseits der Brücke weisen Schilder den Weg nach Charleston oder TO BEACHES. Mit BEACHES sind drei Paradeparks der Oregon Coast gemeint: **Sunset Bay** (mit seinen Klippen und dem schönen Picknickpark), **Shore Acres** (mit den gepflegten Gärten eines Holzbarons) und schließlich **Cape Arago** (wo die Wellen brüllen und die Seelöwen bellen). Von hier aus führen Stufen hinab zum Strand sowie kurze Wanderwege nach North und South Cove.

Indem man einen *viewpoint* nach dem anderen »abhakt«, fällt allmählich auf, daß man sich in Gesellschaft befindet. Ein ganzer Troß von Fahrzeugen folgt der immer gleichen Spur. Oft sind es betagte Ehepaare, die mühsam aus ihren Wohnmobilen klettern, zum Geländer schlurfen und eine Zeitlang verloren in die Ferne schauen. Dann kehren sie in ihr »Motorhome« zurück, das manchmal die Ausmaße von Überlandbussen erreicht. Heimat kann es nicht sein, und Fremde auch nicht. »Der Wohnwagen als Wille und Wohnzimmer«, witzelte ein Zeitgenosse, modernes Reisen mit der Sicherheit, daß nichts passiert.

Das Video, das man im Visitor Center des **South Slough Sanctuary** zu sehen bekommt, beschwört in weihevollem Ton jenes »Naturheiligtum«, das die Behörde hier als Feigenblatt über die geschundene Natur gebreitet hat. Man kann selber nachsehen, wenn man zur

Bucht hinunterwandert (2 Stunden). Bei der Weiterfahrt nach Süden fallen die Hüllen. Es fehlt hier selbst der Anstandsstreifen Wald, der an feineren Urlauberstraßen dazu dient, die Gefühle der Touristen zu schonen. Die kahlgeschlagenen Hügel sehen aus wie geschorene Schafe, und genauso jämmerlich.

Das kleine, feine **Bandon** hat sich vor kurzem zu Bandon-by-the-Sea gestylt. Zum neuen Image gehört eine reizvolle **Old Town**, wo sich Künstler und esoterisch angehauchte Alternative zu Hause fühlen. Das hübsche Städtchen lädt zum Bummeln und zur Kaffeepause ein, wenn nicht gar zur Übernachtung. Das Sea Star Hostel zum Beispiel bietet für jeden etwas. Indessen schlängelt sich der **Beach Loop Drive** die Steilküste

entlang, gesäumt von feinen Villen und Gasthöfen, die *fine dining* anbieten. Bandons weitere Vorzüge: Strandfreuden im Sommer, *storm watching* im Winter, Preiselbeeren im Herbst und Cheddar-Käse das ganze Jahr.

Wie vom Lineal gezogen, zielt US 101 nun nach Süden. »Myrtlewood« lauten die Hinweise auf Outlets, die Schalen und Figuren aus dem fein gemaserten, dichten Holz des kalifornischen Berglorbeers feilbieten. Aus gröberem Holz geschnitzt sind die kleinen und großen Bären, die ein »Holzschnitzer« direkt mit der Säge zuschneidet. Er hat auch ein paar Stämme *Port Orford cedar* daliegen – Fallholz, das 50 bis 100 Jahre alt ist. Diese Zedernart, sagt er, kommt nur in einem 60 Meilen langen Küstenstreifen vor, und sie stirbt aus, weil sie

Tierwelt der Gezeitenzone: Fels im Tidepool bei Ebbe

Traumstrand an der Oregon Coast

von einem Schädling befallen ist. Jetzt fragen Iraner die Reste als Tempelholz nach. Wenn man daran schnuppert, riecht es ganz feierlich.

Port Orford hat etwas Geheimnisvolles, Verzaubertes – wie eine archäologische Stätte, wo die Ausgrabungen noch nicht begonnen haben. Im gleichen Jahr wie Seattle, Port Townsend und Jacksonville gegründet (1851), erlebte Port Orford einen frühen Boom. Gold wurde entdeckt, besagte Zedern wurden verschifft, fünf (!) Hotels wurden gebaut – dann brannte der Ort ab (1868). Geht man heute, ausgerüstet mit dem Faltblatt des Visitor Center, »Port Orford's History in Its Architecture«, durch die ausgedünnten Reste von Uptown, dann hat man das Gefühl, die Zeit sei eingefroren.

Port Orford liegt so fern aller Bevölkerungszentren, daß es sich noch nicht zur Touristenfalle entwickeln konnte.

Eine Autostraße nach Osten hat offenbar noch niemand vermißt, geschweige denn gebaut. Unterkunft und Gastronomie sind daher knapp und speziell. Die Bewohner seien »standoffish«, hatte der Holzschnitzer gesagt, also ein wenig abgehoben, arrogant, auf jeden Fall gingen sie nicht mit der Zeit. Aber sie nennen einen paradiesischen Strand, ein erhabenes Kap und einen kuriosen Hafen ihr eigen: Dort werden die Boote zum »Ankern« mit einem Kran auf eine Plattform gehievt.

Mit dem kleinen Felssporn vor dem großen Parkplatz samt winzigem Visitor Center – **Battle Rock** – hat es eine besondere Bewandtnis. Hier haben sich die ersten Siedler der südlichen Oregon Coast nicht gerade rühmlich eingeführt. Der Lokator und Kaufmann William Tichenor aus Kalifornien hatte genau auf diesem Felsen 1851 eine Vorhut von neun Mann absetzen lassen

135

und ihr zum Schutz eine kleine Kanone mitgegeben. Mit der schossen sie sich den Weg durch eine Menge neugieriger Tututni-Indianer frei, die sich zu ihrem Empfang eingefunden hatten. Wenn die Weißen siegen, heißt es *battle*, siegen die Indianer, nennt man es *massacre*.

Gegen Süden wird die Küste immer wilder und einsamer, der Highway wandelt sich zur reizvollen *Corniche*. Auf der nach Hangerosionen notdürftig ausgebesserten Straße vollführt der Wagen einen lustigen Ritt. Die Holzgesellschaften haben mit den Schäden natürlich nichts zu tun und heißen Hase.

Sechs Meilen südlich von Port Orford erhebt sich der Aussichtsberg **Humbug Mountain** (533 Meter), gerahmt vom gleichnamigen State Park mit seinem schönen, geschützten Campingplatz am Strand. Von dort führt ein drei Meilen langer Wanderweg hinauf – durch den größten noch bestehenden Hain urwüchsiger Port-Orford-Zedern der Oregon Coast. Woher der merkwürdige Name? Wieder hat der Herr Tichenor die Hand im Spiel. Als sich seine Siedler nämlich von ihm in die Irre geführt glaubten, nannten sie den Berg »Tichenor's Humbug«.

Gold Beach ist ein Urlaubs- und Badeort mit allem Drum und Dran, also auch mit den üblichen Unterkünften. Denen kann man entgehen, wenn man fünf Meilen vor Gold Beach über Edson Creek Road zum Nordufer des Rogue River hin abbiegt. Dort erwartet den Gast ein besonderes Quartier – aus massivem Holz gebaut, die Möbel aus gewachsenem Zedernholz gefertigt, die Bodenbeläge aus Wolle gewebt, die Vorhänge aus naturfarbenem Leinen geschneidert und das Dinner am großen Tisch: die feine **Tu Tu' Tun Lodge**. ☼

Kartoffelernte in Oregon

11. Tag – Route: Gold Beach – Brookings – Crescent City – Trinidad (213 km/133 mi)

km/mi	Zeit	Route
0	9.00 Uhr	US 101 South durch **Samuel Boardman State Park** nach
46/ 29	11.00 Uhr	**Brookings.** – In Kalifornien weiter über Smith River, Crescent City, Klamath und Orick. Stopp beim **Prairie Creek Redwoods Park Visitors Center**
	Nachmittag	**Gold Bluff Beach** und **Fern Canyon** (Picknick und Canyonwanderung ca. 3 Std.)
213/133		**Trinidad.**

Kleiner Gebirgsbewohner

Alternativen und Extras: Wer das Auto einmal mit dem Boot vertauschen möchte, hat in **Gold Beach Gelegenheit** dazu – und braucht einen Extratag. Die von Jerry's Rogue Jets (☎ 541-247-4571 und 1-800-451-3645) oder Rogue River Mail Boat Trips (☎ 247-7033 und 1-800-458-3511) angebotenen Jet-Boat-Touren auf dem Rogue River sind 103 km/64 mi bzw. 167 km/104 lang und dauern 6 bzw. 8 Std. (jeweils hin und zurück), Lunchpause inbegriffen. Oberhalb der Stromschnellen von Devil's Staircase bei Agness geht es dann nur noch zu Fuß und mit dem Rucksack weiter, auf dem Rogue River Trail.

Radikale Alternative: Im Kaskadengebirge des südlichen Oregon liegt ein unglaublich blauer See, der **Crater Lake**. Wer dem West Coast Highway für drei Tage den Rücken kehren will, erreicht ihn wie folgt: am 1. Tag FS 33 bis Agness, dann »Geländefahrt« auf FS 23 durch die Siskiyous bis Galice, weiter über Grants Pass und Medford nach Ashland; am 2. Tag über OR 64 nach Crater Lake, und am 3. Tag zurück nach Grants Pass und weiter über US 199 zur US 101.

ℹ Crescent City Chamber of Commerce
1001 Front St.
Crescent City, CA 95531
ℂ 464-3174 und 1-800-343-8300

Redwood National Park
Superintendent
1111 2nd St.
Crescent City, CA 95531
ℂ 464-6101 und 1-800-423-6101
Ergiebige Informationssquelle für den südlich gelegenen Küstenstreifen.

Del Norte Coast Redwoods State Park
11 km südl. von Crescent City
Crescent City, CA 95531
ℂ 464-6101
Sehenswerte Redwoodhaine, die sich fast bis zum Ozean ziehen. Blütenreich: Azaleen, Rhododendron und Wildblumen. Die Enderts Beach Rd. führt zum gleichnamigen, fast unberührten Strand. Campingplatz zwischen April und Okt. Ca. $ 12–16

Trees of Mystery Park
US 101 (6 km nördlich von Klamath)
Klamath, CA
ℂ 482-2251 und 1-800-638-3389
Tägl. von Sonnenauf- bis Sonnenuntergang
Redwood-Hain mit ulkig geformten Bäumen und einer Reihe trivialer Holzskulpturen, die Geschichten vom Band erzählen. Das **End of the Trail Indian Museum** zeigt Gebrauchs- und Kunstgegenstände verschiedener westlicher Indianerstämme. Eintritt $ 6.50

Prairie Creek Redwoods State Park
US 101, 10 km nördl. von Orick
ℂ 488-2171
Infos, Ausstellung; Park mit Stränden, Camping, Wanderwegen, Picknick, Fischen, frei grasende Hirsche. Eintritt $ 5

Trinidad Inn
1170 Patrick's Point Dr.
Trinidad, CA 95570
ℂ 677-3349
Mit BBQ-Grill und Gazebo am Waldrand. $$–$$$

Patrick's Point Inn
3602 Patrick's Point Dr.
Trinidad, CA 95570
ℂ 677-3483
Ruhig an einer Waldstraße gelegen. $$

Trinidad Bay Bed & Breakfast
560 Edwards St.
Trinidad, CA 95570
ℂ 677-0840
Klein, aber fein mit Meeresblick. $$$

View Crest Lodge Campground
3415 Patrick´s Point Dr.
Trinidad, CA 95570
ℂ 677-3393

Seascape Restaurant
Am Pier in Trinidad
ℂ 677-3762
Service: Fisch und Ozeanblick. $$

Leuchtet auch im Hellen: über der Bucht von Trinidad

Auf nach Kalifornien!
Von Gold Beach nach Trinidad

Auf dem Wege zur Grenze legt die US 101 auf der touristischen Werteskala noch ein paar Sternchen zu, denn sie erschließt nördlich von Brookings den wohl aufregendsten Teil der Oregon Coast.

Im **Samuel Boardman State** Park sind elf Meilen dieser Naturlandschaft vor Bebauung geschützt. Beim Ausbau der Straße in den 1930ern hat man keine Kosten gescheut, um die Trasse möglichst küstennah über die Klippen zu legen. Sie kostete bis zu eine Million Dollar pro Meile. Man blickt von exponierten *vista points* weit hinaus und steil hinab; bisweilen führen schmale Fußwege zu kleinen Stränden. Das Städtchen Brookings liegt im »Bananengürtel« von Oregon, der für sein mildes Klima bekannt ist. Aber Oregon kann nicht mehr reizen, denn es geht jetzt nach Kalifornien...

Feucht-rauhes Klima, Nebelwälder, Klippen und Treibholz kümmern sich allerdings wenig um Staatsgrenzen! Wer also hier an der Nordgrenze schon an Beach Boys, weite Sandstrände und ewige Sonne denkt, irrt gründlich. Die Domänen Südkaliforniens lassen noch ein Weilchen auf sich warten. Überhaupt trennt Nord- und Südkalifornien vieles, hier der dünn besiedelte waldreiche Norden, dort der wüstenheiße zersiedelte Süden. Es gab sogar ernsthafte Tendenzen, den »Goldenen Staat« zu teilen. San Francisco sollte für den einen, Los Angeles für den anderen Hauptstadt werden.

Daß es im hohen Norden so aussieht, ist das Verdienst zahlreicher Umweltorganisationen, allen voran die mächtige »California Coastal Commission«, eine strenge Behörde, die die Küsten fest im konservatorischen Griff hat. Aber auch der mitgliederstarke »Sierra Club« sorgt für die Begrenzung der ökologischen Gefahrenquellen: des sauren Regens, der Luftverschmutzung, der Strahlung aus den Kernkraftwerken, der Überdosen an Pestiziden, die Fische und Vögel bedrohen und den Pelikanen an der Küste fast den Garaus gemacht haben. Gute Kunde aus dem Meer: Rund 21 000 Grauwale sind inzwischen wieder an der Westküste heimisch geworden, fast so viele wie in der Mitte des vorigen Jahrhunderts, nachdem man zwischenzeitlich um ihr Aussterben fürchten mußte.

Auch wenn die Temperaturen zum Bad im Meer nicht reichen: Gleich hinter der Grenze bietet sich ein kurzer Ausflug zum **Pelican State Beach** an. Bewachsene Dünen, unbebauter Strand und jede Menge Treibholz garantieren eine erfrischende Abwechslung vom Autofahren.

Kurz vor der Überquerung des gleichnamigen Flusses zieht **Smith River** vorbei, ein kleines Versorgungszentrum für die umliegende Fischerei und Milchwirtschaft, so genannt nach dem berühmten *mountain man*, Jedediah Strong Smith, der 1826 die ersten amerikanischen Siedler in diese Gegend führte. Auch bei **Crescent City**,

Cape Sebastian, Oregon

einst Nachschublager für die Goldgräber und heute ein meist nebeldiesiger und oft sturmgeschüttelter Holzhafen, gibt's Auslauf am Strand, am Crescent Beach oder **Enderts Beach** zum Beispiel. Ansonsten flankieren Redwood-Hölzer weiterhin die Küstenstraße nach Süden, über die Mündung des fischreichen Kla-

zentrum des **Prairie Creek Redwoods State Park** hinaufzufahren. Außer dem ungewöhnlichen Anblick frei grasender Hirsche bietet es eine Fülle von Informationen über Flora und Fauna der Region. Zum Beispiel darüber, was die Superstämme im Küstenbereich von denen im Landesinnern unterscheidet.

Nun, die Coast Redwoods (*sequoia sempervirens*) wachsen am höchsten – mit bis zu 116 Metern halten sie den Weltrekord. Als natürliche Wolkenkratzer wachsen sie im sogenannten »Mekka der Forstleute«, d. h. auf einem über 800 Kilometer langen Küstenstreifen von Big Sur im Süden bis hinauf nach Süd-Oregon, stets angewiesen auf milde Temperaturen mit viel Nebel und Regen. Sie werden bis zu 2 000 Jahre alt. Paläobiologen haben Fossile von Redwoods in Steinen entdeckt, deren Alter man auf 160 Millionen Jahre schätzt. Ihre Zählebigkeit hat allerdings nicht verhindern können, daß 1925 mehr als einem Drittel der gesamten Redwood-Bestände Kaliforniens der Garaus gemacht wurde. So groß war der Holzbedarf.

Anders dagegen die Giant Sequoias (*sequoiadendron giganteum*), die die größten Bäume überhaupt sind, nicht wegen ihrer Höhe, sondern wegen ihres Umfangs von über 30 Meter. Ihr Lebensraum liegt in den feuchten Sandböden am Westhang der Sierras. Sie werden sogar noch älter als ihre ohnehin schon greisen Verwandten an der Küste, nämlich bis zu 3 200 Jahre.

Das winzige **Orick** am Creek versucht die Motoristen mit Sonderangeboten von ulkigen oder klobigen Holzschnitzarbeiten (*burl art*) zum Bremsen zu verleiten. Womit auch sonst? Schon in den Hintergärten der Häuser kauen die Kühe.

Auf den ersten Blick scheint die Abzweigung zum **Gold Bluff Beach** und

math River hinweg durch den **Redwood National Park**.

Vieles spricht dafür, südlich von Elk Prairie zunächst einmal zum Besucher-

141

Fern Canyon alles andere als spannend, denn vom Pazifik ist absolut nichts in Sicht. Um so mehr Urwald, befarnte Runkel und Strunkel, überwucherte Rümpfe und Stümpfe abgeholzter Redwoods und Douglastannen – tote Ahnen der ringsum nachwachsenden Holz-Generation. Besonders Camper müssen bei den Schlaglöchern der *dirt road* aufpassen und ein bißchen Geduld mitbringen.

Dann ein plötzlicher Szenenwechsel: vom Urwald zum Ozean, vom grünen Moos zu weißen Dünen, überzogen von Riesenteppichen aus fliederfarbenen Lupinen. Das Licht vergoldet die Steilküste, und doch hat ihr Name nicht einen ästhetischen, sondern einen materiellen Ursprung: Aus dem Sand unterhalb der steilen Steinwand wurde

Mitte des vorigen Jahrhunderts Gold gewonnen. Heute grasen hier die Wapiti-Hirsche zutraulich am Rand der Schotterstraße, die auch schon mal durch einen Creek führt, dessen Tiefgang nicht immer leicht abzuschätzen ist. Mietwagenfahrern mag's hier mulmig werden: AVIS, quo vadis?

Am Strand kann man getrost Pause machen, Picknickplätze laden dazu ein – zwischen Treibholz und Pilzen, Marienkäfern und grünen Hüpfern.

Auf dem Parkplatz am Ende der Schotterpiste beginnt der Trail zum **Fern Canyon**. Je früher man sich mit nassen Füßen abfindet, um so besser, denn irgendwann erwischt es jeden, der den Creek mit Riesensprüngen überquert, um weiter zu immer erstaunlicheren und üppigeren Farnwänden

Riesig und grün: im Redwood National Park

Schwarz und Weiß: Big Lagoon in Nordkalifornien

vorzudringen. Der einsame Ranger im Visitors Center wußte das natürlich vorher: »Man kann den Creek nur springend überwinden, aber die nassen Füße sind es wert.«

Später, zurück auf der US 101 und weiter nach Süden, bietet sich noch ein kleiner Streifzug an durch die Riesenstämme der **Lady Bird Johnson Grove** – der einzige Redwood-Hain im Nationalpark, von dem aus man das Meer sehen kann. Man erreicht ihn auf einer Forststraße.

Allerlei Treibholz hat sich auf den Sandbänken der Lagunen (**Freshwater Lagoon, Stone Lagoon** und **Big Lagoon State Park**) angesammelt. Einige dieser Süßwasserseen sind wegen ihres Fischreichtums bei Anglern beliebt, aber auch bei Wasserski-Fans, weil die Bootsleute froh sind, daß ihnen kein Salz den Motor verdirbt. Die Freshwater Lagoon gilt im übrigen als einer der

guten Plätze an der Küste, an dem man in den Wintermonaten Wale beobachten kann.

Der Tag endet in **Trinidad.** Irgendwann lief eine spanische Expedition in die Bucht ein und taufte sie Puerto de la Trinidad, weil sich das Ganze am Sonntag von Trinitatis abspielte. Die Gold-Rush-Tage brachten das Örtchen auf Trab, denn der Hafen sorgte für den Nachschub der Goldgräber. Später profitierte Trinidad vom Holzgeschäft und, als sogenannte Whaling Station, vom Walfang.

Wem die Wanderlust noch nicht vergangen ist, der kann die letzten Stunden des Tages nutzen und auf eigene Faust den Trails der Headlands oder denen auf dem Trinidad Head folgen, dem ins Meer vorgeschobenen Fels am Hafen: bei abendlichem Licht, frischer Luft und herrlicher Ruhe, kurzum, durch ein Kalifornien, das kaum einer kennt. ✦

12. Tag – Route: Trinidad – Patrick's Point State Park – Arcata – Samoa – Eureka (67 km/42 mi)

km/mi	Zeit	Route
	Vormittag	Wandern in den **Headlands** oder im **Park** (von Trinidad kurz die US 101 nach Norden)
0	Nachmittag	In Trinidad US 101 nach Süden bis Arcata, dort S 255 nach
67/42		Samoa und **Eureka.**

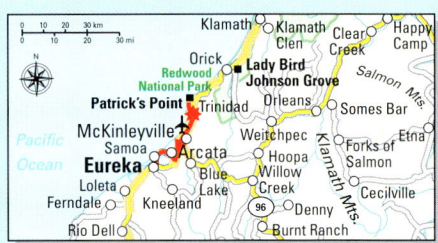

12. Tag – Informationen   Vorwahl: ✆ 707

  Patrick's Point State Park
US101, 8 km/5 mi nördl. von Trinidad (Patrick's Point Road)
✆ 677-3570
Zedern- und Kiefernwälder und Weiden unmittelbar über der Steilküste, weite dunkle Sandstrände, *tide pools.* Schöngelegener Campingplatz, Wanderwege, *whale watching.* Im Park: **Agate Beach.** Einsamer Strand, an dem sich endlos laufen läßt.

Happy-hour: Bar in Eureka

 Cafe Mokka
495 J St. (Ecke 5th St.)
Arcata
✆ 822-2228
Seltene Mischung aus Espressocafé und Sauna.

Samoa Cookhouse
Samoa
✆ 442-1659
Tägl. im Sommer 6–15.30 und 17–22 Uhr
Historische Kantine für Holzarbeiter – eine der letzten ihresgleichen. Riesenportionen, minimale Preise.

Eureka, CA 95501

 Eureka Chamber of Commerce
2112 Broadway
✆ 1-800-386-6381
Fax 442-0079

 Carter House
1033 3rd St.
✆ 445-1390 und 1-800-404-1390
Fax 444-8067
Bed & Breakfast im viktorianischen Stil, zentral, geräumig. $$–$$$

12. Tag – Informationen

Vorwahl: ✆ 707

Hotel Carter
301 L St.
✆ 444-8062
Fax 444-8067
Replik einer viktorianischen Villa, Bed & Breakfast und empfehlenswertes Restaurant. $$–$$$$

Best Western Thunderbird Inn
232 W. 5th St. (Ecke Broadway)
✆ 443-2234 und 1-800-521-1169
Fax 443-3489
Ordentlich. $$–$$$$

KOA Eureka
4050 North Hwy. 101
✆ 822-4243 und 1-800-562-3136
4 mi nördl. von Eureka, unweit der Arcata Bay. $ 18.

The Sea Grill
316 E St. (Old Town)
Eureka
✆ 443-7187
Populäres, gutes Fischlokal. $$

Samurai
621 5th St. (zwischen G &. H Sts.)
✆ 442-6802
Gediegene japanische Gerichte: Sushi etc., So/Mo geschl. $$

301 Restaurant
301 L St. (Im Hotel Carter)
Eureka, CA
Do–Mo 18–21 Uhr
Eklektische Küche, netter Speiseraum. $$

Eine der letzten Kantinen der Holzarbeiter: Samoa Cookhouse

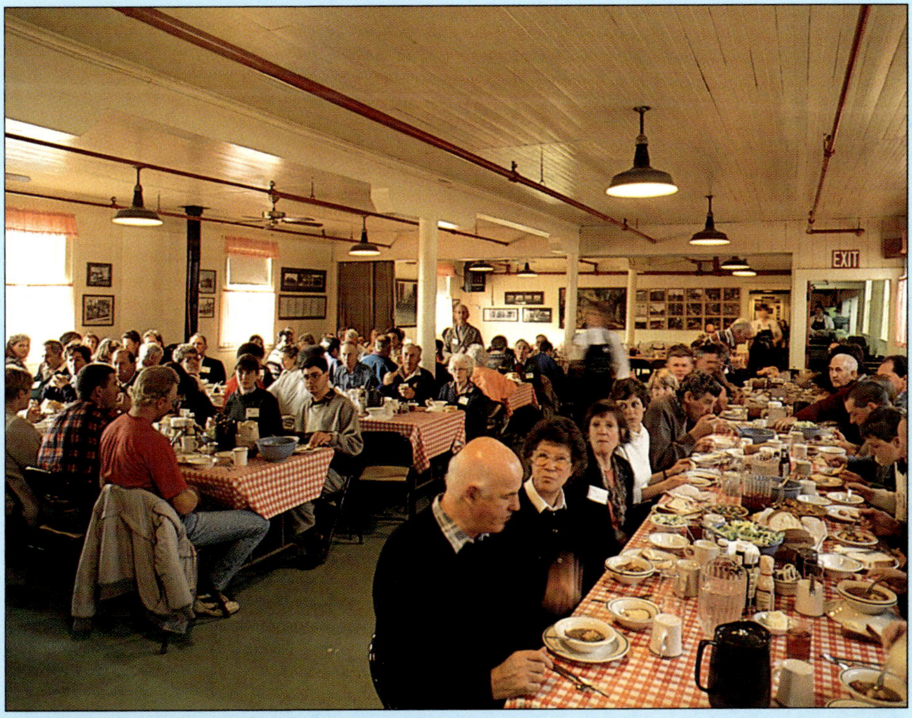

Wale, Watten, Weiden
Von Trinidad nach Eureka

Morgens nicht gleich meilenweit losfahren zu müssen, bringt Ruhe in die Reise. Der nahe **Patrick's Point State Beach** und **Agate Beach** eignen sich dazu bestens, denn sie bieten viel Auslauf und Stille. Auf einer einsamen Felsküste sitzen, das Rauschen der Brandung im Ohr und vorüberziehende Wale vor Augen: wer sich so den Himmel auf Erden vorstellen kann, der sollte hier ein bißchen Zeit verbringen.

Wale beobachten – *whale watching* also: eine beliebte Tätigkeit bei Tierfreunden in Kalifornien. Auch für Profis. Wissenschaftler und freiwillige Helfer des Point Vicente Interpretive Center in Rancho Palos Verdes (Los Angeles) zum Beispiel zählen und beobachten seit über zwei Jahrzehnten mit viel Geduld und starken Fernrohren die Pacific Grey Whales, jene Leviathane und Zigeuner der Meere, die alljährlich zwischen Dezember und Mai aus den kalten Fluten Alaskas in die warmen Gewässer von Baja California (Mexiko) schwimmen, um dort innerhalb von zwei bis drei Monaten ihre Jungen zur Welt zu bringen. Hochsaison ist Ende Februar/Anfang März. Die Reise zieht sich über 12 000 Meilen hin (und wieder zurück) und dauert jeweils zwei bis drei Monate.

Diese Wal-Ergebnisse führten in den späten 80er Jahren zur Gesetzesvorlage für ein Verbot der Stahlnetz-Fischerei in Kaliforniens Küstennähe und 1990 schließlich zum gesetzlichen Verbot des *gill-net fishing* innerhalb einer Drei-Meilen-Zone vor der Küste.

In den 30er Jahren waren die Grauwale aufgrund des kommerziellen Walfangs praktisch ausgestorben. Und trotz des 1946 ausgesprochenen Walfang-Verbots landete der Grey Whale 1970 auf der Liste der gefährdeten Arten. Doch seine Regeneration führte 1994 dazu,

Downtown Eureka

daß er von dieser Liste wieder gestrichen werden konnte. Heute schätzt man den Bestand auf 22 000 bis 24 000 Tiere; dennoch herrscht nach wie vor Fangverbot in US-Gewässern. Schilder am Coast Highway weisen darauf hin, wo man die Wale am besten sehen kann. Entlang der Küste gibt es zahlreiche Beobachtungsposten, zum Beispiel in Santa Barbara oder Big Sur. San Diego inszeniert sogar ganze »Whale Watch Weekends« am Cabrillo National Monument, um die Wal-Passage zu einem geselligen Ereignis zu machen.

Zur Blütezeit gibt sich der Küsten-Highway verschwenderisch geschmückt mit Ginster, Rhododendren und Lupinen. Im Mai rüsten die Erfindungskünstler von **Arcata** alljährlich zur sogenannten Kinetic Sculpture Race, einem bunten Seifenkistenrennen aus selbstgebastelten Vehikeln, in oder auf denen sich die Macher radelnd, paddelnd oder sonstwie motorlos über Land und Wasser nach Ferndale bewegen. Viel kreative Energie ist da im Spiel; überhaupt merkt man dem Städtchen an, daß hier ein Campus der Humboldt State University sitzt. Die Auswahl an Sauna- und

Eurekas Stolz: seine viktorianischen Villen

Espressobars, Musikclubs und Buchhandlungen spricht ebenfalls dafür.

Kurz hinter Arcata bietet sich ein Schlenker um die gleichnamige Bay an – eine pastorale Strecke, die durch Watt und Weiden kreuzt und deren schwarz-weiß-gefleckte Kühe einen Hauch von Schleswig-Holstein verbreiten, wären da nicht überall exotische Ortsnamen, die schlecht zu Malente-Gremsmühlen passen: Arcata, Manila und **Samoa**. Holz ist hier Trumpf: die wie aus dem Ei gepellten Häuschen, die Lagerbestände, die Zäune und selbstverständlich das berühmte **Samoa Cookhouse**, eine der letzten Kantinen für die Holzarbeiter, mit reichlichen und preiswerten Portionen.

Von Samoa führt die Brücke über die Humboldt Bay. Hölzerne Wassertürme punktieren den Horizont des platten Marschlands, weiße Rauchschwaden quellen aus den Sägewerken, und in den Bäumen hocken die weißen Reiher so unbeweglich, als seien sie aus Sperrholz geschnitzt und weiß angemalt worden. 1850 fuhr Alexander von Humboldt auf der »Laura Virginia« in die Bucht ein. Drei Jahre später wurde das County nach ihm benannt.

Die rührigen Entrepreneure von **Eureka** bekommen schlechte Laune, wenn das Gespräch auf das dürftige Image ihrer Stadt kommt. Sie jammern, Eureka hätte es noch nie verstanden, sich gut zu verkaufen. Das Gerede von dem vielen Regen und Nebel hier sei glatter Unfug, es handele sich höchstens um vorübergehende Störungen. Deshalb zücken manche Hoteliers eilfertig Postkarten, um skeptischen Gästen zu zeigen, wie toll Eureka bei Sonnenschein aussieht. Kurz, die namentliche Anleihe beim griechischen *heureka* (»Ich hab's gefunden«) scheint den Fremdenverkehr nicht allzusehr in Schwung gebracht zu haben. Und daß der Staat Kalifornien den Spruch 1849 zu seinem Motto machte, auch nicht.

Trotzdem lohnt es, Second Street in **Old Town** auf und ab zu fahren, die Gegend, von der die Lokalpatrioten Eurekas schwärmen. Liebevoll zurechtgemachte Häuser gibt es dort zu sehen, die scharfe Kontraste bilden zu den grauen Schuppen und Hallen der Hafenanlagen. Die Investitionen ins bauliche Erbe gehen inzwischen so weit, daß man Repliken alter Gebäude baut, *instant Victorians* sozusagen. Unangefochtener Star der lokalen Architektur bleibt **Carson Mansion**, eine Villa im Queen-Anne-Stil, die eher einer teuren Konfektdose als einem knorrigen Redwood- Wald entsprungen sein könnte. Leider muß man auf einen Blick ins Innere verzichten. Der Herrenclub, der hier verkehrt, hält sich Besucher strikt vom Halse. ❖

Erste Adresse in Eureka: Carson Mansion ▷

km/mi	Zeit	Route
0	8.30 Uhr	In Eureka: US 101 nach Süden und kurze Zeit später über S 211 Abstecher nach
	9.00 Uhr	**Ferndale**. (Bummel über Main St.) Zurück auf die US 101 und weiter nach Süden bis
64/ 40	10.00 Uhr	Scotia (mit Werksführung durch die **Pacific Lumber Company**, ca. 1 1/2 Std.). Weiter Richtung Süden, kurzer Stopp und Spaziergang im Redwoodhain der
91/ 57		**Founders Grove**. Dann Fahrt durch die **Avenue of the Giants** nach
139/ 87		**Garberville** (dort Gelegenheit zum Lunch). Durch den **Richardson Grove State Park** und in Leggett auf den Highway 1 zum Pazifik, nach Rockport und
251/156	Nachmittag	Fort Bragg/Noyo Harbor.
267/167		Spaziergang im **Russian Gulch State Park**
270/169		**Mendocino**.

Extras: Wer **Ferndale** unwiderstehlich findet oder den traumhaften Umweg über die *Lost Coast* (s.u.) machen möchte, wird hier vielleicht übernachten wollen: **Gingerbread Mansion**, 400 Berding St., Ferndale, CA 95536, ✆ (707) 786-400, Fax (707) 786-4381. Viktorianische Gästevilla vom Feinsten. $$$–$$$$; **Fern Motel**, 332 Ocean Ave., Ferndale, CA 95536, ✆ (707) 786-5000. Einfaches pieksauberes Haus mit komfortabler Einrichtung und geräumigen Apartments (Wohn-, Schlafzimmer und Küche). Im Wasser der Toiletten schwimmen Blumenblüten … Pokerfreunde sollten nach den einschlägigen Räumlichkeiten fragen und sich überraschen lassen. $$ – **Seitensprung**: zur **Lost Coast**, eine der abgelegensten und daher unberührtesten Regionen der kalifornischen Küste – noch ein Geheimtip. BMW oder andere Autobauer lieben diese Szenerie, nicht für Rennen, sondern als imagefördernde Naturkulisse für Werbefotos, denn tatsächlich sieht hier Kalifornien streckenweise paradiesisch aus. Am besten fährt man vormittags von Ferndale los: über die Mattole Rd. durch die goldenen Gräser der Berge zum westlichsten Punkt Kaliforniens, Cape Mendocino (mit schwarzem Sandstrand), und weiter über Petrolia (hübsche Kirche), dort über die Lighthouse Rd. nach Point Gorda mit seinen einsamen Treibholzstränden (Campingplatz); zurück nach Petrolia und dann nach Honeydew, über die Wilder Ridge Rd., Ettersburg und weiter bis zur Kreuzung mit der Briceland Rd., dort scharf rechts zur Shelter Cove, einer wildromantischen Felsbucht mit schwarzen Stränden und schäumender Brandung. Übernachtung: **Beachcomber Motel**, 7272 Shelter Cove Rd., Whitethorn, CA 95489, ✆ 986-7733, $$. Oder Campingplatz, 492 Machi Rd., ✆ 986-7474. Erstaunlich gut ißt und sitzt man im **Cove Restaurant,** Wave Dr., ✆ 986-7793; in der Bar im Clubhaus am Golfplatz gibt's gute Drinks. (Entfernung: 144 km/90 mi, mit Pausen ca. 5 Std.) – Am nächsten Morgen: von Shelter Cove bis Garberville auf die US 101 (38 km/ 24 mi bzw. 1 Std. Fahrzeit).

13. Tag – Informationen   Vorwahl: ✆ 707

 Ferndale Chamber of Commerce
P.O.Box 325 (Main St.)
Ferndale, CA 95536
✆ 786-4477

 Ferndale Books
405 Main St.
Ferndale
✆ 786-9135 (auch Fax)
Paradies für Bibliophile: gemütliches Antiquariat.

 Golden Gait Mercantile
421 Main St.
Ferndale
Altmodisches Warenhaus.

 Fern Cafe
606 Main St.
Ferndale
Milch-Shakes und andere Stärkungen. $

 Curley's Grill
460 Main St.
Ferndale
✆ 786-9696
Freundliches Haus mit akzeptabler Küche. Frühstück, Lunch und Dinner.
$–$$

 Pacific Lumber Company
P.O.Box 37
Scotia, CA 95565
✆ 764-2222
Mo–Fr 7.30–14 Uhr
Rundgänge auf eigene Faust durchs Sägewerk.

 Avenue of the Giants
P.O. Box 1000 F
Miranda, CA 95555
Parallel zur US 101: rund 50 km/30 mi
scenic drive durch die wohl imposante-

sten Küsten-Redwoods im Humboldt Redwoods State Park am Eel River. Visitor Center und Campingplatz des Parks liegen in Weott (✆ 946-2263).

Benbow Inn

445 Lake Benbow Dr. (4 mi südl. der Stadt) Garberville, CA 95542
✆ 923-2124 und 1-800-355-3301
Fax 923-2897
benbowlc@aol.com
www.cdiguide.com/707/a_inn/benbo-wi.html
Das hoch über dem Eel River gelegene Gasthaus, im englischen Tudor-Stil errichtet, zählt seit 1926 zu den renommiertesten Hotels Kaliforniens. Jan. bis Mitte April geschl. Cocktail Lounge und Restaurant. $$$$

Drive-Thru Tree
Leggett, 1 mi südl. Kreuzung US 101/S 1
Tägl 8 Uhr bis Sonnenuntergang
Kuriosum: ausgeschnittener Redwoodbaumstamm, durch den man seit 1930 mit dem Auto fahren kann. Interessanter Souvenirshop. $ 3

Mendocino, CA 95460

Russian Gulch State Park
Nähe Hwy. 1

✆ 937-4296
Der voll ausgestattete Campingplatz liegt 2 mi nördlich von Mendocino, sehr schön am Creek.

Sea Gull Inn
44960 Albion St.
✆ 937-5204 und 1-888-937-5204
www.mcn.org/a/seagull
Schnuckeliger Bed & Breakfast Inn mit Gärtchen. Zimmer mit eigenem Bad. Nichtraucher. $$–$$$

Mendocino Hotel
45080 Main St.
✆ 937-0511 und 1-800-548-0513

Fax 937-0513
Traditionsreiches Hotel (1878), Bar und Restaurant, reich mit viktorianischen Antiquitäten dekoriert. An Wochenenden unbedingt reservieren. $$–$$$

Mendocino Campground
9606 N. Hwy. 1 & Comptche-Ukiah Rd.
✆ 937-3130

Van Damme State Park
Little River
✆ 937-5804
Staatlicher Campingplatz, 3 mi südlich von Mendocino an der Mündung des Little River. Wanderwege, u. a. durch den **Pygmy Forest**, einen bonsaiwüchsigen Wald aus Mini-Zypressen, Fichten und anderen Harthölzern

955 Ukiah Street Restaurant
955 Ukiah St.
✆ 937-1955
Klein und fein; hausgemachte Pasta und frischer Fisch. Mo/Di geschl. $$$

Cafe Beaujolais
961 Ukiah St.
✆ 937-5614
Köstliches Frühstück, leckeres Lunch, abends hervorragende *California cuisine*. Tägl. Lunch, Do–Sa Dinner. $$–$$$

Mendocino

Holzwege
Nach Mendocino

Im Frühnebel tummeln sich recht-schaffene Milchkühe auf den saftigen Wiesen, das grasende Kapital von **Ferndale**. Sicher auch würde schon einer der kecken Kirchtürme des Ört-chens aus der Ferne leuchten, wenn denn die Sonne schiene. Oft jedoch hängt der Himmel voller Regen-Nebel-bänke, die bis in die Baumkronen her-abreichen. Wie sich zeigen wird, hat es mit diesem Wetter hier eine besondere Bewandtnis.

Der hübsche Ort verarbeitet aufs an-sehnlichste, was ringsherum wächst, zersägt und zu Brettern verarbeitet wird: Entstanden sind so feingliedrige Gingerbread-Häuser und viktorianische Villen mit Erkern und Giebeldächern, Kirchenfenstern, Bleiverglasung, kun-terbunt bemalt und umgeben von schmucken Gärtchen mit blühenden Rhododendren, Fuchsien, Azaleen und Ginstersträuchern. Selbst die Bank, in den USA meist hinter imperialem Fas-sadenklassizismus verborgen, trägt in Ferndale zierliche Züge. Ein Blick hin-ter die Kulissen läßt Ferndale allerdings manchmal wie ein potemkinsches Dorf aussehen, vorn die Vorzeigefassaden, dahinter die *back alleys* – mit Schup-pen, Kraut und Rüben.

So wenig wie an Liebe zu historisieren-dem Brimborium hat es den Einwohnern jemals an Geld gemangelt. »Butterpalä-ste« heißen die hölzernen Domizile, ver-danken sie doch ihre Existenz dem tradi-tionellen Wohlstand der Käse-, Milch- und Eierbauern der Region, die hier

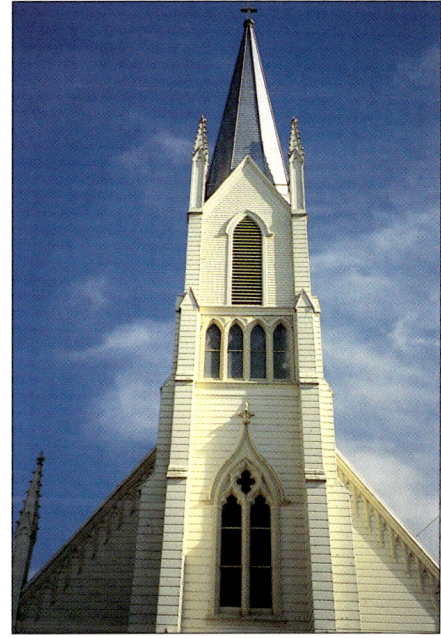
Finger Gottes: Kirche in Ferndale

1852 ansässig wurden, eine Mischung aus vorwiegend skandinavischen, por-tugiesischen und deutschen Siedlern.

Über hundert Jahre lang war ihr Milch-imperium nicht nur einträglich, son-dern auch krisensicher, was man nicht gerade von allen kalifornischen Ein-nahmequellen behaupten kann. Kein rapider Boom oder Knock-out, sondern Stabilität. Letztlich schuf die ebenso ko‚nstante wie überdurchschnittliche Feuchtigkeit der Wiesen die großen Familienvermögen, *old money*, wie man das hier nennt.

Auch an der Westküste wachsen die Bäume nicht in den Himmel, aber doch schon so lange wie ein Großteil der Menschheitsgeschichte

Entsprechend konservativ ist der Gang der Dinge vor Ort, nur ab und zu gelinde erregt von Malern, Töpfern und Bildhauern, die hier eine Künstlerkolonie in Szene setzen wollen, und ab und an von lokalen Unregelmäßigkeiten, dem Pokerspiel zum Beispiel. Was im Laufe der Zeit so an Geld in der einen oder anderen als Garage getarnten Pokerstube den Besitzer gewechselt hat (Sheriff und Bürgermeister eingeschlossen), darüber wird öffentlich nicht Buch geführt. »Das meiste im Wilden Westen ist nicht durch Cowboys und Colts entschieden worden, sondern am Pokertisch«, meint einer der Spieler.

Bei Rio Dell verabschieden sich die platten Weideflächen, das enge Canyontal hat für sie keinen Platz. Von weitem wehen schon die weißen Schwaden der **Pacific Lumber Company** in Scotia, dem größten Sägewerk der Welt. Auf die bisherigen Baumwunder der Natur folgt damit deren Verwertung, auf das Großformat das Kleinholz der Balken und Latten. Die PLC dominiert nicht nur den Ort, er gehört ihr auch. Scotia, komplett aus Redwood-Holz gebaut, ist eine *company town*. Die Gesellschaft sorgt für alles – für Arbeit, Unterkunft und Sozialleistungen. Selbst das Fremdenverkehrsbüro hat sich materialgerecht hinter der schwärzlichen Holzfassade eines Tempels eingerichtet.

Danach kommt sie, die **Avenue of the Giants**, der Drive-in-Wald mit seinen grünen Kathedralen. »Botschafter einer anderen Zeit« hat John Steinbeck diese Giganten einmal genannt. »Sie sind die eigentlichen Eingeborenen. Sie waren ausgewachsene Bäume, als auf Golgatha eine politische Hinrichtung stattfand. Sie standen im vollen Mannesalter, als Cäsar die römische

Republik retten wollte und dabei zerstörte. Für die Mammutbäume ist jeder ein Fremder, ein Barbar.« Zweimal im Jahr flitzen hier Scharen von Menschen vorbei – beim Volksmarathon. Mit niedrigerem Puls kann man die Rothölzer auf dem (halbstündigen) Lehrpfad gleich am Anfang, in **Founders Grove**, kennenlernen.

Viele kleine Coffee Shops an der Hauptstraße von **Garberville** erinnern daran, was die Stunde geschlagen hat: *Lunch Time*. Der Ort liegt im Zentrum vieler Marijuanafelder *(dope fields)*, die ihrer guten Sorten wegen geschätzt, allerdings früher zur Erntezeit oft von Razzien heimgesucht wurden. Wie weit die Liebe zur *sinsemilla* – so heißt hier das begehrte Kraut – ging, war in Garberville zeitweise sogar an den Verkehrszeichen abzulesen. Das Schild LEFT TURN ONLY wurde auf LEFT TURN ON heruntergekürzt. Inzwischen hat sich die Aufregung gelegt und das Städtchen in seinen Tiefschlaf zurückgefunden.

Zur Abwechslung sollte man an einem der *burl shops* halten, Verkaufsständen, an denen alle möglichen skurrilen Figuren feilgeboten werden. Geduldige Profi-Schnitzer haben sie dem Redwood-Holz abgerungen: Tische, grimmige Bären oder komische Männlein, Rohes oder Poliertes – Holz fürs Heim, wohin das Auge blickt, changierend zwischen hellen Kirsch- und dunklen Mahagonitönen.

In **Leggett** beginnt nun jener Highway, der die meisten, die ihn kennen, in Verzückung versetzt, und von dem viele, die ihn nicht kennen, meinen, er ziehe sich an der gesamten nordamerikanischen Westküste entlang: der **California Highway One**, die Eins unter den diversen Einsern in den USA. Tatsächlich aber beginnt er erst hier und endet

Schön schroff: die »Lost Coast« südlich von Eureka

(von kleineren Unterbrechungen abgesehen) in San Juan Capistrano.

Beim Start durchquert er kurvig das Küstengebirge, eine Strecke, die es in sich hat. Wenn hier etwas schiefläuft, zum Beispiel trödelnde Camper vorausfahren oder eilige Holzlaster im Rückspiegel auftauchen, zischen, hupen und röhren, dann können die wenigen Kilometer bis zum Meer leicht zum asphaltierten Alptraum werden.

In **Rockport** ist die Sache dann gewöhnlich ausgestanden. An dieser Stelle mußte sich – von Süden aus gesehen – der Highway 1 landeinwärts verdrücken, weil die Felsenküste so zerklüftet und ruppig verläuft, daß es technisch viel zu aufwendig war, die Straße hart am Wasser weiterzubauen. Schönes Resultat dieser Kapitulation der Straßenbauer: die *Lost Coast,* ein Stück Kalifornien quasi im Urzustand (vgl. S. 151).

Fort Bragg, die alte wettergeprüfte *logging town,* steht immer noch ganz im Zeichen des Holzens und Sägens, was man am besten an der dampfenden Georgia-Pacific-Mühle erkennen kann. Kurz danach breitet sich unten links der pittoreske **Noyo Harbor** aus, auch er ein Zentrum der Holz- und Fischindustrie.

Camper werden die einladenden Picknickgefilde des **Russian Gulch State Park** zu schätzen wissen. Wer Glück hat, erspäht dabei sogar einen Wal. Aber auch ohne Jause und Wale lohnt ein kleiner Abstecher in den Park, zu den *blowholes* zum Beispiel, Felslöchern mit unterirdischer Tunnelverbindung zum Meer, aus denen das Wasser schießt. Ringsum blühen im Frühjahr wilde Wiesen, Wicken, Kapuzinerkresse und kalifornische *poppies,* die ausgerechnet Adelbert von Chamisso ihren Namen verdanken. Überhaupt: April und Mai verwandeln den Highway in eine farbenfrohe Blütenschneise.

Von weitem wirkt **Mendocino** wie handgemalt, aus der Nähe wie handgeschnitzt: viktorianische Villen, adrette Zäune, Windräder und Wassertürme. »Zeitlose Eleganz« nennt sich das, was in Wirklichkeit durchaus zeitgemäß ist, denn die adrette Inszenierung des Städtchens legitimiert die Preise, die die Edeltouristen heute für solch rauhen, aber dennoch komfortablen Charme bezahlen. Es sind vorwiegend gutsituierte Pensionisten und junge Pärchen, die sich fürs Romantische entschieden haben – meist zart und scheu, aber liquide.

Wie kam es dazu? Das Big-River-Sägewerk wurde 1852 von Henry Meiggs gebaut, und das Geschäft mit dem Holz lief gut bis in die 30er Jahre. Als es damit dann bergab ging, erlebte auch Mendocino einen Niedergang. Erst in den späten 50er Jahren fanden Künstler Gefallen am New-England-Stil der Architektur, und die urbanen Geister erwachten zu neuem, geschäftstüchtigem Leben. Fast die Hälfte der Häuser steht heute unter Denkmalschutz, viele davon sind Museen, zierliche B & Bs oder schnuckelige Restau-

rants. Verständlich, daß Mendocino als Drehort für Hollywoodfilme reüssierte. Nun, da das Holz fotogen unter Dach und Fach gebracht ist, leistet man sich sogar ein wenig Umweltschutz. STOP DEFORESTING, Schluß mit der Abholzerei, steht kühn auf einigen Verkehrsschildern in Mendocino.

Der **Headlands State Park**, der sich rund um das Örtchen zieht, ist ein herrliches Panoramafenster zur See. Ohne Probleme kommt man über Trampelpfade und durch Brombeerbüsche bis ans Wasser (am Ende von Main Street parken), zum Wandern und Picknicken und, unten am Strand beim Big River Beach, zum Faulenzen und zum Baden, wenn's warm genug ist. Denn übers Jahr gesehen geben sich Himmel und Erde, Luft und Meer eher neblig-grau, so, als sei der Pazifik der Blanke Hans, der gern am Fuß der Klippen tost, an den Bojen zerrt und sie stöhnen läßt wie depressive Seelöwen. ☼

Kalifornien im Neuengland-Stil: Mendocino

14. Tag – Route: Mendocino – San Francisco (288 km/180 mi)

km/mi	Zeit	Route
0	9.00 Uhr	In Mendocino auf dem Highway 1 nach Süden,
83/ 52		kurzer Stopp bei **St. Orres** und weiter zur
104/ 65		**Sea Ranch Lodge** (Spaziergang und/oder Lunch, ca. 1 Std.).
134/ 84	Mittag	**Fort Ross State Historic Park** (Picknick und/oder Rundgang, ca. 1 Std.). Über Jenner und den Russian River nach
170/106		**Bodega Bay**, Bodega, Olema, an Point Reyes vorbei, Stinson Beach zum
256/160		**Muir Beach Overlook**. Von dort S 1 durch die Küstenberge (evtl. Zwischenstopp in **Sausalito**) auf die US 101 nach Süden über die Golden Gate Bridge nach
288/180	Abend	**San Francisco**.

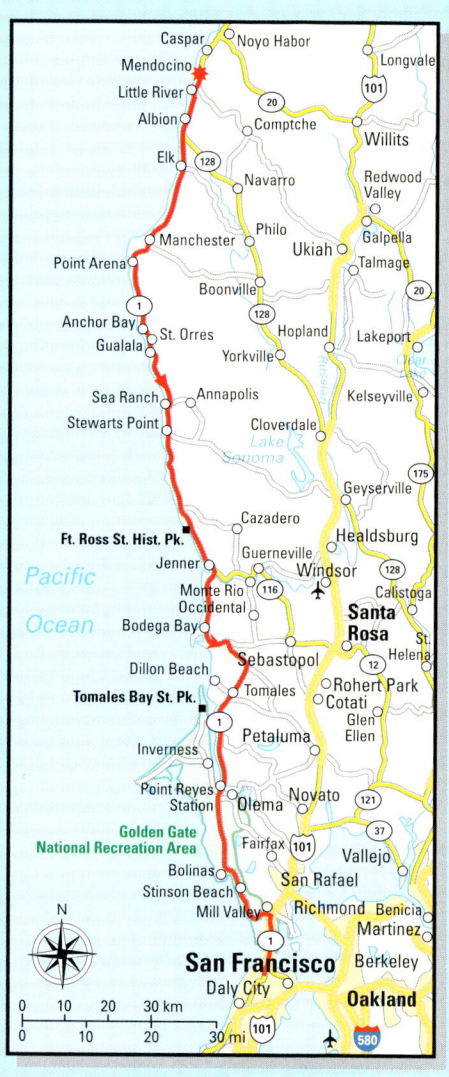

Alternativen und Extras: Wer sich **landeinwärts** im **California Wine Country** umsehen möchte, kann dies von San Francisco aus tun. Man kann aber schon vorher auf Weinkurs gehen, nämlich von Jenner aus, am **Russian River** entlang in die beiden berühmten Rebentäler **Napa Valley** und **Sonoma Valley**. Weintour von San Francisco: (halber oder ganzer Tag): Golden Gate Bridge (US 101) nach Norden, S 37, S 121 bis **Sonoma**. Von hier nördlich über die S 12 nach **Glen Ellen**, von dort

14. Tag – Route: Mendocino – San Francisco (288 km/180 mi)

über den Oakville Grade durch die Berge ins Nachbartal Napa Valley, die S 29 in Oakville nach Norden über Rutherford, **St. Helena** nach **Calistoga**. Rechts durch den Ort und an dessen Ausgang rechts auf den schönen **Silverado Trail** nach Süden bis **Napa**, dann S 121, S 12, I-80 durch Vallejo nach **Berkeley** (Exit: University Avenue). Von Berkeley zurück: I-80 nach Süden, über die Bay Bridge nach San Francisco. **Service & Tips für unterwegs: Sonoma Cheese Factory**, an der Plaza in Sonoma: reichhaltige Quelle für Picknickleckereien und andere Stärkungen; **Jack London Bookstore**, 14300 Arnold Dr., Glen Ellen, etwas außerhalb des Örtchens gelegen: seltene bzw. vergriffene London-Literatur. **Robert Mondavi Winery**, S 29, ca. 0,5 mi nördlich von Oakville: Weingut mit Führungen und Proben. **Tra Vigne**, 1050 Charter Oak Ave., St. Helena: gutbestückte Trattoria im schönen Innenhof. **Indian Springs**, 1712 Lincoln Ave., Calistoga: öffentliches Mineralbad. **Bistro Don Giovanni**, 4110 St. Helena Hwy. (S 29), Napa: italienische Küche in luftigem Speiseraum mit Blick auf die Weinberge. Auch zum Draußensitzen ($$–$$$). Wein und Poesie, liebliche Landstriche und zischende Geysire, blubbernde Minz-Schlammbäder und süße Schleckereien – das California Wine Country strotzt vor Genüssen. Wer alles auf die Reihe bringen möchte, der sollte dem o. g. Routenvorschlag folgen und sich dem dolce far niente hingeben. Auch diverse kulturelle Highlights liegen am Weg, z. B. die schöne Missionskirche in Sonoma und Glen Ellen, für alle Jack-London-Fans ein Muß, denn hier liegen Ranch, Haus und Grab des weltberühmten Schriftstellers.

14. Tag – Informationen   Vorwahl: ℰ 707

 Mendocino Bakery & Cafe
Lansing St., Mendocino
Frühstück drinnen und draußen, *locals* (viele mit Hunden) und Touristen bunt gemischt.

 Albion River Inn
Hwy. 1 (10 km/6 mi südl. von Mendocino)
 Albion, CA 95410
ℰ 937-1919
Fax 937-2604
Hotel und empfehlenswertes Restaurant mit tollem Fluß- und Meeresblick. $$$$

 St. Orres
P.O. Box 523
 Gualala, CA 95445
ℰ 884-3303

Sehenswerter Bau im Datscha-Look; herrlicher Speiseraum (nur Dinner), schönes Hotel. $$$

 Sea Ranch Lodge
P.O. Box 44
 The Sea Ranch, CA 95497
ℰ 785-2371 und 1-800-SEA-RANCH
Schönes Hotel und gutes Restaurant mit traumhafter Holz- und Glasarchitektur über dem Pazifik; Wanderwege, Strände, Tennis, Golf. Für die Sommermonate und alle Wochenenden 2–3 Monate im voraus reservieren. $$$$

 Fort Ross
ℰ 847-3286
Alle historischen Gebäude wurden von Erdbeben und Feuer zerstört; die heuti-

Die Bauweise der Sea Ranch ist beispielhaft für Naturverträglichkeit

ge Anlage ist eine Rekonstruktion des alten russischen Vorpostens.

 Point Reyes National Seashore
Point Reyes, CA 94956
☎ (415) 663-1092
Halbinselartige, grasbedeckte Dünen-landschaft mit schönen Stränden, Wan-derwegen und Campingplätzen; gut auch zum Radfahren und Reiten. Guter Platz zum *whale watching*! Parkzentrum des National Park Service: Bear Valley. In der Nähe beginnt auch der (etwa halbstündige) *Earthquake Trail*, der un-terwegs Anschauungsunterricht zum Thema Erbeben erteilt, denn die And-reas-Falte verläuft zwischen dem Fest-land und Point Reyes. Zu sehen gibt es u.a. Reste eines Zauns, dessen Teile durch Erdverschiebungen (beim großen Beben 1906) um 5 Meter versetzt wur-den. Oft neblig und kühl. Die **Five Brooks Ranch** bietet geführte Ausritte, stündlich und ganztägig. (☎ 415-663-1570). Eintritt kostenlos.

 San Francisco Visitor Information Center
Hallidie Plaza (Powell &. Market Sts.)
San Francisco
☎ 391-2000

Mo–Fr 9–17.30, Sa 9–15, So 10–14 Uhr Infos und Karten. Die 24stündige Hot Line informiert über aktuelle Veranstal-tungen (auch auf Deutsch).

 Hotelreservierungen in San Francisco
via www.sfvisitor.org (Bestätigung durch e-mail) oder (innerhalb der USA) via
☎ 1-888-782-9673

 The Maxwell Hotel
386 Geary St. (Nähe Union Sq.)
San Francisco, CA 94102
☎ 986-2000 und 1-888-734-6299
Fax 397-2447
Gut geführt mit viktorianischem Flair, zentral gelegen. Restaurant (**Max's on the Square** $$). $$$–$$$$

 Villa Florence
225 Powell St.
San Francisco, CA 94102
☎ 397-7700 und 1-800-553-4411
Fax 397-1006
Komfortables Jahrhundertwende-Hotel mit italienischem Restaurant (**Kuleto's**). $$$$

 Hotel Triton
342 Grant Ave.
San Francisco, CA 94108

ℂ 781-3566 und 1-800-433-6611
Fax 394-0555
Pfiffiges Design, frech und unterhalt-
sam. Bar, Restaurant. $$$$

 Radisson Miyako Hotel
1625 Post St.
San Francisco, CA 94115
Japan Center
ℂ 922-3200 und 1-800-533-4567
Fax 921-0417
info@miyakosf.com
Wohnen und Entspannen in japani-
schem Ambiente. Bäder und Sauna.
$$$–$$$$

 Commodore International Hotel
825 Sutter St. (Nähe Union Sq.)
San Francisco, CA 94109
ℂ 923-6800 und 1-800-338-6848
Fax 923-6804
Nostalgisches Haus aus Art-déco-Ta-
gen. Coffee Shop, originelle Szene-Bar
(**The Red Room**). $$$

 Beresford Arms
701 Post St. (Nähe Union Sq.)
San Francisco, CA 94109
ℂ 673-2600 und 1-800-533-6533
Fax 474-0449
Angenehm, solide, zentral. Kleines
Frühstück. $$

 Candlestick RV Park
650 Gilman Ave.
ℂ 822-2299
Südlich der Stadt: Campground mit *full
hookups*, Duschen.

 Rose Pistola
532 Columbus Ave.
ℂ 399-0499
Sehr gefragt: exzellente Gerichte für
Pasta- und Fischfreunde. Reservierung
empfohlen. $$$

 Zuni Cafe
1658 Market St. (Nähe Civic Center)
ℂ 552-2522

Hervorragend zu jeder Essenszeit: Ambiente, Gerichte, Weinauswahl. Mo geschl. $$–$$$

 Oritalia
586 Bush St. (Stockton)
ℂ 782-8122
Dieses Restaurant ist kulinarisch ein
west-östlicher Divan: besonders die Vorspeisen sind ein Genuß für Auge und
Gaumen. $$–$$$

 Oberon Restaurant & Bar
1450 Lombard St. (zwischen Van Ness
Ave. & Franklin St.)
ℂ 885-6555
Kalifornische Küche mit mediterranem
Flair. $$

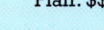 **Fleur de Lys**
777 Sutter St. (Nähe Union Sq.)
ℂ 673-7779
California cuisine – elsässisch verfei-
nert. Edle Weinkarte. Entsprechende
Preise. Ohne Reservierung kaum Chan-
cen. So geschl. $$$

 Washington Square Bar & Grill
1707 Powell St. (North Beach)
ℂ 982-8123
Old San Francisco standby: An der Bar
kann man preisgünstig essen (locker,
lecker und laut) – bei leichtem Jazz. $–$$

 Postrio
545 Post St. (Nähe Union Sq.)
ℂ 776-7825
Restaurant und Bar (auf zwei Ebenen):
ein weiteres Etablissement des Koch-
Restaurant-Entrepreneurs Wolfgang Puck.
Beliebter Treffpunkt der Schickeria:
Sehen und Gesehen werden. Gut für
späte Drinks. $$$

 Mon Kiang Hakka Restaurant
683 Broadway (Chinatown)
Einfaches Lokal mit würziger Hakka-
Küche. $–$$

Ton Kiang
5821 Geary Blvd. (22nd Ave.)
✆ 386-8530
Der weite Weg über Geary Blvd. lohnt:
Top-Chinese mit exzellenten (würzigen) Hakka-Gerichten. Probieren Sie
nur mal das Salz-Hühnchen! (Ableger
und mit gleichem Namen: 441 Geary
Blvd., ✆ 752-4440) $–$$

 Manora's
3226 Mission St. (Mission District)
✆ 550-0856
Sehr populär, und mit Grund: sicher
eins der besten Thai-Restaurants in San
Francisco. Klein und angenehm, aber
ohne Reservierung ist kaum ein Platz zu
bekommen. $–$$

 Crown Room
Fairmont Hotel, 29. Stock
Gala-Inszenierung für einen Drink: Von
oben zeigt sich San Francisco im imponierenden Lichterglanz von seiner
besten Seite. (Unbedingt mit dem Außenaufzug hochfahren!).

 Paradise Lounge
1501 Folsom St. (South of Market)
 Bar, Bands und Billard: Folk, Rock,
Blues.

 Vesuvio
Columbus Ave. (North Beach)
Genießer, *literati*, und andere Schöngeister bevölkern dieses traditionsreiche North Beach Lokal seit den Tagen
Eisenhowers und der Beatniks.

 Finocchio's
506 Broadway (North Beach)
✆ 982-9388
 Do–Sa 20.30, 22, 23.30 Uhr
Varietélokal mit kesser Travestieshow.

 Mabuhay Gardens
443 Broadway (North Beach)
San Francisco, CA
 17–1.30 Uhr

Exzentrischer Punkschuppen mit zwei
Shows pro Abend.

Besondere Veranstaltungen:

Chinesisches Neujahrsfest: einwöchige Feier in Chinatown, darunter
die große Golden Dragon Parade – ein
Riesenspektakel mit Feuerwerksknallerei; jährlich wechselnder Termin im
Februar (je nach Maßgabe des Mondkalenders).

Cherry Blossom Festival: japanisches
Fest der Kirschblüte im Golden Gate
Park und mit großer Parade in Japantown. 2. Aprilhälfte.

Cinco de Mayo: Fiesta und Parade der
Hispanics im Mission District am nächsten Wochenende zum 5. Mai. – Tummelplatz für Tausende, die mit Shows,
Komödianten, Musik (Mariachi, Tex-Mex-Rock, Latin Funk, Salsa, Latin Soul)
ihren inoffiziellen Feiertag begehen –
zur Erinnerung an die Schlacht von
Puebla am 5. Mai 1862, als mexikanische Patrioten die französischen Truppen Napoleons III. schlugen.

Lesbian-Gay Freedom Day Parade:
großes Fest und Parade auf der Market
St. am letzten Juniwochenende.

Straßenfeste und Flohmärkte bevölkern im Juni Haight, Union St. und North
Beach.

Sausalito Art Festival: Straßenfest und
Kunstmarkt.

Castro Street Fair: Straßenfest gegen
Ende Sept./Anfang Okt.

Columbus Day: Parade und Straßenfest in North Beach (Okt.).

California Mystery Tour

Mendocino, Bodega, Sausalito, San Francisco

Beim Abschied fällt der Blick meist wehmütig auf Mendocino zurück – wer würde hier nicht gerne länger bleiben! Aber die Perspektiven, die der Highway weiterhin entfaltet, lassen Wehmut nicht lange aufkommen.

Das Holznest **Albion** erinnert an den Namen *New Albion.* So hieß Kalifornien auf vielen Landkarten des 19. Jahrhunderts. In **Manchester** grüßen keß beschnittene Zypressen wie Punk-Bäume durchs Autofenster. Im diesigen Dunst ringsum bekommen viele ruinöse Ranchgebäude etwas Geisterhaftes, so als seien sie Kulissen für Gruselfil-

me. Auch wenn man längst kein Bauer mehr ist, »hält« man hier sein Grundstück. Wer weiß, wozu die Scheunen einmal gut sein werden.

Ein Augenschmaus: die Steilküste von **Point Arena** und der Ort selbst mit seinen kunterbunt bemalten Holzhäuschen an Main Street und, wenig später, der Garcia River. Kurz danach fällt der Blick auf ein russisch-orthodoxes Gedicht aus Holz: **St. Orres**, noble Herberge und ein Meisterstück handwerklicher Baukunst zugleich. Im lichten Kuppelbau des Speiseraums wird für den Abend gedeckt; langstielige Orchi-

Idyllisch und bizarr: die Küste Nordkaliforniens bei Point Reyes ...

Restauriertes Rußland: die Kapelle von Fort Ross

deen schmücken schon die Tische für die Kreationen der frankophilen Küche.
Die meisten Flußmündungen an der Küste haben ihren besonderen Reiz. Auch die des **Gualala River**. Gualala? Ja, der wohlklingende Name soll die spanische Version des deutschen »Walhalla« sein, die ein deutscher Siedler 1846 hier einführte. In Höhe der Sea Ranch lohnt es sich allemal, für eine Weile den Motor abzustellen, am besten, weil die Bewohner hier streng auf *privacy* achten, bei der **Sea Ranch Lodge**, einem Hotel-Restaurant, dessen dezent-graue Holzarchitektur sich farblich dem meist verhangenen Ozean anpaßt. Insgesamt hat die Ranch, eine wegen ihres Modellcharakters vieldiskutierte Zweithaus-Kolonie, die in den 60er Jahren u. a. von Charles Moore errichtet wurde, das Land und die See erfreulich in Ruhe gelassen.

Hier kann man gut sitzen, besonders, wenn gelegentlich elisabethanische Lautenklänge durch die ebenso lichten wie luftigen Räume perlen und der Blick sich in der Weite des Meers verliert. Durch ein kleines Törchen im Holzzaun erreicht man einen Pfad, der durch wilde Wiesen und vorbei an malerisch verfallenen Farmschuppen zur Steilküste führt, zu den *bluffs*.
Rhododendron-Liebhaber können sich im **Kruse Rhododendron State Reserve** sattsehen. Zwischen April und Juni stehen die stattlichen, hohen Sträucher in farbenprächtiger Blüte. Etwas weiter südlich kann bei einem Spaziergang durch das Innere und um die Außenmauern herum die restaurierte Anlage von **Fort Ross** begutachten. 1812 errichteten die Russen hier das Zentrum ihrer umliegenden Besitzungen. Es diente ihnen zugleich als Vorposten ihrer Siedlungen in Alaska, um Getreide anzubauen und Seeotter zu jagen. Deren Zahl aber nahm so rapide ab, daß die Gründer 1842 Fort, Schaf- und Viehherden an den schweizerischen Siedlungsmanager John Sutter verkauften und sich zurückzogen.
In der lieblichen Landschaft um den **Russian River** wächst ein guter Wein, der bei Kennern sehr geschätzt wird. Malerisch mündet der Fluß bei **Jenner** in den Pazifik, immer vorausgesetzt, man sieht ihn überhaupt. Denn die Küste ist bekannt für Niesel und Nebel. Im Nu können die Wetterköche Traumlandschaften zu einem farblosen Brei verrühren und bunte Postkartenmotive derart ruinieren, daß nur noch rote Rücklichter und dunkle Silhouetten von unerschütterlichen Kühen übrigbleiben. Und wenn die Sonne nicht scheint, wirkt selbst der Ginster finster.
Immer, wenn die kurvige Straße ihren Bogen landeinwärts schlägt,

taucht sie in eine Art tropischen Regenwald ein, denn so wild wuchern hier Bäume und Büsche in den geschützten Buchten, und so tief hängen die Nebelwolken.

Sea Ranch, St. Orres: Bauen mit Holz ist hier im Norden allenthalben gefragt. Viele der Häuschen haben simple, aber gefällige Formen, andere wirken extravagant. Ein besonders gelungenes Beispiel steht in **Portuguese Beach** an der Straße – eine meditativ anmutende, kegelförmige Villa aus Holz und Glas.

Kenner von Hitchcocks »Die Vögel« wollen sicherlich gerne kurz hinter **Bodega Bay** einen kleinen Schlenker durch den Ort Bodega machen, um die Kirche (die katholische St. Teresa von 1860) und das Schulhaus (von

1873) aus dem Horrorfilm (wieder) zu sehen.

An den grauen Randzonen zwischen Land und Meer, gebeutelt von Regen und Stürmen, säumen Zypressen und Kiefern die Strecke zwischen zufrieden grasenden Schafen zur Linken und dem schaumigen Pazifik zur Rechten. Dünen, hier und da Pferde und *wild flowers* überall. Unten am Wasser kämpfen Spaziergänger Arm in Arm bei naßkaltem Wetter gegen den Wind.

Zwischen Tomales Bay und der Bolinas Lagune folgt der Highway an der optimistischen Oberfläche genau der *San Andreas fault*, der berüchtigten Knautschfalte zwischen tektonischen Platten (der pazifischen und der kontinental-amerikanischen), die sich rund

Hitchcocks »Vögel« sind nicht weit: Bodega Bay

Ausblicke: California Highway One beim Muir Beach Overlook

tausend Kilometer durch Kalifornien zieht und es zu einem der erdbebenreichsten Länder der Welt macht. Dieser Alptraum des »Goldenen Staates« hat dem alten Mythos von Kalifornien als einer Insel stets neue Nahrung geliefert, der seit Anfang des 16. Jahrhunderts nicht nur bei Kartographen herumgeisterte, nachdem in einem spanischen Roman zum ersten Mal von einer Isle of California zu lesen war. Es dauerte mehr als zweihundert Jahre, bis ein gewisser Pater Fernando Consag endlich Beweise erbrachte, die mit der Inselvorstellung aufräumten.

Noch ein letzter Blick zurück: vom **Muir Beach Overlook.** Hier kann man die vorerst letzte schöne Aussicht auf die Nordküste genießen. San Francisco scheint noch Welten entfernt. Aber das war nicht immer so. Im Gegenteil: Genauso wie es in diesem wilden Terrain, angesichts der kahlen Küstenfelsen, strammen Winde und Bergziegen aussieht, so sah es in der Stadt selbst

vor gar nicht langer Zeit auch einmal aus.

Schließlich windet sich der Highway durch die nach Eukalyptus duftenden Hänge der *headlands* hinunter ins liebliche **Sausalito**, das, mediterran und kalifornisch zugleich, sich als eine gute Adresse für einen Zwischenstopp empfiehlt: zur Stärkung, zum Shopping und zum Laufen. Schon von weitem sieht man die Boote: den schicken Yachthafen und die bunte Hausbootkolonie, entstanden auf einem ehemaligen Schiffsfriedhof. Heute haben hier wohlhabende Lebenskünstler ihre Zweitwohnungen eingerichtet für das *swinging weekend* im Auf und Ab der Gezeiten. Das Örtchen selbst ist nicht minder abwechslungsreich, am Anleger, beim hubschen Minipark mit Brunnen und Palmen oder auf der Promenade. Wand an Wand locken Bars und Boutiquen, Bay und Brandung am Ufer.

Zu guter Letzt kommt noch das optische Finale, die Einfahrt nach San

Francisco über die **Golden Gate Bridge** – ein städtischer Empfang mit offenen Armen! Goldene Brücken bauen und rote Teppiche zur Begrüßung ausrollen – das kann San Francisco wie keine andere amerikanische Stadt. Schon ihr erster Anblick fasziniert: die hügelige Traumlage über den Wassern, die Skyline und die berühmten Brücken. Kein Wunder, daß San Francisco von allen wie ein Lieblingskind verhätschelt wird. Und die Stadt selbst, die sich stolz *The City* nennt, genießt es, *everybody's favorite* zu sein. Dabei ist sie alles andere als typisch amerikanisch. Die tägliche Gangart wirkt eher europäisch und der asiatische Einfluß wächst und wächst. San Francisco: eine west-östliche Diva – mit 43 Hügeln und täglich rund 750 000 Bewunderern, sprich: Einwohnern.

Entsprechend hoch rangieren Stadtkultur und Straßenleben in den diversen ethnischen Vierteln. Statt der üblichen autogerechten Trennung von Downtown und Suburbia überrascht San Francisco durch die Palette seiner Plätze, Parks und Perspektiven, durch Cafés und Eckkneipen – bunt und jeden Tag neu bevölkert von gestriegelten Yuppies und verknautschten Flippies, Bankern und Spaßvögeln, *locals* und Touristen.

Wie sagte Rudyard Kipling? San Francisco hat nur einen Nachteil: »Man kann sich schwer davon trennen.« Unweigerlich kommt der Weg in die Stadt mit dem **Presidio** in Berührung, jenem traumhaft gelegenen Gelände zwischen Pazifik und Bay: einst Standort der spanischen Garnison, lange im Besitz der US-Army, seit kurzem aber fest in der Hand des National Park Service, der dabei ist, das ehemalige Militärgelände in einen naturgeschützten Sport- und Erholungspark zu verwandeln. Neben dem ohnehin schon eindrucksvollen Golden Gate Park können sich die »San Franciscans« nun auf einer zweiten ungewöhnlichen Spielwiese tummeln – mit Stränden, Fahrradwegen und dem Zugang zu einem Golfplatz, der bisher nur Offizieren offenstand. ❊

Liebliches Küstengebirge: Bay Area nördlich von Tomales

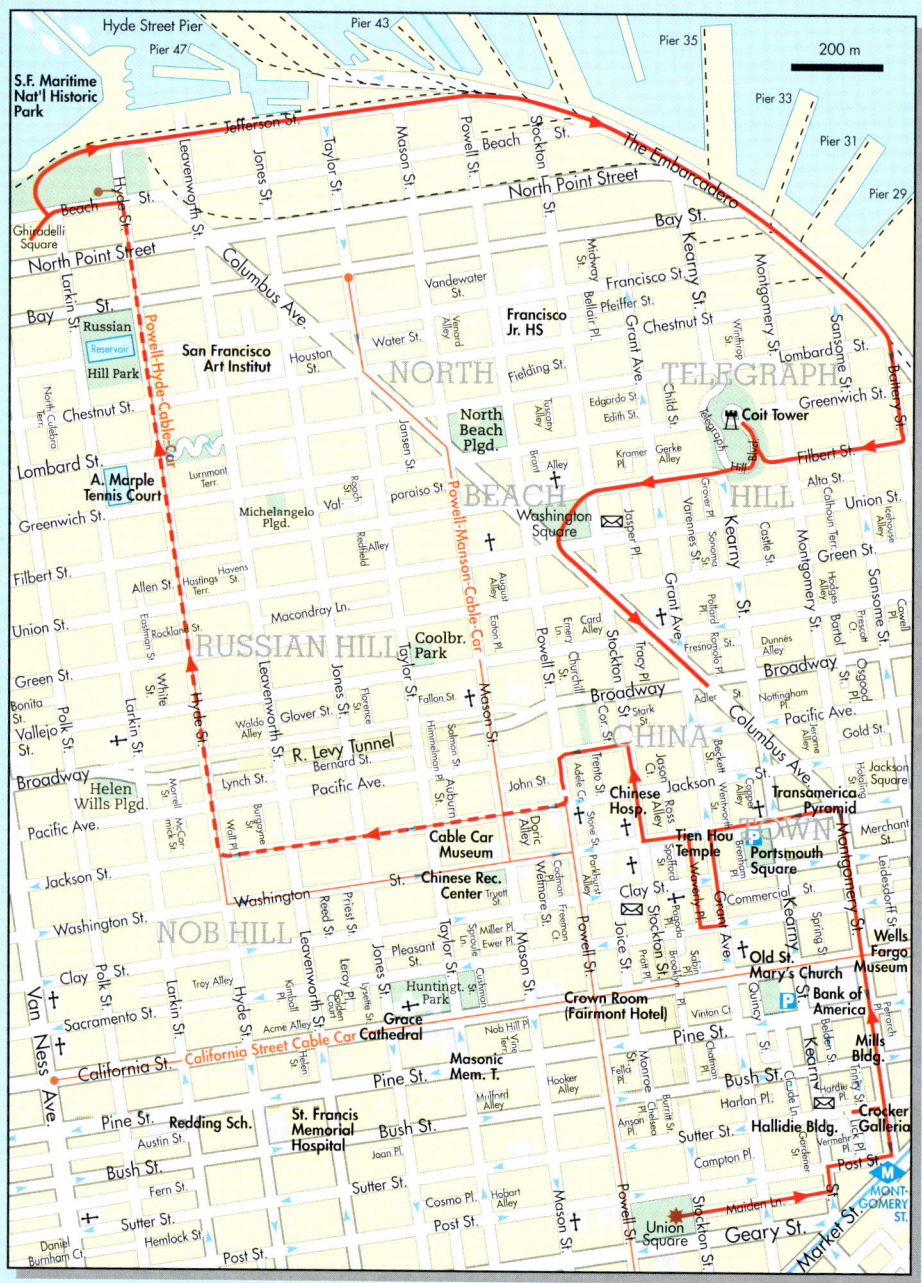

◁ *Weit geöffnet wirkt das »Goldene Tor«: Golden Gate Bridge*

15. Tag – Programm: San Francisco

Zeit	Route
Vormittag	Mit Taxi oder öffentlichen Verkehrsmitteln zum Union Square. (Selbstfahrer finden unter dem Platz eine Tiefgarage.) Maiden Lane, an Grant Ave. links bis Post St., dort rechts zur **Crocker Galleria** und weiter bis Market St.; an **Montgomery St.** links: durch den Financial District, vorbei am **Mills Building** (rechts), Bank of America Building (links), **Wells Fargo History Museum** (Besichtigung) zur **Transamerica Pyramid** (evtl. Fahrt in den 27. Stock). Washington St. nach **Chinatown**: Portsmouth Square, Grant Ave., Waverly Place bis
Mittag	Ecke Stockton St. und Pacific Ave.: Dim Sum Lunch
Nachmittag	Mit der Cable Car (Haltestelle Jackson & Powell Sts.) zum Hyde St. Pier. **Ghirardelli Square, Fisherman's Wharf**, Pier 39, Battery St., **Filbert Steps**, Aufstieg zum **Coit Tower**; hinunter zum **Washington Square** und Bummel durch **North Beach**.

Alternativen/Zusatztage: San Francisco Museum of Modern Art, 151 Third St. (Yerba Buena Gardens), ℃ (415) 357-4000. Tägl. 11–18, Do bis 21 Uhr. Mi geschl. Der 1995 eröffnete Neubau des Schweizer Architekten Mario Botta zeigt sich als eine stufig zurückgesetzte Backsteinfassade mit einem zylindrischen Skylight. Botta hat die Ausstellungsfläche des renommierten Hauses für dessen Kunstsammlung des 20. Jh. (u. a. Matisse, Klee, Beckmann, Schwitters, Grosz, Ernst, Kandinsky) verdoppelt. Fotokollektion und West Coast Artists (etwa Mark Rothko und Richard Diebenkorn). Museumshop, Museumscafé. $ 7 – **Exploratorium**, 3601 Lyon St. (Palace of Fine Arts), ℃ (415) 561-0360, Fax 561-0307, www.exploratorium.edu. Im Sommer tägl. 10–18, Mi bis 21.00 Uhr; sonst Mo geschl. Unterhaltsames, interaktives Museum für Wissenschaft, Kunst und Wahrnehmung: eine spannende Kombination aus Spielplatz und Versuchslabor – für Kinder und Nobelpreisträger gleichermaßen. (jeden 1. Mittwoch im Monat frei). $ 9 – **Under Water World**, Pier 39, ℃ (415) 546-2700 und 623-5323. Großaquarium neueren Datums mit Unterwasser-Tunnel. Eintritt $ 13. – Schiffstouren: **Blue & Gold Fleet**, Pier 41, tägl. ab 9.30 Uhr, ℃ (415) 773-1188: nach Alcatraz, Angels Island, zur Bay- und Golden Gate Bridge; Fährdienst nach Sausalito, Tiburon, Marine World/Africa USA und Oakland. Sehenswertes in diversen Stadtvierteln: **Mission Dolores**, Dolores Ave. & 16th St., tägl. 9–16 Uhr. Nach der Gründung des spanischen Presidios (1776) wurde südlich davon 1782 die Kirche gebaut; 1791 wurde sie an ihren heutigen Standort versetzt und überlebte seither alle Erdbeben. – **Castro Theatre**, 429 Castro St., ℃ (415) 621-6120. Schon von außen ein Knüller: spanisch-barocker Kinopalast von 1923. Das Interieur ist noch sehenswerter, vor allem wegen der opulenten Deckengestaltung. – Viel frische Luft: **Golden Gate Park** – die grüne Lunge der Stadt und ohne Zweifel der schönste Stadtpark Kaliforniens. Wo früher steife Westwinde hemmungslos über die Dünen pusteten, ergehen sich heute die

15. Tag – Programm: San Francisco

San Franciscaner nach Herzenslust. Besonders an Wochenenden wird der weitläufige Park zu einer einzigen Spiel- und Freudenwiese. – **Presidio National Park**, P.O.Box 29022, San Francisco, CA 94129, ℂ (415) 556-3111. Das erste und (noch) einzige zum Nationalpark umgewandelte Militärgelände in den USA: Traumhaft an der Bay gelegen (von alters her besetzt die US Army in ganz Kalifornien die schönsten Küstenpartien), verbindet der Park die Grünanlagen der Marina, die Golden Gate Bridge und das Steilufer des Pazifiks zu einem einzigartigen Naherholungsgebiet. 1776 von der spanischen Armee eingerichtet, wurde der Stützpunkt 1822 von der mexikanischen Armee besetzt; 1847 fiel er gewaltlos in die Hände der US-Armee. Neben der Anlage ausgedehnter Wander- und Radwege, sollen die bestehenden Bauten restauriert und neuen Zwecken dienlich gemacht werden – in erster Linie für ökologische Forschung und Lehre. Außerdem sind Wiederaufforstungen geplant, sobald der National Park Service die Finanzierung unter Dach und Fach hat. Lohnend auch **Fort Point**, von 1853–61 erbaut, unmittelbar unterhalb der Pfeiler der Golden Gate Bridge gelegen. Der wuchtige Bau beheimatet ein Militärmuseum und eröffnet ungewöhnliche Perspektiven auf Bay und Brücke (tägl. 10–17 Uhr). Oder: **Glide Memorial Church**, Ecke Jones & Ellis Sts. (Tenderloin District), ℂ (415) 771-6300, So 9 und 11 Uhr finden in dieser unscheinbaren Methodistenkirche die berühmten Gottesdienste des Reverend Cecil Williams mit Musik und Lightshow statt.

15. Tag – Informationen: San Francisco   Vorwahl: ℂ 415

 Dottie's True Blue Cafe
522 Jones St. (O'Farrell)
Pacific Bay Hotel, Nähe Union Square
ℂ 885-2767
Karierte Tischdecken: gemütlicher *coffee shop*, Frühstücksparadies.
$

 Borders Books & Music
400 Post St. (Powell St., Union Square)
ℂ 399-0522
Expansive Handelskette mit beachtlichem Sortiment an Büchern und CDs, gut ausgewählt zum Anfassen und Anhören.

 Britex Fabricas
146 Geary St. (Nähe Union Sq.)
ℂ 392-2910
Mo–Sa 9.30–18, Do–Fr bis 19 Uhr

Stoffe, Farben, Posamenten, Sticker und über 30 000 Knöpfe auf 4 Stockwerken: ein Formen- und Farbenrausch und Fest für die Sinne, auch wenn man nicht selber schneidern will.

 Wells Fargo History Museum
420 Montgomery St.
ℂ 396-2619
Mo–Fr 9–17 Uhr
Memorabilien vom Pony Express, aus der Goldrauschzeit und der Bankgeschichte – unter anderem findet sich hier die Nachbildung einer *stage coach*.

 Transamerica Pyramid
Montgomery St. & Columbus Ave.
Eigenwilliges Wohn- und Bürogebäude der Stadt (260 m) von William Pereira, 1972.

Tien Hou Temple
125 Waverly Place, Chinatown
Di–Sa 9–17 und 19–21 Uhr

 Fortune Cookie Factory
56 Ross Alley (Chinatown)
Tägl 10–19 Uhr
Hier kann man zusehen, wie chinesische Glücksplätzchen gemacht werden.

 Dol Ho Restaurant
808 Pacific St. (Chinatown)
Empfehlenswert für Dim Sum.

 Pacific Regent Restaurant
835 Pacific Ave. (Chinatown)
Beliebtes Lunch-Restaurant mit reicher Dim-Sum-Auswahl. $

 Ghirardelli Square
 900 North Point (beim Aquatic Park)
Shopping- und Restaurantkomplex (1962–67) in einer ehemaligen Schokoladenfabrik.

 Buena Vista Cafe
 2765 Hyde St. (Aquatic Park)
Gestandenes Café rund um den Irish Coffee; Kleinigkeiten zu Frühstück, Lunch und frühem Dinner.

 Boudin Sourdough French Bread Bakery
156 Jefferson St. (bei Fisherman's Wharf)
Mit dem *gold rush* kam auch das berühmte Sourdough-Brot nach San Francisco. Boudin war 1849 die erste Bäckerei der säuerlich-knusprigen Westküstenbaguettes.

 Coit Memorial Tower
Telegraph Hill
Tägl. 9.30–16 Uhr
Wahrzeichen San Franciscos an der Stelle einer ehemaligen Morsestation – 1934 als Anerkennung für die Leistungen der freiwilligen Feuerwehr errichtet. Innen: sehenswerte Wandmalereien zur Stadt- und Landesgeschichte. Eintritt $ 3.

 Caffè Triest
609 Vallejo St. (Grant Ave., North Beach)
Hervorragender Cappuccino, am Samstagnachmittag mit italienischen Opernarien.

 City Lights
261 Columbus Ave.
☏ 362-8193
Legendäre Buchhandlung seit den Beatnik-Tagen. Tägl. bis Mitternacht geöffnet.

 Kabuki Hot Spring
1750 Geary Blvd. (Ecke Fillmore St.)
Japantown
☏ 922-6000
Mo–Sa 10–22 Uhr
Gourmet bathing: Dampfbäder, Sauna und Shiatsu-Massage. Vorher reservieren!

San Francisco – eine Stadt für Kaffeetrinker

America's Sweetheart
San Francisco

California Crazy: Straßenparade in Los Angeles

Sehen wir uns die Stadt einmal genauer an, von der fast alle in höchsten Tönen schwelgen und die sie mit allen möglichen Kosenamen bedenken – »America's Sweetheart«, »Bagdad an der Bay« oder schlicht und stolz »The City«. Am besten geht man zu Fuß und beginnt am **Union Square**, dem grünen Vergrößerungsglas für den geschäftigen Alltag der Stadt. Ob Bänke oder Banken, Blumen oder Brunnen, Pelzhändler oder Alleinunterhalter – am Union Square haben alle und alles Platz.

Der Blick, der über das statuen- und palmenbekrönte Karree schweift, macht sich unweigerlich am mächtigen Bau des stets fahnenumflatterten, taxibelagerten **St. Francis Hotel** fest. So manche der Stadtgeschichten wurde hinter seiner Fassade geschrieben. Außer der Eleganz der Schaufenster fällt an der

südöstlichen Platzecke der gläserne Eingang zum Kaufhaus **Neiman Marcus** ins Auge, einem renommierten *department store*, der sich mit seiner farbigen Glaskuppel auch sonst alle Mühe gibt, wie ein Pariser Kaufhaus auszusehen. Weiter geht es durch **Maiden Lane**, die hohle Gasse, die neben einer Reihe hübscher Läden die von Frank Lloyd Wright erbaute **Xanadu Art Gallery** (Nr. 140) vorweisen kann. Im Sommer sitzen die Leute draußen an kleinen Tischen; Autos sind hier unerwünscht. Um die Ecke, auf Grant Avenue, findet man Galerien, Schweizer Schokolade, Püppchen in historischen Kostümen und die knusprigen »Franciscan Croissants«, deren Duft bis draußen reicht.

Geschäftige und Flaneure bilden auch das Publikum der **Crocker Galleria** am Ende von Post Street, einer dreistöckigen Glaspassage in akzeptablen Proportionen mit schicken Läden und Restaurants. Angrenzend die oberleitungsverhangene **Market Street**, die vom Schiffsanleger (Ferry Building) schnurstracks auf die Twin Peaks zuführt und das gesamte Straßenraster von Downtown im Winkel von 45 Grad kreuzt.

An Montgomery Street geht es links ab, hin zu den Büroriesen des Financial Center, die Erdbeben nicht zu fürchten scheinen, obwohl es nicht wenige San Franciscaner gibt, die sich eben deswegen diesen Kompaktanlagen bewußt fernhalten. Sie beruhigt auch nicht die

San Francisco alpin: California Street ▷

Telegraph Hill mit Coit Memorial Tower

»Schwankungsarchitektur«, von der behauptet wird, daß sie insgesamt zwölf Meter Ausschlag des Gebäudes aushalten könne.

Montgomery Street, der wichtigste finanzielle Nervenstrang der Westküste, die »Wallstreet of the West«, war einmal, als der Goldstaub hierher wehte, die matschigste Meile der Stadt. Doch der Weg vom Gold zum Geld hat vieles verändert. Wo früher Flöhe und Kaninchen herumhüpften, hasten heute seriöse Herren in gedeckten Zweireihern (mit meist zu kurzen Hosen) und hochhackige Damen zum schnellen Lunch. Während sie dann sitzen, müssen andere flitzen: die fetzigen Fahrradboten, die aus dem Finanzviertel nicht mehr wegzudenken sind, irre Derwische vom Dienst im Kampf gegen alle Verkehrsregeln, mit Sturzhelm und strammen Waden.

Der rückwärtigen Eingangsseite der Crocker-Galerie gegenüber liegt das altehrwürdige **Hallidie Building** (Nr. 130), von Willis Polk Anfang des Jahrhunderts erbaut. Wie eine Harfe überzieht die grüne Fassade den Bau, ein eindrucksvolles Filigranwerk aus schmiedeeisernen Streben, Gliederungen und Feuerleitern. Ein paar Schritte weiter steht auf der rechten Straßenseite das **Mills Building** – eine schöne Reminiszenz an die Chicagoer Architektenschule und Ende des vorigen Jahrhunderts von Daniel Burnham errichtet.

Weitaus gegenwartsbezogener gibt sich wenig später linker Hand die Hauptverwaltung der **Bank of America**, vor deren Eingang ein wuchtiges Stück Kunst am Bau lagert, das »Herz des Bankers«. Es wirkt besonders versteinert und düster, wenn sich die tiefen Schatten herabsenken – schon nachmittags, denn in den Canyons der Hochfinanz geht die Sonne früh unter.

Hinter der Kreuzung von California Street liefert das **Wells Fargo History Museum** allerlei Anschauungsmaterial aus der Zeit der Postkutschen und des raffgierigen *Ol' West*. Und den originellen Schlußpunkt des kurzen Lehrpfads durch die ansonsten eher bescheidenen architektonischen Leistungen des Financial District setzt die **Transamerica Pyramid**, ein lange umstrittener Bau, der inzwischen aber allgemein akzeptiert ist und von den Jüngern des New Age sogar als Zeichen der Zeit geschätzt wird.

Via Washington Street steht ein drastischer Themenwechsel bevor: **Chinatown**. Der **Portsmouth Square** war schon in der spanischen Kolonialzeit ein Mittelpunkt. Im Pueblo Yerba Buena, dem »Dorf der Guten Kräuter«, wie San Francisco damals hieß, lag hier die Plaza. Später wurde sie zum Herz von Chinatown, heute mit seinen rund 70 000 Einwohnern nach der von New York die größte chinesische Gemeinde in den USA. Auf der unteren Ebene des Platzes sitzen die Mütter und passen auf die Kinder auf, während oben die alten Männer ihre Leidenschaften beim

Schach-, Karten- und Mah-Jongg-Spiel entfalten.

Vorbei am Pagodenbau der **Bank of Canton** (Nr. 743), führt Washington Street zur Lebensader von Chinatown, auf die **Grant Avenue**. Man merkt ihr schnell an, wie fest sie in der Hand der Souvenirindustrie von Taiwan und Hongkong ist: billiger, manchmal aber auch kurioser Klimbim. **Waverly Place** ist eine bunte Bilderbuchstraße mit schönen, durch schwungvolle und bemalte Balkone gegliederten Fassaden einst mächtiger Familienresidenzen. Den Besuch des **Tien Hou Temple** (Nr. 125, 3. Stock) kann man für eine Art überirdische (und damit kostenlose) Reiseversicherung halten: Er ist einer taoistischen Göttin des Himmels und der sieben Meere gewidmet, der nachgesagt wird, daß sie allen Touristen Schutz bietet. Manchmal ist der Tempel geöffnet, und man kann dann die steilen Stufen hinaufsteigen, um das reiche Innenleben und den Duft der Räucherstäbchen

Window Shopping am Union Square

auszukosten. Längst hat sich **Stockton Street** zum authentischen Gegenstück von Grant Avenue entwickelt, mit überquellenden Gemüseläden, Lieferwagen, Gewürzstübchen und baumelndem Geflügel.

Auf **Pacific Avenue** steht eine Reihe von Sozialbaukomplexen aus den 50er und 60er Jahren, die wegen der billigen Mieten und der Lage inmitten der vertrauten Nachbarschaft immer noch begehrt sind. In Chinatown herrscht nicht nur Wohnungsnot; die Bevölkerung ist zudem mit mehr als einem Viertel von über Sechzigjährigen überaltert. Zu niedrige Löhne und zu lange Arbeitszeiten belasten die sozialen Verhältnisse. Der Stadtteil ist auch heute der am dichtesten besiedelte von ganz San Francisco, wo die Menschen auf engstem Raum wohnen und arbeiten – in Hinterhöfen und engen Gassen, in Miniwerkstätten, Nähstuben, Nudelfabriken und Bäckereien. Wer es sich leisten kann, zieht von hier weg in die Vororte. Doch nach wie vor dient das Viertel als Anlaufstation für die meisten Neuankömmlinge aus dem pazifischen Raum. Nicht zuletzt diese Nachrücker haben Chinatown bisher vor der Polarisierung bewahrt: zwischen Slum und Chinoiserie.

Nur einen Block entfernt wartet ein weiteres Stück San Francisco, nicht als Stadtviertel, sondern als Transportmittel: die allseits bekannte **Cable Car**. Die Fahrt mit dem Ratterding bis zum Wasser beschert nicht nur Touristen abwechslungsreiche Perspektiven, auch bei den San Franciscanern ist die unter Denkmalschutz stehende Bahn, deren Wagen größtenteils aus dem 19. Jahrhundert stammen, beliebt.

Unten am Pier wird es oft eng, denn die ehemalige Fabrik **Ghirardelli Square** ist ein bewährter Publikumsmagnet. Den Höhepunkt des Rummels bilden die **Cannery** und **Fisherman's Wharf**, das Dorado der Schnellzeichner, T-Shirt-Buden, Wachsmuseen, Flipper-

Unter akademischer Haube: Studentinnen in Berkeley

Ost grüßt West: Schulkinder in Japantown, San Francisco

säle und Massenbeköstigung. Einst lag hier Italy Harbor, der italienische Fischereihafen. Die bocciaspielenden Italiener beim Maritime Museum erinnern noch als einzige an die alten Zeiten. Schritt für Schritt wandelte sich der Hafen vom Arbeitsplatz zum Abziehbild von Hafenromantik und Seeabenteuer. Ausnahme: die Seelöwen, zudringliche laute Lümmel, die sich bei den Kuttern und Pfahlbauten tummeln.

Am **Embarcadero** entlang nähert man sich wieder langsam der Innenstadt. Die mehr oder weniger ausrangierten Lagerhallen am Wasser verraten, daß San Francisco allenfalls noch das Image einer Hafenstadt pflegt, denn während an der *waterfront* fotogene Bötchen dümpeln, werden die realen Umsätze längst im nachbarlichen Oakland erzielt, dessen Containerhafen San Francisco den Rang abgelaufen hat.

Jeder Blick über die Bucht trifft unweigerlich auf **Alcatraz**. Auch die Reste dieses ehemaligen Zuchthauses wurden einem touristischen Recycling unterzogen – mit der Folge, daß heute immer mehr nervenschwache Ausflügler hierher kommen, die das Gruseln lernen wollen.

Vielleicht bedarf es zu diesem Zeitpunkt des Rundgangs einer kleinen Stärkung angesichts der fast alpinen Aufgabenstellung, die nun (in Höhe von Levi's Plaza rechts) bevorsteht: der Aufstieg über die **Filbert Steps**. Für ein paar Minuten sieht alles so aus, als wäre man gar nicht in San Francisco – so wild begrünt sind die Stufen mit den schläfrigen Katzen, hübschen Holzhäuschen und hängenden Gärten, die am Ende zum **Coit Tower** führen. Dort belohnt eine erstklassige Aussicht die Kletterpartie: auf die Stadt, die Bucht, die Brücken. Unverkennbar ist aber

179

*San Francisco, literarisch:
Straßenschild in North Beach*

auch das rigide *grid system* der regelmäßigen Straßenführung, die die natürliche Topographie der Stadt quasi unter sich begräbt. Schon Simone de Beauvoir empfand diese Rasterung als einen »Skandal an verbissener Abstraktion«, als »ein geometrisches Delirium«. Versöhnlichere Worte findet sie allerdings über den Standort selbst: »Der Telegrafenhügel ist ein kleines Montmartre mit Malerateliers, Cafés und winzigen Villen«, schreibt sie in ihrem Reisetagebuch. Auch heute noch sind die Hänge von Telegraph Hill als Wohnadresse gefragt, der Ruhe und der tollen *bay views* wegen.

Zurück und abwärts führt wieder eine kleine Treppe, die von der Autofahrschleife abgeht, und nach wenigen Minuten endet der Tageslauf am **Washington Square**, der grünen Piazza von **North Beach**. Hier und rund um den Platz bekommt man die europäisch und asiatisch geprägte Stadtkultur von San Francisco zu spüren. Italiener und Chinesen, Senioren-Beatniks und Yuppies geben sich rund um die Uhr ein Stelldichein. Die kulturelle Melange reicht bis in die Kochtöpfe – wenn sich zum Beispiel in der Minestrone plötzlich viel Reis findet! So schnell greift Chinatown auf Italia über.

Trotz moderner Geschäftsmäßigkeit und steigender Mieten weht noch ein Hauch von altmodischer Boheme durch die Cafés, Bars und Buchläden. Mama's, Puccini, Caffè Trieste, Vesuvio's oder Tosca – nirgendwo sonst in den USA sieht man so viele Menschen lesen, reden, kritzeln, *on-line* oder der Musik hingegeben – egal ob Rock, Jazz oder Puccini.

Jäh endet die sanfte Verklärung an der Ecke von **Columbus Avenue** und **Broadway**. Hier geht's mit Peep, Punk und Porno zur Sache: eine Spätfolge der einst berüchtigten *barbary coast*, des verwegenen Hafenmilieus aus der Zeit, als das Wasser der Bucht noch bis hierhin reichte und in der Bay Hunderte von Schiffen ankerten. Deren Besatzungen waren auf und davon, um ihr Glück in den Goldminen zu suchen. Aus den verlassenen Schiffen zimmerte man Warenlager oder Unterkünfte, oder sie wurden einfach versenkt, um Bauland am Wasser zu schaffen. Auf diese Art entstand in etwas mehr als hundert Jahren neues Land für San Francisco – ein Wackelpeter aus Schiffsfriedhöfen und Geisterflotten. Daher auch der Name North Beach, obwohl längst kein Strand mehr in Sicht ist.

Schräg gegenüber dem Honky-Tonk-Rummel und den Porno-Magazinen liegt City Lights, *die* Buchhandlung und *der* Mittelpunkt der literarischen Szene seit den Tagen von Jack Kerouac, Allen Ginsberg, Laurence Ferlinghetti und anderer Beatniks, die in den 50er Jahren international Furore machten. Wer mag, der kann hier bis Mitternacht im Keller in den neuesten Lyrikbänden stöbern. ⚜

km/mi	Zeit	Route
0	Vormittag	In San Francisco: Highway 1 nach Süden durch den Sunset District und Daly City zur
43/ 27		**Half Moon Bay**
122/ 76	Mittag	**Santa Cruz** (Lunchpause). Über Capitola und Castroville Richtung Monterey. Ausfahrt über Del Monte Ave. nach
200/125	Nachmittag	Downtown **Monterey** und (Lighthouse Ave.) **Pacific Grove**. (Direkt nach **Carmel**: Hwy. 1 ein paar Minuten weiter als die Ausfahrt Del Monte Ave. und an der Ocean Ave. rechts)

Seitensprünge: z. B. über die Bay Bridge (I-80) in die Universitätsstadt **Berkeley** (*Exit* University Avenue) – Bummel über Telegraph Avenue, Besuch des attraktiven **Berkeley Art Museum**; nach Oakland (I-80, I-880) ins **Oakland Museum**, 10th & Oak Sts., (✆ 510-238-3401, Mi–Sa 10–17, So 12–19 Uhr: Architektonisch bemerkenswertes Museum mit Sammlungen zu Kunst, Geschichte und Ökologie Kaliforniens. $ 5. – Ein Besuch des ansehnlichen Campus der angesehensten Privatuni Kaliforniens, der **Stanford University** in Palo Alto (von US 101 oder I-280 aus erreichbar). – In die Hauptstadt des **Silicon Valley, San Jose**, eine der ältesten Siedlungen Kaliforniens (1777) und doch dem Zeitgeist nahe, denn die High-Tech-Welt liegt vor der Haustüre. Lohnend der Besuch des **Tech Museum of Innovation**, 201 S. Market St., San Jose, CA 95113, ✆ (408) 795-6100, Fax (408) 279-7167, www. thetech.org., Di–So 10–17 Uhr. Ab Juli 1999 täglich. Dieser »Themenpark für das Gehirn« bietet IMAX-Kino, Lernzentrum und interaktive Möglichkeiten wie Animation, Videobearbeitungen etc. Eintritt $ 6. – Oder man fährt nach Salinas zum **National Steinbeck Center**, 1 Main St., Salinas, CA 93901, ✆ (831) 796-3833, www.steinbeck.org, tägl. 10–17 Uhr. Museum, Bibliothek und Archiv, 1998 in der Altstadt von Salinas eröffnet, widmen sich dem Leben und Werk des kalifornischen Autors, der 1902 zwei Blocks von hier entfernt geboren wurde. Viele Werke seiner Erzählliteratur haben Salinas und Umgebung zum Schauplatz: »East of Eden« ebenso wie »Of Mice and Men« oder »The Red Pony«; auch »Cannery Row«, »The Grapes of Wrath« und »The Harvest Gypsies«, »The Pearl«, »The Forgotten Village« und »Viva Zapata«. Seminare, Lesungen, Führungen. Restaurant und Museumsshop. $ 7

16. Tag: Informationen

 Año Nuevo State Reserve
New Years Creek Rd. (ab Hwy. 1)
ca. 30 km/19 mi nördl. von Santa Cruz
℡ (415) 879-0227 und 1-800-444-7275
Tägl. 8 Uhr bis Sonnenuntergang
Einsamer Strand und Dünen, felsige Küste. Geschützte Brutstätte der See-Elefanten, deshalb während der Brutzeit (Anfang Dezember bis Ende April) nur mit Führungen und Voranmeldung.

 Shadowbrook Restaurant
1750 Wharf Rd.
Capitol
℡ (831) 475-1511
Kämen Schneewittchen und die sieben Zwerge zum Dinner, hier wären sie gut aufgehoben: hübsches Ambiente, passable Menüs. Kein Lunch; dafür So Brunch. $$–$$$

Monterey/Carmel   Vorwahl: ℡ 831

 Monterey Peninsula Chamber of Commerce
380 Alvarado St.
Monterey, CA 93940
℡ 648-5360
Fax 649-3502
Hier bekommt man Infos aller Art, auch einen Tourenplan für die Lehmziegelhäuser.

 Monterey Hotel
406 Alvarado St.
Monterey, CA 93940
℡ 375-3184 und 1-800-727-0960
Fax 373-2899
Angenehmes Haus, Nähe Altstadt und Fisherman's Wharf. $$$

 Andril Fireplace Cottages
569 Asilomar Ave.
Pacific Grove, CA 93950
℡ 375-0994
Fax 655-2693
Freundliche Hütten im Wald an der Südspitze der Halbinsel, abends grasen die Rehe vor der Tür. $$

 Seven Gables Inn
555 Ocean View Blvd.
Pacific Grove, CA 93950
℡ 372-4341
Staatlicher gelber Viktorianer (1886) am Wasser mit überbordender englischer Antiquitäten-Ausstattung. Pünktlich 16 Uhr wird der English-Style High Tea gereicht. $$$$

 Lighthouse Lodge and Suites
1150 Lighthouse Ave.
Pacific Grove, CA 93923
℡ 655-2111 und 1-800-40-RESORT
Fax 655-4922
Schön gelegenes Motel im rustikalen

Hüttenstil mit offenen Kaminen, Whirlpool, Pool, Sauna, kleinem Frühstück
und geselligen Käse- und Weinpröb-
chen am Nachmittag. Im Sommer ein
paar Wochen vorher reservieren. $$$

Highlands Inn
Hwy. 1
Carmel Highlands, CA 93921
ℂ 624-3801
Fax 626-1574
Luxuriöse Herberge mit traumhaften
Ozeanblicken, 2 Restaurants, Pool, Fit-
neßstudio. $$$$

Carmel By the River RV Park
27680 Schulte Rd. (7 km/4 mi östl. von
Carmel)
Carmel, CA 93923
ℂ 624-9329
Campingplatz im Carmel Valley. $ 30

Saddle Mountain Recreation Park
Schulte Rd.
Carmel, CA 93923
ℂ 624-1617
Noch ein Campingplatz in Carmel. $ 30

Monterey Bay Aquarium
886 Cannery Row
Monterey, CA 93940
ℂ 648-4888 und 1-800-756-3737
www.mbayaq.org
Tägl. 10–18, im Sommer 9.30–22 Uhr
Eindrucksvolle Präsentation der mariti-
men Bevölkerung der Bay: Seeotter,
Haie, Salme etc. Auch einige Betriebs-
geheimnisse des Aquariums werden
verraten (Fütterung und Pflege der Tie-
re etc.) Am Wochenende Reservierung
ratsam. Eintritt ca. $ 15

Old Fisherman's Grotto
39 Wharf
Monterey
ℂ 375-4604
Fischrestaurant auf dem alten Pier,
berühmt für seine tatsächlich köstliche
Clam chowder-Suppe.
$–$$

The Fish Hopper
700 Cannery Row
Monterey, CA
ℂ 372-8543
Mittendrin und überm Wasser der Bay:
Fisch etcetera. $$–$$$

Cannery Row
Die durch John Steinbeck zu literarischen
Ehren gekommene Hafenstraße ist heute
eine Touristenzeile mit modernen Park-
häusern, Wohnblocks und dem Monterey
Bay Aquarium, dessen Neubau die letzte
Konservenfabrik vom Platz fegte. 1850
als eine Siedlung chinesischer Fischer
entstanden, entwickelte sie sich zum Zentrum der Fischkonservenindustrie. Heute
haben T-Shirts die Sardinen ersetzt.

Tinnery
631 Ocean View Blvd. (Lover's Point
Park)
Pacific Grove
ℂ 646-1040
Schön gelegen für alles: Frühstück,
Lunch und Dinner. $$

Rio Grill
Highway 1 und Rio Rd., Carmel
ℂ 625-5436
Vorzügliches Essen, nette Bedienung,
Bar. Lunch, Dinner, *Sunday brunch*.
$$

Casanova
5th Ave. zwischen San Carlos & Mission
Sts.
Carmel
ℂ 625-0501
Gemütliches Plätzchen mit variabler
Küche mit mal französischem, mal itali-
enischem Einschlag. $$$

Tutto Buono
469 Alvorado St.
Monterey
ℂ 372-1800
Wechselnde Specials, verläßliche Qua-
lität amerikanisch-italienischer Gerich-
te. $$

16 Artischocken und Ölsardinen
Von San Francisco nach Monterey

Streng genommen, läßt der Highway One auf seinem Weg nach Süden San Francisco links liegen. Zwar sichert er sich noch die schönen Perspektiven der Golden Gate Bridge, der grünen

Die Küste von San Mateo County

Gefilde des als Nationalpark geläuterten ehemaligen Militärgelände des Presidio und der lieblichen Anlagen des Golden Gate Parks – aber dann verdrückt sich die Straße schnurstracks aus der Stadt.

Wer ihr die Treue halten möchte, der startet hier im **Sunset District**, genauer gesagt auf der 19th Avenue südlich des Parks. Von den meisten Besuchern wird dieses Viertel, wo im Sommer der Nebel zuerst hinzieht und sich zu allerletzt wieder auflöst, eher vernachlässigt. Seine Straßen sind Block für Block so regelmäßig gerastert, daß sie das all-amerikanische *grid system* fast schon parodieren. Auch die Bebauung entbehrt nicht der Komik, wie jeder kleine Schlenker durch die Seitenstraßen belegt. Viele Straßenzüge wirken wie ein Reihenhaus-Hollywood. Nirgendwo in San Francisco wurde so tief in die Trickkiste verfügbarer Ornamente gegriffen. Häuser in spanischer oder französischer Manier, als Tudor-Schlößchen oder altdeutsches Knusperhäuschen – alles geht hier.

Das Potpourri hat seine Gründe. Die rund 35 000 eigenwilligen Heime des Sunset District entstanden in der postviktorianischen Phase, das heißt nach 1918. Damals siedelten viele Flüchtlinge aus Osteuropa; heute sind es Einwanderer aus Südostasien. Da es zum Hausbau keines Architekten bedurfte, beauftragte man die Handwerker – Maurer und Zimmerleute – mit der individuellen Gestaltung. Die zückten ihre Katalogvorlagen und boten die dekorativen Details des halben Abendlandes zur gefälligen Auswahl an. Nach Vollendung lagerte man dem wohnlichen Machwerk adrette Gärtchen vor die Tür: manikürte Rasenflächen und genauestens beschnittenen Pflanzenschmuck.

Weiter südlich fädelt sich der Highway kurz in die Interstate 280, um danach (erst) als Cabrillo Freeway und (dann) in Höhe von Daly City als Cabrillo Highway eigene Wege zum Wasser zu gehen, zum Beispiel zur **Half Moon Bay**, dem Dorado der golfenden Wochenendler aus der Bay Area. Die Gemeinde selbst spielt inzwischen die Rolle eines Vororts vom Silicon Valley. Ringsum entfaltet sich lieblich gewellte Landschaft, im Frühjahr grün mit Himmelsblau, so weit das Auge reicht. Knorrige Bäume mit ausladenden Kronen stehen herum, dazwischen Raps, Blumenwiesen und weidende Kühe. Auf der Meerseite ziehen schöne Sandbuchten vorbei, meit zuvorkommend kultiviert mit kleinen Herzhäuschen.

Die **Pigeon Point** Road führt zum gleichnamigen Leuchtturm, Baujahr 1891 und damit der dienstälteste in Kalifornien, in dessen Windschatten,

neben Kürbisfeldern, eine Jugendherberge eingezogen ist.

Vor Davenport verlocken hier und da kleine Straßen zu Abstechern. Beispielsweise zum **Año Nuevo State Reserve**, der beliebten Kolonie von Tausenden von See-Elefanten, die ausschließlich an diesem Ort der Erde an Land gehen, um ihre Jungen zur Welt zu bringen, und zwar regelmäßig zwischen Dezember und April. Die tonnenschweren, auf dem Sand aber erstaunlich beweglichen Kolosse gehören zu den gewichtigsten in der Familie der Robben; erwachsene Männchen bringen es auf über fünf stolze Meter. Unverwechselbares Kennzeichen der fulminanten Säuger: der aufblasbare Nasensack.

Der Aufstieg von **Santa Cruz** vollzog sich von einem alten Pueblo rund um die Plaza der Missionskirche (1791) über ein wichtiges Handelszentrum für

»Carmel touch«: Zypressen am Strand von Carmel

»Tischlein-deck-dich«: Highlands Inn, Carmel

die umliegenden *ranchos* und einen Seehafen für den Holztransport bis hin zur abwechslungsreichen, in ihren Ausmaßen wohltuend übersehbaren Universitätsstadt mit 49 000 Einwohnern.

Für einen ersten Eindruck, auf jeden Fall aber für eine Kaffeepause gut geeignet ist das Leben und Treiben auf und rund um die **Garden Mall**, dem Vorzeigeparadies für Flaneure verschiedenster Couleur, das es verstanden hat, sich die Autos vom Halse zu halten. Wer mehr oder anderes sehen möchte, sollte zum Strand am Pier fahren, dort vielleicht im Vergnügungspark den *Giant Dipper* auskosten oder einfach faulenzen. Der Santa Cruz Beach Boardwalk zählt zu den ältesten Anlagen dieser Art in Kalifornien; seine Anfänge als eine Reihe von Badehäuschen, die man mieten konnte, reichen ins Jahr 1868 zurück. Den Pier halten die Angler besetzt,

die an den Waschtischen ihren Fang gleich aufbereiten können. Die Innereien (Babyhaie gelten hier als Delikatesse) werden von im Wasser herumlungernden Seelöwen sofort verwertet.

Capitola, der gemütliche Badeort, ist zwar Begonienzüchtern ein Begriff, ansonsten aber liegt es im toten Winkel der meisten Reiseführer über Kaliforniens Küste. Dabei entspricht eigentlich alles hier europäischem Geschmack und Dimensionen: die Strände, der Pier, die Restaurants, die kunterbunten Häuschen, von denen viele ein bißchen an Liliput erinnern. Überall kann man bequem zu Fuß hinlaufen. In unmittelbarer Nähe laden übrigens gleich mehrere Strände ein, auch zum Surfen: Seacliff Beach zum Beispiel.

Dicht am Wattenmeerrand erhebt sich das klotzige Kraftwerk von Moss Landing, einer Abschußrampe für

Das alte Monterey: Vasquez Adobe an der Dutra Street

Raketen nicht unähnlich, die zur maritimen Idylle zwischen Dünen und Marina wie die Faust aufs Auge paßt.

Danach folgen schier endlose Artischocken- und Fenchelfelder mit emsigen *farmhands,* Trucks, Landmaschinen, Scheunen und Schuppen. Die Artischocken, ursprünglich aus Italien eingeführt, machten in Kalifornien Furore; der Westküstenstaat wurde zum Hauptlieferanten für die USA. Alljährlich im September feiert denn auch Castroville sein Artischocken-Festival. 1947 gab es einen besonderen Höhepunkt: Die damals noch unbekannte Marilyn Monroe wurde hier zur *Miss Artichoke* gekürt ...

Wir sind im Salinas-Tal, in *Steinbeck Country,* dem Wohnort des weltbekannten Schriftstellers und zudem Schauplatz seines 1952 erschienenen Romans »East of Eden«.

Del Monte Avenue bildet das Einfallstor zu **Monterey,** der einstigen Landeshauptstadt. Rechts, jenseits der Dünen, schimmert die Bucht – die »blaue Schüssel«, wie Steinbeck sie nannte –, über die Wildblumen ihren *magic carpet* ausrollen, ein natürliches Patchwork von Sukkulenten, die die ganze Farbskala ausschöpfen: violett, rot, orange, gelb und grün.

»The Old Pacific Capital«, so nannte Robert Louis Stevenson Monterey nach seinem kurzen Besuch am Ende des vorigen Jahrhunderts, obwohl es dies zu jenem Zeitpunkt schon lange nicht mehr war. Die Stadt muß ihm sehr geschichtsträchtig vorgekommen sein. Heute läßt sich das vor allem im alten Kern noch nachempfinden, denn er erweist sich als ein wahres Schatzkästlein für den Freund spanischer Kolonialarchitektur, besonders wegen seiner historischen Lehmziegelhäuser, die zwischen dem Custom House und der Whaling Station am Hafen und der Innenstadt liegen.

Wer die quicklebendige Meeresbevölkerung den stummen Zeugen der Geschichte vorzieht, der wird im **Monterey Bay Aquarium** seine helle Freude haben. Es zählt zu den größten und am pfiffigsten gestalteten Aquarien in den USA. **Cannery Row**, die bekannteste Adresse in Monterey, war früher tatsächlich einmal die »Straße der Ölsardinen«. Heute ist sie eher eine Enttäuschung, denn außer ein paar fotogenen Wellblechhallen hat die touristische Nutzung der poetischen Einbildungskraft inzwischen klar den Rang abgelaufen. Steinbeck, Erfinder ihrer literarischen Aura, hat diesen Funktionswechsel selbst einmal beschrieben: »Die Fischkonservenfabriken, die früher ekelhaft stanken, gibt es nicht mehr. An ihrer Stelle stehen Restaurants,

Antiquitätenläden und dergleichen. Sie fangen Touristen ein, nicht Sardinen, und diese Gattung ist nicht so leicht auszurotten.« An einem Fischlokal steht »Steinbeck Lobster Grotto«. Das reicht eigentlich.

Man sollte es also kurz machen mit dem Rummel um die Sardinen und lieber am **Ocean View Boulevard** entlangfahren oder -gehen, zum Beispiel in Richtung Point Pinos Lighthouse von **Pacific Grove**, einer der Lieblingsplätze für Millionen bunter Flattermänner, die Monarch-Schmetterlinge, die sich hier zwischen Oktober und März zu treffen pflegen. Die Straße streift den schwarzblauen Ozean, die *ice plants* und die feuerroten Kerzenblüten der *aloe vera*, die besonders im Winterlicht kräftig brennen. ☀

Feuerrote Kerzen an der »Blauen Schüssel«: Aloe vera in Pacific Grove

km/mi	Zeit	Route

0   8.30 Uhr   In Monterey: Man erreicht den **17-Mile Drive** entweder vom Ortsteil Pacific Grove aus (durch Pacific Grove Gate) oder vom Hwy. 1 aus (Highway 1 Gate) südlich der Stadt. Von ihm aus weiter nach

32/ 20   **Carmel** an der Ocean Avenue, die rechter Hand zum Wasser führt, links zur Junipero Ave. Diese rechts (nach Süden) zur **Mission** (Kirche und Gärten ca. $1/2$ Std.) und weiter in Fahrtrichtung zum Hwy. 1 zum **Point Lobos State Reserve** (Wanderung ca. 1 Std.)

74/ 46   Mittag   **Big Sur** (Lunch, 1 Std.). Durch Lucia, **San Simeon** und **Cambria** (zur Ortsdurchfahrt, hier kurz den Highway verlassen) nach

248/155   Nachmittag   **San Luis Obispo**. (von Big Sur nach San Luis Obispo: ca. 3 $1/2$ Std.)

Extra: Gut für einen reizvollen Zwischenstopp: der weitgehend unbekannte **Montana de Oro State Park**, © (805) 528-0513, südlich von Morro Bay. Vom Hwy. 1, kurz nachdem dieser landeinwärts nach San Luis Obispo einlenkt, rechts über South Bay Blvd. und wieder rechts an der Pecho Valley Rd. bis zu deren Ende. Auf diesem schönen Fleckchen kann man durch duftende Eukalyptuswälder zu den felsigen Buchten, den Dünen und Stränden wandern, campen und reiten. $ 5

17-Mile Drive
zwischen Carmel und Pacific Grove
Pebble Beach, Seal Rock, Cypress Point
und Lone Cypress: ein perfektes Stück
Kalifornien für $ 7.50.

 **Mission San Carlos Borromeo del
Rio Carmelo**
3080 Rio Rd.
Carmel
Mo–Sa 9.30–16.30, So 10.30–16.30 Uhr
Bilderbuchkirche von 1770 mit bemer-
kenswerten Gärten und asymmetri-
schen Kirchtürmen.

 Point Lobos State Reserve
Carmel, CA 93923 (ca. 10 km/6 mi südl.
 von Carmel am Hwy. 1)
℃ (831) 624-4909
Im Sommer tägl. 9–19, im Herbst 9–18,
sonst 9–17 Uhr
Naturschutzgebiet; Wanderwege (Zy-
pressenhaine, Vogelinsel, Seelöwen) an
den Klippen am Meer; Führungen. $ 7

 Julia Pfeiffer Burns State Park
Big Sur (Highway 1)
℃ (831) 667-2315 und 667-2316
Tägl. 9 Uhr – Sonnenuntergang
Am Big Sur River. Wanderfreunde werden den **Ewoldsen Trail** zu schätzen
wissen, einen rund 4 mi langen, mittel-
schweren und nur teilweise anstren-
genden Rundkurs durch Redwood-
Regenwälder und offenes Grasland
(Anstieg: über 500 m) zu herrlichen
Aussichten auf Küste und Meer (an
nebelfreien Tagen, versteht sich). Im
Winter guter *vista point* zur Beobachtung der wandernden Grauwale. Eintritt $ 6

 Ventana Country Inn
Nähe Hwy. 1
Big Sur, CA 93920
℃ (831) 667-2331 und 1-800-628-6500
Fax 667-2419
Unterschlupf vieler Stars in der *wilder-
ness*. Traumhaft gelegen, mit hervorra-

gendem Restaurant ($$$), Pool, Sauna,
Fitneßstudio. Vorher reservieren! $$$$

 Nepenthe
Hwy. 1, Big Sur
℃ (831) 667-2345
Terrassen-Restaurant mit faszinieren-
dem *Cliffhanger*-Blick hoch über dem
Pazifik. $$

 Hearst Castle
Nähe Hwy. 1
San Simeon, CA 93452
℃ (805) 927-2000 und 1-800-444-4445
Herrschaftliches Bauensemble aus Villen, Wasserbecken, Terrassen und Tem-
peln mit englischen, spanischen, pom-
pejanischen und griechischen Anleihen
– das schaurig-schöne Schatzkästlein
eines amerikanischen Kunstfreundes.
Nach Hearsts Tod fiel der Palast 1951
dem Staat zu. Geschmack hin, Geschmack her – niemand wird so leicht
der Versuchung widerstehen, einfach in
den Super-Pool zu springen! $ 13

Superpool: Hearst Castle bei San Simeon

 Moonstone Beach Drive Vista Point
Nähe Hwy. 1
 Cambria
Überblickt San Simeon State Beach,
benannt nach den hier gelegentlich
auffindbaren Mondsteinen. Wanderwege. Guter Platz zum *whale watching*.

Carmel Mission: Junipero Serra liegt hier begraben

San Luis Obispo   **Vorwahl:** ✆ 805

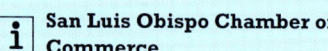 **San Luis Obispo Chamber of Commerce**
1039 Chorro St.
San Luis Obispo, CA 93401-3278
✆ 781-2777
Tägl. 9–17 Uhr

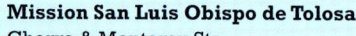 **Mission San Luis Obispo de Tolosa**
Chorro & Monterey Sts.
Tägl. 10–16, im Sommer 9–17 Uhr
1772 gegründet. Wie bei der nicht weit entfernten Mission La Purisima kam es auch hier zu Auseinandersetzungen mit den Indianern, nicht mit den Neugetauften, sondern mit rivalisierenden Stämmen außerhalb der Mission. Diese beschossen die Holzbalken des Kirchendaches mit brennenden Pfeilen. Die Padres reagierten und fertigten feuerresistente Ziegel für das neue Dach – mit dem Nebeneffekt, daß das Wasser so ablief, daß die Adobewände geschützt blieben. Heute Gemeindekirche.

 Apple Farm Inn
2015 Monterey St.
San Luis Obispo, CA 93401
✆ 543-4000
Fax 541-5497
Gepflegte Unterkunft im Landhausstil. Pool, Whirlpool, gutes Restaurant. $$$$

 Best Western Somerset Manor & Cafe
1895 Monterey St.
San Luis Obispo, CA 93401
✆ 544-0973
Fax 541-2805
Einwandfrei, volles Frühstück eingeschlossen. $$

 Shopping: im Umkreis der Kreuzung Chorro & Monterey Sts. (bei der Mission), z.B. entlang Higuera.

 Cafe Roma
1020 Railroad Ave.
✆ 541-6800
Beliebt, gemütlich, solide Küche. $$

West Coast Highlights

Kaliforniens Schokoladenseite: Big Sur

Die Fahrt über den **17-Mile Drive** serviert ein Stück Kalifornien in Reinkultur – eine Bilderbuchstrecke mit schäumenden Buchten, prächtigen Farben und makellosen Golfplätzen.

Was die meisten schätzen, wurmt wiederum andere, die den gebührenpflichtigen Parcours für modernes Raubrittertum halten: er sei weder ein State Park noch ein Naturschutzgebiet, sagen sie, sondern Ergebnis der geschäftstüchtigen Allianz betuchter Anlieger, die sich das Defilee der Besucher auf ihrem Anwesen auch noch vergüten lassen.

Wie dem auch sei, für ein paar Dollar darf man in den **Del Monte Forest** und **Pebble Beach** eindringen und den mit windgebeutelten Zypressenästen theatralisch garnierten Küstenstreifen in Augenschein nehmen. Von einem *vista point* zum nächsten läuft die Szenenfolge dieses Landschaftsfilms, bei dem man übrigens auf den Parkplätzen meist die Leute wiedertrifft, die man schon vom vorhergehenden kennt. So gut besucht die Haltepunkte längs der Strecke alle im Sommer sind, so schmal und geregelt ist der Verlauf. Ein gelber Strei-

Der meistfotografierte Baum Kaliforniens: Cypress Point am 17-Mile Drive

California light: Big Sur von Süden aus gesehen

fen auf der Straße gilt als Richtschnur, denn die Landbesitzer lieben die zahlenden Gäste verständlicherweise nur aus der Distanz.

Ob als Sommerresidenz oder als Alterssitz, das schöne **Carmel-by-the-Sea** bezaubert sofort alle, die mit ihm in Berührung kommen. Das scheint sich herumgesprochen zu haben, denn in der Hauptsaison sind die Motels und B&Bs notorisch voll. Dann drängeln die Menschen durch die exklusiven Einkaufsviertel, wo es vom Prestige-Leibchen für daheim mit Aufdruck *Carmel-by-the-Sea* bis zu sündhaft teuren italienischen Schuhen für Geld so ziemlich alles gibt.

Kurz, das Städchen liefert eine perfekte Anschauung vom *California*

living de Luxe, vor allem **Beach Avenue**, die elegante Geschäftsstraße der Galerien, Boutiquen und Gasthöfe im Tudor-Stil. Clint Eastwood, der kinematographische Mythenhändler, spielte hier einst den Bürgermeister. Am schneeweißen Strand stehen perfekt gestylte Zypressen, die für den luxuriösen *Carmel touch* aller Fotos von hier sorgen. Und **Junipero Avenue** tischt die »Crème Carmel« des Wohnens hinter Kiefern und Zypressen auf. Die Villen haben meist keine Hausnummern und manche strahlen noch viel von der guten alten Zeit am Anfang des Jahrhunderts aus, als Carmel Kaliforniens berühmtester Boheme-Treff war. Der literarische Zirkel schloß unter anderen Mary Austin und George Sterling ein;

Upton Sinclair und Jack London zählten zu den Gästen. »Carmel, das von hungrigen Schriftstellern und unerwünschten Malern gegründet worden war, ist jetzt eine Gemeinde der Wohlhabenden und Pensionierten. Wenn die Gründer wiederkämen, könnten sie es sich nicht leisten, hier zu leben. Aber so weit käme es gar nicht. Man würde sie sofort als verdächtige Elemente aufgreifen und über die Stadtgrenzen abschieben«, schrieb John Steinbeck bereits 1961. Und so ist es. »Carmel is for the newly wed and the nearly dead«, lautet ein beliebter Witz über den Ort, der legendär wurde für das, was ihm fehlt – Neonreklamen, Straßenbeleuchtung und häßliche Architektur. Mehr noch: Profanes wie Essen auf der Straße oder gar *fast food* sind verpönt. In einer Broschüre wird gewarnt: EATING ON THE STREET IS STRONGLY DISCOURAGED.

Die ansehnlichen Blumengärten und pittoresken alten Gemäuer der **Carmel Mission** passen voll ins erlesene Stadtbild: inmitten von Bougainvilleen, Kakteen und Lilien. Die Missionskirche wurde 1770 von Don Gaspar de Portolá und Pater Junipero Serra geschaffen, der hier starb.

Der bei vielen Kennern der Küste als Geheimtip geltende **Point Lobos** erhielt seinen Namen von den Seelöwen, die hier seit alter Zeit das zerklüftete und mit windzerzausten Monterey-Zypressen bewachsene Terrain bevölkern, zusammen mit Pelikanen, Möwen, Kormoranen und Seeottern, deren Fell bei Jägern und Trägern stets begehrt war, so daß diese Spezies heute unter strengem Schutz steht. Die reizvolle Öko-Oase muß man zu Fuß durchstreifen; viele halten sie für eine der schönsten Stellen an der kalifornischen Küste. Es heißt, ihre wilde Naturszenerie hätte

Robert Louis Stevenson zu seinen Landschaftsdarstellungen der »Schatzinsel« inspiriert. Zahlreiche Trails winden sich durch Krüppelhölzer und moosbehangene Monterey Pines.

Wo **Big Sur** eigentlich beginnt, läßt sich nicht so leicht sagen; einen zusammenhängenden Ort gibt es nicht, ein Schild schon gar nicht. Eher bilden die malerischen Elemente der Küstenregion die Einheit: als sinnliche Erfahrung. Die Spanier waren topographisch auch nicht sehr präzise, denn mit der Bezeichnung *Río Grande del Sur* war lediglich »der große Fluß südlich« (von Monterey) gemeint. Lange blieb die Gegend unzugänglich; bis ins frühe 19. Jahrhundert wohnten die Esalen-Indianer hier, die aber an den von den Weißen eingeschleppten Krankheiten starben. Dann tauchten sporadisch Siedler auf, die man für Eskapisten hielt, und erst ab 1920, als Sträflingskolonnen aus dem St.-Quentin-Gefängnis damit begannen, den Highway anzulegen, belebte sich die Küstenregion. Zunächst durch eine bunte Boheme aus Schriftstellern, Malern und Künstlern, die in den 30er und 40er Jahren die landschaftlich großartige Region zu schätzen wußten.

Später drohte aus dem Refugium der sanften Pioniere ein Touristen-Strip zu werden. »Wer sich hier niederläßt, hofft, daß er der letzte Eindringling ist«, schrieb Henry Miller ahnungsvoll, einer der prominentesten Anwohner des berühmten Küstenstreifens. Ihn plagten Schreckensvisionen: »Was mit jungfräulicher Bescheidenheit begonnen wurde, droht als Goldgrube für Reisebüros zu enden. Die ersten Ansiedler starben weg. Sollte ihr Landbesitz in kleine Parzellen aufgeteilt werden, kann sich Big Sur schnell zu einem Vorort (von Monterey) entwickeln, mit fahrplanmäßigem Omnibusverkehr, Wurstbratereien, Tankstellen, Filialbetrieben und all dem anderen widerlichen Firlefanz, der einen Vorort so schauderhaft macht«, notierte er in seinem Buch »Big Sur und die Orangen des Hieronymus Bosch«.

Nun, trotz der jährlich drei Millionen Besucher schlägt sich Big Sur noch ganz tapfer. Dennoch sind die Bewohner auf der Hut. Auf keinen Fall soll sich hier wiederholen, was durch hektische Bauwut an den Ufern von Lake Tahoe passierte. Aber in der 3 000-Seelen-Gemeinde ist man sich durchaus uneins, wie dies verhindert werden soll. Kann man die Dinge in den Griff bekommen und die Entwicklung neuer Motels und Privathäuser stoppen, oder muß der Staat helfen, indem er Big Sur zum Nationalpark macht? Letzteres nicht, sagen die meisten *locals* dickköpfig: »DON'T YELLOWSTONE BIG SUR«. Sie wollen nicht offiziell naturgeschützt werden.

Dabei gab es schon früher Versuche in dieser Richtung. Auch Ansel Adams war einer derjenigen, die Big Sur unter Staatsschutz stellen wollten. Dabei wird der größte Teil des Landes ohnehin schon längst vom Natural Forest Service verwaltet, ist also praktisch öffentliches Land.

Es gibt kaum einen himmlischeren Ort an der Straße als die Terrasse von **Nepenthe** hoch auf der felsigen Steilküste. Wenn die Kolibris in den Bäumen zirpen, die Windglocken läuten und Händels Wassermusik vom Speiseraum herüberklingt, dann ist es Zeit, den berühmten *Ambrosiaburger* zu versuchen, um die höheren Sphären auch kulinarisch zu untermauern.

Ab und zu taucht in der Traumlandschaft auch Handfestes auf, zum Beispiel die hübschen Hexenhäuschen des **Deetjen's Big Sur Inn**. Wenn der Schornstein raucht, liegt die Vermutung nahe, daß ich drinnen gerade wieder etwas Feines gekocht wird. Der

Berge und Meer in den Santa Lucia Mountains

norwegische Immigrant Helmuth Deetjen baute sich in den 30er Jahren hier seine Hütte, die sich inzwischen vermehrt hat und bei Ausflüglern als beliebte Bleibe gilt.

Nur selten stören Spuren der Zivilisation die urwüchsige Schönheit dieser hinreißenden Strecke, und wenn, dann äußerst behutsam. Das **Esalen Institute**, die weltberühmte Hochburg der Psychotherapie am Steilufer, geht da mit gutem Beispiel voran. BY RESERVATION ONLY, läßt man die Passanten auf einem Schild wissen. Exklusivität, bitteschön! 1962 gegründet, ist das Institut ein Top-Trainingscamp der Selbsterfahrung und Bewußtseinserweiterung im Sinne des *human potential movement*. Mehr noch als die Holzhütten, Werkstätten und Gemüsegärten des Instituts gelten die dampfenden *hot tubs* als Wahrzeichen einer Gegenwelt zum Alltagsstreß der westlichen Lebensstile – entspannende Bäder aus Schwefelquellen, die übrigens schon

die Küstenindianer zu Heilzwecken nutzten.

Meditation, Gruppentherapie, Hypnose und *sensitivity training* gehören zum anspruchsvollen Programm von Esalen, wo einst namhafte Leute wie Aldous Huxley, Carlos Castaneda, Timothy Leary und der Gestalttherapeut Fritz Perls lehrten.

Tausendfach versuchen die buschigen Lampenputzer an den Hängen die *land slides* zu verhindern, die hier immer wieder vorkommen. Schilder warnen davor: SLIDE AREA. Manchmal kommt es so schlimm, daß der Highway gesperrt werden muß.

Die Streckenführung hart am Rand des Kontinents bleibt sich bis **Ragged Point** gleich: eine ins Horizontale verlegte Achterbahn. Statt magenaufwühlendem Rauf und Runter erzeugt sie mal quietschende Reifen, mal Absturzängste – also die psychosomatische Begleitmusik für die atemberaubenden *vistas* und Perspektiven auf Küsten und Klippen des Pazifiks.

Wie ein fernes Märchenschloß thront wenig später auf den Bergen zur Linken **Hearst Castle**, ein pompöses Unikum, das amerikanische Touristen geradezu magisch anzieht. Alle haben den Film »Citizen Kane« gesehen und von Patty Hearst gehört, der Tochter des einstigen Pressezaren, der sich mit seinem privaten Zauberbergschloß ein Denkmal setzte – ein durch und durch eklektisches übrigens, denn alle möglichen Baustile der Menschheitsgeschichte sind dort droben wiederauferstanden. Die Hearst Corporation plant zur Zeit die Entwicklung des familieneigenen Geländes zu Füßen des Schlosses rund um San Simeon zu einer Ferienanlage mit Resort Hotel und Golfplatz. Die ehrgeizigen Pläne werden vermutlich von der California Coastal

Gastlichkeit: Die »Pines Lodge« in Cambria

Commission gestutzt; verhindern wird sie die eine Beeinträchtigung des letzten unentwickelten Küstensteifens freilich nicht.

Nicht weit entfernt liegt **Cambria** mit seinen zum Teil noch alten Holzfassaden, ein bunter Ort, der viele stadtmüde Kalifornier in seinen Bann gezogen hat. Bei **Morro Bay**, in die der wuchtige Morro Rock wie von Riesenhand geworfen und hineingeplumpst zu sein scheint, taucht hinter den Dünen wieder der der tiefblaue Ozean auf.

Am Weg liegt dann die Ausfahrt zum **Montana d'Oro State Park**, der die landschaftliche Steigerungsform des ringsum Sichtbaren mit sich bringt: ein selten schönes Stück Land am Meer zum Spazieren und Laufen, Sitzen und Schauen.

Während der letzten Meilen dieses Tages wundert es nicht, daß das gepflegte Ranchland bei San Luis Obispo

Träume weckt – von einem unschuldig-ländlichen Kalifornien ohne *rush hour*, *urban sprawl* und *billboards*. An den Küsten im Süden geht's schon lange nicht mehr ohne das; schließlich leben über 80 Prozent aller Kalifornier nur wenige Kilometer vom Pazifik entfernt.

In **San Luis Obispo** geht das Leben meist einen gemächlichen Gang. Nirgendwo merkt man das unmittelbarer als auf der **Mission Plaza**. Auf Wegen und Holzstegen dieser reizvollen Kleinstadt zu Füßen der Santa-Lucia-Berge kann man von hier am lauschigen Creek entlanglaufen – ein stilles Vergnügen, das verständlich macht, warum viele gestreßte Intellektuelle in den Metropolen Südkaliforniens gerade mit diesem Ort liebäugeln. Fern von Hektik und Highways sehen sie San Luis Obispo als Fluchtpunkt ihres ersehnten Seelenfriedens. ✺

<table>
<tr><td colspan="2">

18. Tag – Route: San Luis Obispo – Mission La Purisima – Solvang – Los Olivos – Santa Barbara (216 km/135 mi)

</td></tr>
</table>

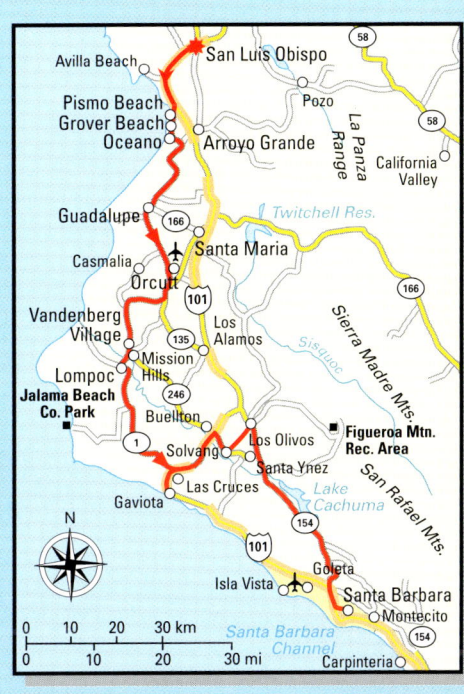

km/mi	Zeit	Route
0	Vormittag	In San Luis Obispo: US 101 nach Süden zum
11/ 7		**Madonna Inn.** Weiter nach Pismo Beach. Dort auf Hwy. l zum
38/ 24		**Pismo State Beach**, Guadalupe, durch die Vandenberg Air Force Base Richtung Lompoc, von dort zur
96/ 60	Mittag	**Mission La Purisima** (Rundgang und/oder Picknick). Zurück zum Hwy.1 bis US 101, diese ein Stück nach Norden, dann rechts auf S 246 abbiegen nach
155/ 97		**Solvang** (Lunch/Picknick). In Fahrtrichtung weiter (rechter Hand besteht die Möglichkeit, einen Blick auf/in die Mission Santa Ines zu werfen), dann links über die Alamo Pintado Rd. nach
166/104	Nachmittag	**Los Olivos**. Von hier S 154 am Lake Cachuma vorbei zum **San Marcos Pass** und hinunter Richtung Santa Barbara, links an Foothill Rd. (S 192) und an Mission Canyon Rd. rechts zur **Mission** von Santa Barbara. Von dort über Mission St. und (links an) State St. nach Downtown
216/135		**Santa Barbara.**

Madonna Inn
US 101, San Luis Obispo (Ausfahrt Madonna Rd.)
✆ 543-3000 und 1-800-543-9666
Fax 543-1800
Architektonisches Knallbonbon für Kitsch-Fetischisten. Traumziel vieler Flitterwöchner. Man sollte sich zumindest eine Kaffee-Kurzpause genehmigen.

Mission La Purisima Concepcion
Nähe S 246 (ausgeschildert)
✆ 733-1303
1787 gegründet, aber schon 1812 durch Erdbeben zerstört und danach an der jetzigen Stelle wiederaufgebaut. Die dort lebenden Indianer rebellierten 1824 gegen die Soldaten, und erst eine blutige Revanche stellte die alte Ordnung wieder her.

Mattei's Tavern
Hwy. 154 in Olivos
✆ 688-4820
Weißgetünchte Postkutschenstation (seit 1886). Lunch und Dinner, aber nicht ganzjährig. Vorher anrufen.

Lake Cachuma Recreation Area
Nähe S 154 oberhalb von Santa Barbara am gleichnamigen See
✆ 688-4658
Großer staatlicher Campground mit *full hookups*, Pool, Waschautomaten, Duschräumen. $ 18. Außerdem: Anglerparadies (*catfish*, *bass*, *trout*, *bluegill*), Bootsverleih und Picknick. $ 5

Santa Barbara

Mission Santa Barbara
2201 Laguna St. (ausgeschildert)
✆ 682-4713
Tägl. 9–17 Uhr
Die Mission der Franziskaner von 1786 wurde durch Erdbeben 1812 und 1925 beschädigt, danach restauriert. Die Hauptfassade wurde 1950 erneuert. $ 3

Visitor Information Center
Cabrillo Blvd. & Santa Barbara St.
✆ 965-3021
Mo–Sa 9–17, So 10–17 Uhr
Karten, Broschüre, Infos.

Four Seasons Biltmore
1260 Channel Dr.
Santa Barbara, CA 93108
✆ 969-2261 und 1-800-332-3442
Fax 565-8323
www.fourseasons.com
Eine der besten Hoteladressen Kaliforniens: schöne Gärten, ansprechende Architektur, traumhafte Lage am Meer. Als Hotelgast hat man Zutritt zum gegenüber direkt am Pazifik gelegenen Coral Casino Club, der neben Sauna und anderen gesunden Anwendungen einen Superpool *(Olympic size)* bietet. $$$$

Villa Rosa Inn
15 Chapala St.
Santa Barbara, CA 93101
✆ 966-0851
Fax 962-7159
Gastliche Villa, im Stil des Südwestens dekoriert. Pool, kleines Frühstück, Nachmittags-Drinks. Nur ein paar Schritte bis zum Strand. $$$–$$$$

Harbor View Inn
28 W. Cabrillo Blvd.
Santa Barbara, CA 93101
✆ 963-0780 und 1-800-755-0222
Fax 963-7967
Gleich am Pier mit vorzeigbaren Zimmern, Pool, kleinem Frühstück und freien *afternoon drinks*. $$$$

Upham Hotel
1404 De la Vina St.
Santa Barbara, CA 93101
✆ 962-0058 und 1-800-727-0876
Fax 963-2825
Gepflegter Viktorianer von 1871, rund um blühende Gärten gebaut. Vorzügliches Restaurant (**Louise's**). Mit Frühstück. $$$$

Simpson House Inn
121 E. Arrellaga St.
Santa Barbara, CA 93101
☎ 963-7067 und 1-800-676-1280
Fax 564-4811
www.simpsonhouseinn.com
Enjoy & Relax werden in diesem vikto-
rianischen Landhaus (1874) und seinen
Cottages in schattigem Garten groß
geschrieben. Viele Zimmer mit Kamin,
Terrasse und Jacuzzi. Außer einem
Gourmet-Frühstück gibt es nachmit-
tags Erfrischungen und Hors d'oeuvres,
Fahrräder und die Gelegenheit zum
Krocketspiel auf britisch-gepflegtem
Rasen und/oder Entspannung durch
Massagen. $$$$

 Sandy Beach Inn
122 W. Cabrillo Blvd.
Santa Barbara, CA 93101
☎ 963-0405 und 1-800-662-1451
Fax 966-2505
www.sbweb.com/hotels
Kleines Motel, solide, nah an Strand,
State St. und Hafen. Pool und Frühstück.
Je nach Saison, Wochentag und Zim-
mertyp $$–$$$.

 Tropicana Inn & Suites
223 Castillo St.
Santa Barbara, CA 93101
☎ 966-2219 und 1-800-468-1988
Fax 962-9428
Strandnahes Motel mit Pool (auch Suites
mit Küche); kleines Frühstück. Nur für
Nichtraucher. $$$–$$$$

 Motel 6
443 Corona Del Mar Dr.
Santa Barbara, CA 93103
☎ 564-1392 und 1-800-466-8356
Fax 963-4687
Das älteste, weil erste Haus der Kette:
einfacher Standard, strandnah (East
Beach), Pool. Wochenenden müssen
lange vorher reserviert werden. Ob-
wohl preiswert, ist es das teuerste
Motel 6 westlich des Mississippi. $$

 Wine Cask
813 Anacapa St.
☎ 966-9463
Angenehmes Restaurant mit bemer-
kenswerter kalifornisierter Küche und
extensiver Weinkarte. $$$

 Casa de Sevilla
428 Chapala St.
Santa Barbara, CA
So/Mo geschl.
☎ 966-4370
Gemütliche Räume und bewährte Ge-
richte (Meeresfrüchte, Steaks und mexi-
kanische Klassiker). Das älteste Restau-
rant in Santa Barbara. $$$

 Arigato Sushi Bar
11 W. Victoria St.
☎ 965-6074
Klein und versteckt, Liebling der *locals*,
denn nicht nur das *Halibut carpaccio*
und die *Arigato roll* sind Spitze. $$

 La Super-Rica Taqueria
622 N. Milpas St.
☎ 963-4940
Mexicatessen – in unscheinbar grünge-
tünchtem Schuppen an der vitalen Ar-
terie der Latino-Arbeiter in Santa Bar-
bara. $

 Joe's Cafe
535 State St.
☎ 966-4638
Unverwüstlicher *local hangout*: laute
Bar *(strongest drinks in town)*, ruhigerer
Speiseraum. $

 The Brown Pelican
2981 1/2 Cliff Dr.
Santa Barbara, CA
☎ 687-4550
Bei einem kleinen Ausflug nach Arroyo
Burro Beach (ca. 10 Min. vom Pier nach
Westen, dem Schild SCENIC DRIVE fol-
gen) ist dieses Strandlokal ideal für
ein Lunch oder Dinner unmittelbar am
Wasser. $–$$

Kalifornisches Arkadien
Santa Barbara

Mission Santa Barbara

Vielleicht findet sich heute ein Vorwand für ein zweites Frühstück. Der exzentrische **Madonna Inn,** der von rechts zum Highway herübergrüßt, käme jedenfalls dafür in Frage. Der clevere Alex Madonna hat sich diesen verrückten Gasthof ausgedacht, indem er alle Regeln der Kunst ignorierte und schlicht das baute, was er wollte. Schon die Tankstelle bei der Einfahrt hat das zu spüren bekommen – eine pompöse Grotte aus dicken Steinen, in deren Höhlungen sich die Neuzeit in Form von Zapfsäulen schamhaft versteckt. Im Hauptgebäude begrüßen eine schaukelnde Rie-

senpuppe, Papageien mit funkelnden Augen und eine Orgie aus Nippes und Kleinkram die Gäste. Wer daraufhin kapituliert und nur schnell an der Bar einen Kaffee aus einer Hutschenreuther-Tasse zu sich nimmt, verpaßt das Beste: die Hotelzimmer. Jedes vergegenständlicht bis aufs I-Tüpfelchen sein Thema: die Wilhelm-Tell-Suite mit Äpfeln, versteht sich, und dem Matterhorn mit Alpenmotiven in bunten Glasfenstern; die Alte Mühle mit einem echten Wasserrad überm Bett; das Höhlenmenschenzimmer voller Felsen. Solche romantischen bis urigen Phan-

Kitsch-as-Kitsch-can: Madonna Inn, San Luis Obispo

tasmagorien sind besonders bei Honey-
moonern gefragt. Jedenfalls klingen die
Kommentare im Gästebuch so. Delikat
auch die Männertoiletten. Frauen dürfen sich nur vorstellen, was da live
passiert, wenn die Herren der Schöp-
fung gegen die Felswände pinkeln,
denn dann beginnt's zu rauschen, und
im Nu ist der Fels ein Wasserfall.

Für Pausen an der frischen Luft eignet sich wenig später **Pismo Beach**
(indianisch für »Teer«), ein Badeort,
den seine verrückten *dune buggies*
bekannt gemacht haben, die hier, für
Kalifornien ausnahmsweise, am Strand
und durch die Dünen heizen dürfen.
Das braucht man denn auch niemandem zweimal zu sagen. In selbstgebau-
ten Kisten, Buggies, stinknormalen
Autos und teuren Mercedes-Schlitten
preschen die selbsternannten Rennfah-
rer zwischen den Dünen und am Flutsaum entlang. Wer kein eigenes Ge-
fährt dabei hat, leiht sich eins und
knattert los. Auch Kinder dürfen mit.
»Abends, wenn alle die Lichter anha-
ben, glaubt man hier am Times Square
zu sein«, erzählt ein Mann auf der Düne.
Wer unten im Wasser steckenbleibt,
muß abgeschleppt werden. Die Kran-
wagen lauern auch schon zuversicht-
lich an den Rampen. So eine Blamage
trifft die Kapitäne natürlich hart, und
alles wird versucht, um solche Pannen
tollkühn und lautstark zu vermeiden.
Umweltbewußt? Nicht in Pismo Beach.
An den Wochenenden treffen sich mitunter besonders wilde Gesellen zum
Spaß auf Rädern, so daß der Sheriff so
manches Auge zudrücken muß.

Kalifornien, das Füllhorn der Früchte, der Garten Eden für Obst und Gemüse: zwischen **Oceano** und dem
durch und durch mexikanisch geprägten **Guadalupe** bekommt man ein Bild
davon – Farmen, bukolische Scheunen

Off-Road-Freuden in Pismo Beach

und reiche Gemüsefelder, so weit das
Auge reicht und so ordentlich wie englische Golfplätze, säumen den Highway, der sich hier oft als Eukalyptusal-
lee hinzieht. Lautlos drehen sich die
Flügel der alten Wasserpumpen über
dem grasenden Vieh an den Hängen,
ein begehrter, weil verkehrsarmer
Streckenabschnitt für Radler übrigens.
Nur ab und zu zischt jemand vorbei,
der seiner Freundin den neuen BMW
vorführen möchte.

Die **Mission La Purisima** wirkt mehr
noch als ihre baulichen Verwandten
zeitentrückt – inmitten krausköpfiger
Krüppeleichen mit kosenden Pferden
und erstaunt die Touristen beäugenden
Gänsen. Anstelle eines Campanile besitzt sie einen sogenannten *Campana-
rio*, einc für die Glockenaufhängung
durchbrochene Mauer. Wäre da nicht
die Vandenberg Air Force Base in der
Nähe, die ab und zu schweres Gerät
lautstark durch die Luft jagt, könnte
man sich leicht ins vorige Jahrhundert
zurückversetzt fühlen.

Auch diese Missionsanlage wurde
1834 säkularisiert, d. h. sie verkam fast
völlig und wurde erst durch die Mis-
sion-Revival-Welle 1884 vor dem end-
gültigen Verfall gerettet. Diese Bewegung erhielt ihren Schwung unter

Schöne Scheunen zieren den Weg von San Luis Obispo nach Guadalupe

anderem aus der Wirkung des rührseligen Romans »Ramona« von Helen Hunt Jackson. Was die Neuentdeckung des missionarischen Erbes in ganz Kalifornien vorbereitete, wurde später, in den 30er Jahren dieses Jahrhunderts, vollendet, als die Anlagen mit staatlichen Mitteln restauriert wurden. Deutlicher als bei anderen Gebäuden ihrer Art kann man an La Purisima noch erkennen, daß die Missionen keineswegs nur Kirchen, sondern wirtschaftlich autonome Komplexe waren.

Namentlich erinnert das nahe **Lompoc** (indianisch für »Muschelmund«) noch an diese Zeit. Heute ist es das Synonym für blühende Blumenfelder, die zwischen Anfang Juni und Mitte Juli hier ihre ganze Leuchtkraft entfalten.

Zu beiden Seiten der Straße hält sich das Ranchland (die Chumash-Indianer lebten hier auf ihren *rancherías*), dann endet der Highway One erst einmal an der US 101. Jenseits von ihr, geht es weiter nach Osten in Richtung **Solvang** über eine lieblich-alte Landstraße (Alisal Road), mal sonnig, mal schattig –

je nachdem, wie tief die Eichen sich über die Fahrbahn neigen und wie lang das Spanische Moos von den Ästen baumelt.

Am Anfang des Jahrhunderts von dänischen Immigranten gegründet, präsentiert sich der Ort mit Fachwerkhäusern und Windmühlen erfolgreich als ein dänisches Disneyland, das vielen Amerikanern eine Europareise erspart. Außerdem sind sie hier unter sich und können, ungestört von fremden Sprachen und Sitten, sich mit Souvenirs und Süßigkeiten vollstopfen, derweil am Hans Christian Andersen Shop das Mühlrad rauscht.

Das kleine **Los Olivos** bildet dazu die stillere Alternative, ein Örtchen mit 812 Einwohnern hinter frisch getünchten Westernfassaden, in Antiquitätenläden und Weinprobierstuben, kurz, eine *artsy craftsy town.* Die pittoreske **Mattei's Tavern** erkennt man wegen ihres markanten Wassertürmchens schon von weitem – eine ehemalige Postkutschenstation der Butterfield Line, die damals hier durchsauste und auch heute noch Stoff für das aufregendste Tagesgespräch wäre, gäbe es sie noch.

Der Highway setzt seinen Weg nun durch das **Santa Ynez Valley** fort, ein idyllisches Tal mit Eichen und Obstgärten, Windrädern und grasenden Pferden, Ranchos, Scheunen und Zäunen. Ja, und Weingütern! Genau wie die Klosterkirchen sind sie den Franziskanermönchen zu verdanken, die schon im 18. Jahrhundert den lokalen Weinbau betrieben; aber spätestens seit der Prohibition (1919–33) ging's damit zu Ende.

Erst vor etwa zehn Jahren kamen die guten Tropfen wieder zum Zuge. Einer der Reben-Pioniere berichtet vom Neubeginn: »Damals hat man uns in Santa Barbara keines Blickes gewürdigt. Santa Ynez, das bedeutete Cowboys und Pferde, aber nicht Wein.« Heute gibt es an die 40 *wineries* im Tal, und Santa Barbara County ist drauf und dran, ein Napa Valley II zu werden. Die wichtigsten Traubensorten: Chardonnay, Sauvignon Blanc, Pinot Noir und Cabernet Sauvignon. Besonders beliebt ist zur Zeit der Firestone Riesling – leicht, blumig und fruchtig.

Als qualitätsfördernd gilt neben günstigen Boden- und Temperaturverhältnissen der für die Westküste einmalige

Prachtstück von Santa Barbara: das County Court House

Ost-West-Verlauf des Küstengebirges, der eine optimale Südausrichtung mit sich bringt. Die Resultate sind so hervorragend, daß bereits Winzer im Napa Valley Rebstöcke aus dem Santa Ynez und Santa Maria Valley importieren.

Am Lake Cachuma vorbei und über den San Marcos Pass: wir betreten **Santa Barbara** praktisch durch die Hintertür. Eukalyptusbäume und gartenähnliche Blütenarrangements bilden die würdige Ouvertüre für die in Selbstinszenierungen erfahrene Stadt, die manche für die kalifornischste halten. Tatsächlich bringt sie, anders als die Metropolen des Landes, durch Größe, Topographie und Stadtbild spanisch-mediterrane Kultur und arkadische Gestalt auf einen ansehnlichen Nenner. Alles »Amerikanische« ist ihr weitgehend fremd oder sogar tabu: Hochhäuser, schrille Reklameschilder und Werbegags. Tankstellen sind mit Ziegeldächern bekrönt, so daß auch sie ins Stadtbild passen, zum Santa-Barbara-Look – eine Mischung aus nachgebauter spanischer Kolonialarchitektur und mexikanischen und maurischen Einflüssen. Rote Terrakotta-Ziegel und ge-tünchte Putzwände, deren warme Erdtöne je nach Sonnenstand die Farbe wechseln und eine beruhigende Wirkung ausstrahlen, halten das ästhetisch zusammen.

Das war nicht immer so. Bis zum Ende des 19. Jahrhunderts gab sich das 1782 als spanisches Presidio gegründete Santa Barbara den jeweils herrschenden Zeiteinflüssen gegenüber durchaus offen. Erst nach dem Erdbeben von 1925 kam die städtebauliche Wende. Die ruinierte Altstadt stellte die Stadtväter vor die Entscheidung, Santa Barbara entweder im Stil der Neuzeit aufzubauen oder so zu rekonstruieren, wie es seinem spanischen Erbe entsprach. Sie entschieden sich für den historisierenden Weg.

Dieses Vorhaben in die Tat umzusetzen, war nicht einfach. Strenge Bauauflagen und Wachstumslimits mußten politisch und finanziell durchgesetzt, die Ansprüche von Ölindustrie, Eisenbahn und anderen Wirtschaftsbereichen in Schach gehalten werden. Gut, daß Santa Barbara eine finanzkräftige Gemeinde war und außerdem oft das Glück hatte, reiche Mäzene dazu zu motivieren, Geld für sanierungsbedürftige Bauten lockerzumachen. Diese Einstellung hat sich bis heute gehalten: Das sehenswerte Arlington Theatre mit seinem minarettähnlichen Spitzturm erlebte durch Privatspenden ein glanzvolles Comeback, die Wiederherstellung des 1782 gegründeten El Presidio zählt zu den zur Zeit aufwendigsten Restaurierungsprojekten Kaliforniens und das neue Maritime Museum ist ebenfalls komplett privat finanziert.

Die gediegene Ausstrahlung der Baulichkeiten, das ganzjährig mildsonnige Klima, ein reiches Kulturangebot und der akademische Einfluß durch die Universität in Isla Vista schufen einen gepflegten Lebensstil, der für die rund 86 000 Einwohner Santa Barbaras bis heute typisch ist, sich allerdings in den letzten Jahren deutlich verjüngt hat. Zahlreiche neue Hotels und Bed & Breakfast Inns, Szene-Restaurants, Kaffeehäuser, Bäckereien und Pool-Bars sprechen dafür. Vom Patio bis zum Straßencafé zeigt sich, daß sich die mittlere Generation und erst recht die der Pensionisten mehr und mehr aus der Stadt zurückgezogen hat, um ihren Erben ebenso wie den meist gutdotierten Studenten das Dolce vita zu überlassen.

Nicht zuletzt hat auch die lokale Weinindustrie – mit ihren lieblichen Importen aus dem nahen Santa Ynez Valley, deren ökonomische und touristische Bedeutung man in Santa Barbara erst verhältnismäßig spät erkannte – den gesellschaftlichen Kreislauf der Stadt belebt.

Schwer zu sagen, zu welcher Tageszeit die Beleuchtung am günstigsten ist – die **Santa Barbara Mission**, hoch oberhalb der Stadt, steht ständig im besten Licht da. Den Schönheitswettbewerb unter ihresgleichen hat sie schon lange gewonnen. Als »Queen of the Missions« überragt sie ihre zwanzig Mitbewerberinnen unter den lehmziegeligen Bauernkirchen, die Pater Junipéro Serra, der Apostel Kaliforniens, einst im Schutz der spanischen Soldaten im damaligen Alta California errichten ließ. Bemerkenswert ist die tempelartige Mittelpartie der Fassade, die angeblich nach Vorlagen von Vitruv konstruiert wurde.

Am späten Nachmittag, wenn die Hänge der Santa Ynez Mountains allmählich lila zu schimmern beginnen, taucht die Sonne die Strände in betörendes Licht. Der Anblick läßt sich am besten am **East Beach** beim **Cabrillo Bathhouse** genießen, wo man an der frischen Luft sitzen, Kaffee trinken und den Volleyballspielern zusehen kann, wenn man nicht am Wasser entlang Richtung Steilküste laufen möchte. Je nach Tageszeit und Wasserstand schafft man es um die Felsnase herum bis zum **Butterfly Beach** in **Montecito**. Aber auch in umgekehrter Richtung lockt Entspannung in Meeresnähe: zwischen Stern's Wharf und dem Yachthafen, wo es zur Happy-hour meist hoch hergeht.

Fehlt dazu die Zeit, vertritt man sich am besten gleich auf dem **Stern's Wharf** oder dort am Strand die Beine. Der Pier, im Jahr 1872 erbaut, war lange Zeit der dienstälteste an der Westküste, bis ein verheerender Brand vor ein paar Jahren seine heutige Neufassung erzwang. Die Holzplanken ebnen dem Spaziergänger einen bequemen Weg ins Meer hinaus, flankiert von Shops, Fischständen und mit einem Rundumblick auf Strand, Stadt und Berghänge. ☖

Besser einen weißen Reiher als einen roten Hahn auf dem Dach: Santa Barbara Mission

19. Tag – Route: Santa Barbara – Santa Monica (138 km/86 mi)

km/mi	Zeit	Route
	Vormittag	In **Santa Barbara: County Court House, Presidio** und/oder Shopping auf **State Street** (El Paseo/ Paseo Nuevo)
	Mittag	Lunch
0	14.00 Uhr	In Santa Barbara nächstbeste Auffahrt zur US 101 nach Süden, hinter Ventura Wechsel auf den **Pacific Coast Highway** (S 1) durch Oxnard und **Malibu** nach
138/86	16.00 Uhr	**Santa Monica.** (Nachmittag dort und/oder in Venice)

Abstecher: Sowohl von Santa Barbara als auch von Ventura kann man zu den Inseln des **Channel Islands National Park** übersetzen. Condor, c/o Sea Landing, Santa Barbara, CA, ✆ (805) 963-3564 und 1-888-77WHALE: Charterboot zu den Channel Islands (Santa Cruz Island) und/oder zum *whale watching*. Fahrtdauer einfach: ca. 2 1/2 Std. Tagestouren beginnen um 8 Uhr, Rückkehr gegen 17 Uhr. Außer Walen (Grauwale zwischen Dezember und April) gibt es meist auch Delphine, Seehunde und Seelöwen zu sehen. Auskünfte auch unter ✆ (805) 963-3564. – Oder: **Channel Islands National Park**, 1901 Spinnaker Dr. (Ventura Harbor), Ventura, CA 93001, Visitor Center, ✆ (805) 658-5730, www.reservations.nps.gov/. Die so gut wie völlig unberührte Inselgruppe rund 20 Meilen vor der Küste von Ventura und Santa Barbara steht unter den Fittichen des National Park Service. Das Visitor Center verfügt über umfangreiches Anschauungsmaterial (Dias, Film, Ausstellung etc.) und erteilt Infos zu Stränden, Wander-, Tauch-, Schnorchel- und Campingmöglichkeiten (Campingerlaubnis erforderlich, aber kostenlos. Reservierung: ✆ 1-800-365-2267). Private Charterboote nach **Santa Cruz Island** benötigen etwa 2 1/2 Stunden für die Überfahrt. Verpflegung müssen die Besucher selbst mitbringen (Lunchtüte und Wasserflaschen). Von der US 101 (in beiden Richtungen) Exit CHANNEL ISLANDS VISITOR CENTER – zum Hafen, Anleger und Strand.

19. Tag – Informationen

Santa Barbara **Vorwahl:** © 805

 Fahrradverleih (Beach Rentals)
22 State St.
© 966-6733
Ein paar Schritte von Stern's Wharf entfernt: für den Fall, daß Sie morgens erst
mal eine kleine Radtour am Strand entlang machen möchten.

 Santa Barbara County Court House
1100 Anacapa St.
© 962-6464
Mo–Fr 8–17, Sa/So 9–17 Uhr
Führungen Mi und Fr 10.30 Uhr, Do und
Sa 14 Uhr. Sehenswertes Gerichtsge-
bäude von 1929.

 El Presidio State Historic Park
123 E. Canyon Perdido St.
© 965-0093
Tägl. 10.30–16.30
Spanische Festungsanlage von 1782, die
letzte, die in Kalifornien gebaut wurde.
Archäologen und Restauratoren haben
die Originalgrundmauern und einen Teil
der durch Erdbeben zerstörten Gebäude rekonstruiert: allen voran den schönen Kirchenraum der **Presidio Chapel**.
Ebenso in neuem Glanz: **El Cuartel**, die
Wachstube von 1788. Eintritt frei.

 Santa Barbara Museum of Art
1130 State & Anapamu Sts.
Santa Barbara, CA 93101-2746
© 963-4364
Di–Sa 11–17, Fr bis 21, So 12–17 Uhr
Kleines, überschaubares Kunstmuseum.
Schwerpunkte: französische Impressio-
nisten und zeitgenössische amerikani-
sche Malerei. Auch einzelne Stücke der
klassischen Antike und der asiatischen
Kunst sind vertreten. Kunstbibliothek,
Museumsshop. $ 5

 Santa Barbara Maritime Museum
Am Hafen
Santa Barbara, CA 93109

© 962-8404
Fax 962-7634
museum@silcom.com
www.sbmm.org
Interessant präsentierte Objekte zur
maritimen Geschichte von Santa Barbara. Themen: Bergung, Küstenwache,
Meeresforschung, Tauchtechnik, Ölför-
derung, Fischerei und Kriegsseefahrt.
Eröffnet August 1999

  Paseo Nuevo
State St. & De La Guerra
Mo–Fr 10–21, Sa 10–19, So 11–18 Uhr
Ein Ensemble aus Brunnen, Passagen
und Innenhöfen versammelt Shops, Ca-
fés, Restaurants und Kaufhäuser.

 Old Towne Cafe
30 El Paseo (State St. & De la Guerra)
© 962-3574
Lunch-Adresse, typisch Santa Barbara:
blühender und plätschernder Patio, wo
man die Zeit vergessen kann ... $

 Paradise Cafe
702 Anacapa & Ortega Sts.
Santa Barbara, CA
© 962-4416
Beliebter Treffpunkt zum Lunch auf der
Terrasse (Fisch, Geflügel, Salate), auch
Dinner. $$

Santa Monica **Vorwahl:** © 310

 Santa Monica Visitors Center
1400 Ocean Ave.
Santa Monica, CA 90401
© (310) 393-7593
Tägl. 10–16, im Sommer bis 17 Uhr

 Miramar Sheraton Hotel
101 Wilshire Blvd. & Ocean Ave.
Santa Monica, CA 90401
© 576-7777 und 1-800-325-3535
Fax 458-7912
Spitzenhotel. Viele Zimmer mit Ozean-
blick und erstklassige Bungalows, um-

geben von Bananenstauden und blühenden Bougainvilleen beim Pool. $$$$

Toppers-Radisson Huntley Hotel
1111 Second St.
Santa Monica, CA 90403
 ℗ 393-8080 und 1-800-333-3333
Fax 458-9776
www.radisson.com
Elegantes, europäischem Geschmack entsprechendes Haus, 1 Block vom Ozean; Dachrestaurant (**Toppers**) mit Blick auf den Pazifik. $$$$

Hotel Carmel
201 Broadway & 2nd. St.
Santa Monica, CA 90401
℗ 451-2469 und 1-800-445-8695
Fax 393-4180
Einfaches, preiswertes Hotel in günstiger Lage zwischen Promenade, Santa Monica Place und Ozean. $$–$$$

Ocean View Hotel (Best Western)
1447 Ocean Ave.
Santa Monica, CA 90401
℗ 458-4888 und 1-800-452-4888

Blumen, Brunnen und Arkaden begleiten das Dolce vita in Santa Barbara

Fax 458-0848
Neueres Haus in bester Lage gegenüber vom Palisades Park: Strand, 3rd St. Promenade, Santa Monica Place, Pier. $$$

Sea Shore Motel & Apartments
2637 Main St.
Santa Monica, CA 90405
℗ 392-2787
Fax 392-5167
Solides Motel, ansprechend eingerichtete Zimmer, prima Lage. $$

Vacationland RV Park
1343 S. West St.
Anaheim, CA 92802
℗ (714) 533-7270
Großer Campingplatz mit allem Komfort vis-à-vis von Disneyland. In der Hochsaison eine Woche vorher reservieren.

72 Market Street Oyster Bar & Grill
72 Market St. (1 Block nördl. von Windward Ave.)
Venice
℗ 392-8720
Ambitioniert: die Architektur (der fragile Entwurf stammt von der Architektengruppe Morphosis), das Dekor und – die Küche. $$

Border Grill
1445 4th St.
Santa Monica
℗ 451-1655
Verfeinerte mexikanische Küche in verwegen-buntem Design. Populär und munter. $–$$

Broadway Deli
1457 3rd St. Promenade
Santa Monica
gegenüber von Santa Monica Place
℗ 451-0616
Zwanglos und ein Hauch von New York: lukullischer Basar mit beachtlicher Schinken-, Käse- und Kuchenauswahl. Anspruchsvolle Innenausstattung. $–$$

Erst Barbara, dann Monica

Auf einen Sprung nach L.A.

Fiesta: Cinco-de-Mayo-Festival vor dem County Court House in Santa Barbara

Santa Barbara, die Stadt der roten Dächer, zeigt sich vom Turm ihres berühmtesten profanen Bauwerks, des **County Court House** in ihrer ganzen Pracht. In diesem neospanischen, mit maurischen Stilelementen dekorierten Schmuckstück verbinden Treppenhäuser und Gänge die Räume des elegant ausgestatteten Interieurs aus Wandfresken, bemalten Decken, eisernen Leuchtern, Fliesenkunst und geschnitzten Türen. Auch die Natur beteiligt sich an dieser Inszenierung – die üppig-tropischen Gärten ebenso wie die penibel manikürten Rasenflächen, die zur Lunchzeit von schwatzenden und mümmelnden Mittagspäuslern in Beschlag genommen werden und sich am Cinco-de-Mayo-Feiertag im Mai zu einer überquellenden hispanischen Volksfestwiese wandeln.

Da das Parken in der Innenstadt einfach und weitgehend kostenlos ist, sollte man den Wagen in der Nähe von **State Street** abstellen und sich zu Fuß auf dieser eigentlichen Hauptstraße umsehen. (Man kann zwischendurch auch den bequemen Shuttle-Bus benutzen.) State Street hat ein Straßendesign, das nichts dem Zufall überläßt, sondern Sitzbänke, Abfalleimer und Telefonzellen gestalterisch einbindet. Ab und zu zweigen gefällige Seitenausläufer in Form kleiner Arkadengänge und Innenhöfe von der

Straße ab: **La Arcada** oder die beiden Paseos (**El Paseo** und **Paseo Nuevo**) etwa, mit kleinen Läden, Blumenständen, Cafés und Restaurants. Plätschernde Brunnen und Vogelgezwitscher vereinen sich zu kalifornischen Wohlklängen, bei denen man leicht die Zeit vergißt.

Wem dies nicht widerfährt, setzt sich beizeiten in Bewegung – zunächst nach **Montecito**, der meist nach Eukalyptus duftenden Verfeinerung des ohnehin schon gepflegten Wohnens von Santa Barbara. Hier, auf der exquisiten San Ysidro Ranch, verbrachten die Kennedys ihren Honeymoon, und schon Charlie Chaplin baute in der Nähe ein feines Hotel für seine Gäste.

Im Santa Claus Village, einem etwas angestaubten Fun Park, steht ganzjährig Weihnachten vor der Tür – ein riesiger Nikolaus legt militärisch grüßend die Hand an die rote Mütze. Aber ein paar optische Trostpflästerchen und Muntermacher kommen auch des

Wegs. Riesenvögel, zum Beispiel: Ein mutiger *hang glider* auf dem Weg zum Strand schwebt plötzlich über den Freeway und löst fast einen Auffahrunfall aus. Die nickenden Ölpumpen bei Seacliff und die rührend durch Palmen getarnten Bohrinseln im Meer *(offshore drilling)* unterbrechen nur kurz die schöne Strecke hart am Meer.

Bei Oxnard dominieren die hispanischen Landarbeiter in den Gemüsefeldern; fast die gesamte Broccoli-Ernte der USA kommt aus dieser Ecke. Die Fahrt durch den Ort, Ampel für Ampel, bleibt niemandem erspart. Alsbald jedoch kehrt der Highway zur kargen Küste zurück und streift dabei eine Reihe hervorragender Strände: **Zuma Beach** (beliebt bei Beach-Volleyballern und FKKlern), **Malibu Surfrider Beach**, Leo Carrillo und Point Dume State Beach, bis er sich in Pacific Palisades und Santa Monica in den Siedlungsraum Los Angeles einmischt.

Lustige Lümmel: Robben auf den Channel Islands

Noch heute gewährt der Palisades Park in Santa Monica beste Aussichten

Aber bis dahin ist es noch ein wenig Zeit, denn erst einmal zieht sich der Weg durch das schmale, langgestreckte **Malibu**. Zwischen Straße und Meer quetscht sich fast lückenlos Bungalow an Bungalow. In Richtung Süden wandeln sie sich mehr und mehr zu verwegenen Pfahlbauten, zu hölzernen Heimstätten für die elitäre Gemeinde der *media people*. Bis zum Anfang des Jahrhunderts gingen in dieser Gegend noch die Chumash-Indianer ihrem Handwerk als Korbmacher, Töpfer und Kanubauer nach. Ab etwa 1920 wurde die von ihnen bewohnte *ranchería* parzelliert und an die Stars des nun aufblühenden Hollywood verkauft.

Im Laufe der Zeit entwickelte sich Malibu (das Wort kommt vom indianischen *umalibo*) zu einer der berühmtesten Gemeinden der Westküste, die bis vor kurzem noch nicht mal ein Ortsschild nötig hatte. Lange stritt man heftig darüber, ob der Küstenstreifen überhaupt zu einer richtigen »Stadt« gemacht werden sollte. 1991 war es dann doch so weit. Für den flüchtigen Besucher bleibt wenig mehr übrig als ein Spaziergang auf dem altmodischen Pier.

Zuletzt heißt es aufpassen! Denn wenn die dünnen Palmen von **Santa Monica** oben auf den Klippen ihre Köpfe schütteln, mündet der Pacific Coast Highway in den Tunnel und gibt im Dunkeln seinen Geist auf, indem er zum Santa Monica Freeway mutiert. Erst ein Stück weiter westlich, bei der ersten Ausfahrt (Lincoln Boulevard) folgt er wieder seiner Nummer.

Also, am besten kurz zuvor rechts abbiegen und auf die Klippen hinauffahren. Santa Monica ist die Seniorin unter den *beach towns,* der Ort existiert bereits seit den 70er Jahren des vorigen Jahrhunderts. Auf dem Pier, dem ein Sturm vor einigen Jahren den Kopf abriß, verbreiten Zuckerwatte,

213

»California Crazy«: Venice Beach, Los Angeles

Fritten-Öl und Schießstände einen Hauch von *honky-tonk* und Coney Island, was ihn bei Kindern und Anglern beliebt macht. Der Strand ist Familientreff, nicht zuletzt der zahlreichen Parkplätze wegen, denn es gibt meist viel zu transportieren, wegen der Picknicks und BBQs mit oder ohne Volleyball und Frisbee. Wer's verrückter mag, fährt noch ein Stückchen weiter, ins angrenzende **Venice**, wo für Entertainment unter freiem Himmel allemal gesorgt ist.

Santa Monica kan auch hervorragende Shopping-Adressen vorweisen, die zu gemütlichen Einkaufsbummeln taugen. Erste Wahl: die **Third Street Promenade** mit ihrem durch und durch europäischen Mix aus Boutiquen,

Cafés und buntem Straßentheater. Gleich nebenan der vom Kult-Architekten Frank O'Gehry entworfene **Santa Monica Place** (für ein paar Stunden kann man hier kostenlos parken).

Los Angeles

Vormittag	Schnittpunkt von San Diego und Santa Monica Fwy. (I-405 + I-10); I-10 *East*, Harbor Fwy. *North*, Ausfahrt 6th St. bis Pershing Square (Parken in der Tiefgarage). Rundgang durch Downtown: durch den Garden Court des **Biltmore Hotels** (Eingang: Olive St.) und am Ausgang über Grand Ave., 5th St. zur **Los Angeles Central Library**. Flower St. bis 7th, dort links an Clifton Cafeteria vorbei zum Broadway, dort links bis Ecke 3rd St., dem **Bradbury Building**, gegenüber das **Million Dollar Theater**, Broadway zurück, Grand Central Market und Pershing Square (ca. 2 Std.) Von Pershing Square über 5th St., Grand Ave., 6th St., Main St. links bis
Mittag	**El Pueblo de Los Angeles State Historic Park**, der alte Stadtkern um Olvera Street. (Parkplatz links gegenüber der Plaza. Rundgang/Lunch, ca. 1 Std.) An Cesar Chaves Ave. links zum Beginn des
Nachmittag	**Sunset Boulevard**: nach Westen. In Hollywood kurzer Stopp beim **Mann's Chinese Theatre**. In Beverly Hills Abzweiger zum **Rodeo Drive** und *window shopping*. (Parken: Schild CITY OF BEVERLY HILLS/ PUBLIC PARKING folgen; an Dayton Way und Beverly Dr. jeweils links – etwa 1 Std.) Zurück zum Sunset und durch Bel Air, UCLA, Brentwood, Pacific Palisades zum Pacific Coast Highway. Dort links nach Santa Monica und über Main St. weiter nach Venice (Windward Ave.). – Strandspaziergang, Kaffee und Kuchen oder Happy-hour.

20. Tag – Programm: Los Angeles

Alternativen: Wer lieber wandern statt auf Shopping Tour gehen möchte, dem sei der **Will Rogers State Park** in den Santa Monica Mountains empfohlen (in Pacific Palisades steht am Sunset Blvd. das entsprechende Hinweisschild, und dort der rund einstündige Ausflug zum »Inspiration Point«).
Zusatztage gibt's in L.A. wie Sand am Meer, drei Vorschläge sollen hier genügen. **1. Disneyland**, 1313 Harbor Blvd., Anaheim, Mo–Fr 10–18 Uhr, Sa + So 9–24 Uhr, ✆ (714) 999-4000. Nr. 1 unter den Top-Themenparks: zuletzt 15,0 Millionen Besucher. Neueste Attraktion: der Horrortrip á la Indiana Jones, dem Jäger des verlorenen Schatzes. Ende Mai bis Anfang Sept. 8–1 Uhr nachts, sonst Mo–Fr 10–18, Sa 9–24, So 9–21 Uhr. Anfahrt von Downtown L.A.: ca. 40 km/25 mi über I-5 nach Südosten, Ausfahrt Ball Rd. oder Katella Ave., danach ausgeschildert. Eintritt $ 34. Übernachtung u. a.: **Days Inn Suites**, 1111 S. Harbor Blvd., Anaheim, CA 92805, nördlich von Ball Rd., ✆ (714) 533-8830, Fax 758-0573, Schnäppchen: preiswert, Pool und nah an Disneyland. $–$$. Wer es schafft, sich dort schon nach einem halben Tag loszureißen, und dabei auf ein kulturelles Kontrastprogramm Wert legt, dem sei ganz in der Nähe das TV-gerechte Gotteshaus des cleveren Predigers Robert H. Schuller nahegelegt: **Crystal Cathedral**, 12141 Lewis St. & 4201 Chapman Ave., Garden Grove, Nähe Disneyland, Touren Mo–Sa 9–15.30 Uhr, ✆ (714) 971-4013. Gläserne Kathedrale von Philip Johnson, Baujahr 1980. Führungen halbstündig, Gottesdienste So 8.30, 9.30, 11 und 12.30 Uhr (in Spanisch).
2. Universal Studios, 100 Universal City Plaza, Universal City, CA 91608, Mo–Fr 10–18, Sa/So 9–18 Uhr, ✆ 818-777-1000 und 622-38, www.universalstudios.com. Studio-Touren: Kulissenzauber. Neu im Programm: Universal City Walk, Waterworld und der 110 Millionen Dollar teure Jurassic Park Water Ride. Eintritt $ 38. Weitere Touren durch Filmstudios: **Warner Hollywood Studios**, Hollywood Way, Burbank, Mo–Fr 9–15, an Wochenenden geschl., ✆ (818) 954-1744, Eintritt $ 30. Und **Paramount Studios**, 5555 Melrose Ave., Hollywood, Mo–Fr 9–14, an Wochenenden geschl., ✆ (323) 956-5000, Mindestalter für Kinder: 10 Jahre. Eintritt $ 15. Schließlich **3**. Besuch des neuen **Getty Center** (s. u.)

20. Tag – Informationen: Los Angeles

Downtown Los Angeles Visitors Information Center
685 S. Figueroa St. (zwischen Wilshire Blvd. & 7th St.)
✆ (213) 689-8822
Mo–Fr 8–17, Sa 8.30–17 Uhr
Rund um die Uhr mehrsprachige hotline für aktuelle Veranstaltungen.

20. Tag – Informationen: Los Angeles

 Los Angeles Central Public Library
630 W. 5th St. (Downtown)
Grand Ave., Flower & 6th Sts.
Mo, Do–Sa 10–17.30, So 13–15, Di + Mi
12–20 Uhr
℡ (213) 228-7000
Der Bau von 1930 wurde nach dem
großen Brand 1986 aufwendig renoviert
und ist heute durch einen Neubautrakt
fast doppelt so groß wie früher. Schatti-
ge Gartenanlagen wechseln sich ab mit
lichtdurchfluteten Atrien. Sehenswert
auch die aufwendige Innenausstattung.

 Bradbury Building
304 S. Broadway
℡ (213) 626-1893
Sehenswerter Stahl- und Backsteinbau
von 1893 mit lichtdurchflutetem Atrium.
Architekt: George H. Wyman.

 Million Dollar Theatre
307 S. Broadway
Ebenso wie das Chinese Theatre von
Sid Grauman erbaut (1918). Es soll aufwendig saniert werden (zusammen mit
dem Grand Central Market) – als Kata-
lysator für die Entstehung eines Vier-
tels wie Greenwich Village in New York.

 Grand Central Market
317 S. Broadway (3rd St.)
Der quirlige Lebensmittelmarkt, der
immerhin schon seit 1917 die Angelenos füttert, ist seit seiner Renovierung
noch schöner geworden.

 Angels Flight
Hill St. (zwischen 3rd & 4th Sts., Hinterausgang Grand Central Market)
℡ (213) 626-1901
Tägl. 6.30–22 Uhr
Die kürzeste Straßenbahn der Welt:
zwei der Cable Car von San Francisco
ähnelnde Bähnchen rutschen den Hügel von Bunker Hill rauf und runter und
verbinden auf diese Weise Grand Central Market und California Plaza miteinander. 1901 gebaut, eröffnete die pittoreske Anlage 1996 wieder in restaurier-
tem Glanz. Fahrpreis für einen »Engels-
flug«: 25 ¢.

 El Pueblo de Los Angeles State Park
Straßenzüge um Olvera St.
 1930 restaurierter Gründungsbezirk
der Stadt mit historischen Bauten, mexikanischen Restaurants und Kunstge-
werbeshops. Sehenswert: die alte Plaza-
kirche, das Avila-Adobehaus, der ehemalige Gouverneurspalast Pico House
(430 N. Main St.), das Merced Theatre
(420 N. Main St.) und der Backsteinbau
des Old Plaza Firehouse – alle ursprünglich aus dem 19. Jh.

 Union Station
800 N. Alameda St. (Downtown)
℡ (213) 683-6875
Nur ein paar Schritte von Olvera Street:
Bahnhof von 1939 (die letzte der Union
Stations in den USA) – ein eigenwilliger
Stilmix aus Elementen der spanischen
Missionsarchitektur und maurischen An-
klängen, mit üppiger Kassettendecke,
Marmorfußboden und schönen Wand-
kacheln. Eine Art Museum des Eisen-
bahnzeitalters, denn trotz der AMTRAK-
Züge und der darunterliegenden U-Bahn
ist das Menschengewusel der frühen
Jahre abgeflaut. Unten die U-Bahn, das
kühle 20. Jh., oben, beim Betreten der
Wartehalle, der Eintritt ins opulente
19. Jh. und dann, vor der Tür, die Autos –
drei Vehikel des Transportwesens in
wenigen Minuten …

 Capitol Records Tower
1750 Vine St.
Hollywood, CA
Der wie ein Haufen gestapelter Schall-
platten aussehende Rundbau (1954) ist
ein Wahrzeichen Hollywoods und zugleich ein hervorragendes Beispiel für
die Bauweise »in Form von«. Die »Na-
del« auf dem Dach verwandelt sich
im Dezember zu L.A.s größtem Weih-
nachtsbaum.

20. Tag – Informationen: Los Angeles

 Musso & Frank Grill
6667 Hollywood Blvd. (Cherokee)
© (323) 467-7788
Seit 1919 Institution in Hollywood, lange Treff von Autoren und Musikgurus. Lunch und Dinner. So/Mo geschl. $$

 Mann's Chinese Theatre
6925 Hollywood Blvd. (zwischen Highland und La Brea Ave.)
© (213) 464-8111
Exotik am Bau zeigt der von Sid Grauman 1927 entworfene und inzwischen legendäre Kinopalast – draußen wie drinnen.

 Getty Center
1200 Getty Center Dr. (Brentwood; gleichnamiger *Exit* vom San Diego Fwy.)
Los Angeles, CA 90049-1681
© (310) 440-7300
Di+Mi 11–19, Do+Fr 11–21 Uhr, Sa+So 10–18 Uhr. Mo geschl.
Wie eine massive Trutzburg der schönen Künste wirkt das Museum aus Travertin-Marmor in hellem Ocker und mit poröser Oberfläche auf einem Hügel am Sepulveda Paß (Brentwood) oberhalb des San Diego Freeway zwischen Los Angeles und dem San Fernando Valley. Der Getty Trust ist die finanzstärkste Kunststiftung der Welt. Museum, Auditorium, Verwaltungbau, Restaurant, Restaurationsräume und Forschungsinstitut (die Bibliothek versammelt 7,5 Millionen Bände). Die Highlights reichen von kostbaren mittelalterlichen Handschriften über Prachtstücke angewandter Kunst bis zu van Goghs »Irisfeld«. Wer mit dem eigenen Auto kommt, muß vorher reservieren und eine Parkgebühr ($ 5) entrichten. Wer mit öffentlichen Verkehrsmitteln (Bus oder Taxi) anreist, hat freien Eintritt ohne Voranmeldung. Anruf bei MTA (Metro Transit Authority, © 213-626-4455): dort erfährt man die nächstgelegen Bushaltestellen. Am Fuß des Berges wartet ein Luftkissenbähnchen, das die Besucher hinauffährt. Kleiner Museumsshop, große Cafeteria und imposante Ausblicke auf Los Angeles, Pazifik und Berge.

  Gladstone's 4 Fish
17300 Pacific Coast Hwy. (Sunset Blvd.)
Malibu
© (310) 454-3474
Fischrestaurant mit tollem Meerblick am Ende des Sunset Blvd. Frühstück, Lunch und Dinner. Beliebt: die Happyhour bei Sonnenuntergang.
$$

  Santa Monica Place
3rd St., Santa Monica
Die 1979–81 erbaute und von Frank O. Gehry entworfene Shopping-Galerie zählt nach wie vor zu den führenden und (wegen ihrer kecken Asymmetrien, Offenheit und Lichtführung) baulich ansprechendsten im Westen von L.A. Zahlreiche Kantinen sorgen dafür, daß hier niemand hungrig wieder rausgehen muß. (Leichtes Parken, teilweise kostenlos.)

 Rose Cafe & Market
220 Rose Ave. & Main St.
Venice
© (310) 399-0711
Frische Salate und andere Kleinigkeiten. Auch zum Draußensitzen. $-$$

 Sidewalk Café
Ocean Front Walk, Venice
Nähe Winward Ave.
Straßencafé der *beautiful people* und Logenplatz fürs tägliche Straßentheater in Venice. $$

  House of Blues
8430 Sunset Blvd. (La Cienega)
West Hollywood, CA
© (213) 848-5100
Musikclub und Restaurant: Blues und Südstaatenküche im Einklang. $

Rund um die Orange
L.A.

El Pueblo de la Reina de Los Angeles sobre el Río de la Porciúncula, so hieß die Stadt anfangs. Längst liebt sie es kürzer: L.A.

Ein Trend? Nein, ganz im Gegenteil. Los Angeles ist aufgegangen wie ein gigantischer Pfannkuchen. »Los Angeles? Nein, danke!« hört man deshalb immer wieder, nicht nur von Europäern, auch von Amerikanern. Selbst in den »Big Apple«, New York, kann man, trotz seiner Größe, gleich reinbeißen. In die »Big Orange«, wie L.A. sich nennt, besser nicht. Man sollte sie erst schälen.

Vielleicht gelingt dieses touristische Kunststück durch den folgenden Routenvorschlag. Sammel- und Ausgangspunkt dafür ist kein Marktplatz, kein Dom, kein Zentrum, sondern, wie sich's im automobilen L.A. gehört, eine mehrstöckige Kreuzung, die des San Diego und Santa Monica Freeway. Von dort rollen die Räder erst einmal fünfspurig nach Osten: »go with the flow«. Matt zeichnen sich im Dunst die Konturen von Downtown ab, die erst durch Annäherung an Schärfe gewinnen. Am neugestalteten **Pershing Square** macht man sich am besten zu Fuß auf den Weg: durch das altehrwürdige Biltmore Hotel hindurch zur neuerstandenen Bibliothek, der **Central Library**, mit ihren schönen Atrien und schattigen

Oase: der neugestaltete Pershing Square in Downtown Los Angeles

Atrium der Los Angeles Central Library

Gartenanlagen. Der eklektische, aus byzantinischen, ägyptischen, römischen und Art-déco-Stilelementen komponierte Bau von 1930 wurde durch einen lichtdurchfluteten Neubautrakt imposant erweitert. Sehenswert im Altbau sind vor allem die zentrale Rotunde mit den Wandmalereien zur Geschichte Kaliforniens und diverse Skulpturen. Die Ausstattung der Bibliothek wirkt edel und großzügig – üppige Ledersessel in den Sitzecken, schlichte schöne Holzbänke in den Gängen, viele PC-Arbeitsplätze mit Abspielgeräten für Videos und CDs.

Über Flower und 7th Street nähert man sich dem **Broadway**, und je näher man ihm kommt, desto mehr verwandelt sich Los Angeles in ein modernes Ellis Island, denn er führt mitten durch die Dritte Welt: Autolärm, Rock 'n' Roll, Mariachi-Musik in Stereo – Verkaufshil-

fen für Hifi-Elektronik. Dazwischen Schmuck und Uhren en masse, billige Fummel, Hot Dogs und Hamburger, Zeitungskioske. Ab und zu alte Kinos mit Filmen in Spanisch, Pfandhäuser und kaputte Typen.

An der Ecke Broadway und 3rd Street hält einzig das **Bradbury Building** vornehme Distanz zur Discountwelt ringsum: ein kühles Plätzchen, erfüllt mit einem feinen Skelett schöner Eisentreppen – ein Traum aus Backstein und Metall. Gegenüber prunkt das **Million Dollar Theatre**, ein Billigkino mit Sonderangeboten: »2 for 1«, das heißt für ein Ticket werden zwei Streifen geboten. Nur noch drei der alten Broadway-Kinos zeigen tatsächlich noch Filme; einige sind geschlossen, zum Beispiel das Los Angeles Theatre, 615 Broadway, in dem einst Charlie Chaplins »Lichter der Großstadt« Premiere feierte, oder werden als Kirche genutzt, wie das United Artists Theatre.

Auf dem Rückweg sollte man durch den munteren **Grand Central Market** schlendern, in dem sich der kalifornische Garten Eden greif- und genießbar *on display* ausbreitet. Verläßt man das Schlaraffenland durch den Hinterausgang (Olive Street), kommt man erneut in Sichtkontakt mit dem Marmor-Stahl-und-Eisen-L. A. von Bunker Hill. Wie auf »Engelsflügeln« kann man dort neuerdings hinaufschweben: via **Angels Flight**, d. h. in einem der beiden zierlichen Bähnchen, die den Höhenunterschied auf ebenso kurze wie steile Art überwinden und oben an der **California Plaza** landen. Von hier aus sind es nur ein paar Schritte zum renommierten **Museum of Contemporary Art**. Der Rundgang freilich geht erst mal weiter zum gegenüberliegenden Wells Fargo Center und über Hope Street und die elegante Freitreppe neben dem **First**

Interstate World Center, dem zur Zeit höchsten Wolkenkratzer L.A.'s, hinab (und zurück) zur Central Library und letztlich wieder zum Pershing Square.

Nach dem Auftauchen aus der Tiefgarage fährt man rund ums Biltmore Hotel zur 6th und dort links bis Main Street. Man kennt sie als *skid row*, eine verslumte Zeile mit Armenhotels und Missionsstationen, Junkies und Desperados, Obdachlosen, die auf der Straße liegen, *dope addicts* und *shopping cart people*, Leuten, die ihr ganzes Hab und Gut im Einkaufswagen umherschieben. Erst ab First Street entschwindet das Elend, schließlich nahen das Rathaus und die L.A. Mall, eine artifizielle Enklave mit Bänken, Grün und plastischer Kunst. Dann rechts plötzlich ein schöner Platz: die Keimzelle der Stadt und des Pueblo, die Plaza. Hier beginnt **Olvera Street**, eine ebenso kulinarische wie kunstgewerbliche Oase im Stil von Old Mexico. Genau so wünschen sich die meisten Amerikaner ihr spanisch-mexikanisches Erbe: stets

gutgelaunt, unterhaltsam, schmackhaft und nicht teuer. Aber man sieht auch Familien von Mexiko-Amerikanern hier, die mit verhaltenem Stolz die Plakette in der Nähe des Gazebo lesen, wo die Namen der elf Gründerfamilien (*Los Pobladores*) namentlich in Metall gehauen sind, jene Siedler, die am 4. September 1781 Los Angeles auf die Landkarte brachten: Indianer, Mulatten, Mestizen, Schwarze und Spanier; insgesamt 22 Erwachsene und 22 Kinder.

Was liegt an dieser Stelle näher, mal eben die Straße (Alameda) zu kreuzen, um einen kurzen Blick in die schöne Bahnhofshalle von **Union Station** zu werfen! Mehr noch: wer sich dort drinnen über die Rolltreppe in den Untergrund begibt, der wird sein kleines verkehrstechnisches Wunder erleben, denn unterhalb des alten Bahnhofs liegt einer der hypermodernen U-Bahnstationen der neuen **Metro Rail Red Line**! Autokultur, Eisenbahn, Metro: Los Angeles ist auf dem Weg, allen Transportformen ein Denkmal zu setzen – und so

Augenfutter zum raschen Verzehr bietet die Bildergalerie am Sunset Boulevard in Hollywood

Eine Hollywoodlegende: Alfred Hitchcock

nah wie hier kommen sie sich selten in dieser Stadt.

Zurück zu Olvera Street, zum Parkplatz. An der Cesar Chavez Avenue nimmt links ein ganz besonderer Parcours seinen Lauf, und zwar durch Miseren und Mythen – der **Sunset Boulevard**. Glamour? Erst mal nicht. Dafür eine ziemlich schäbige Kraut-und-

Rüben-Strecke von Telefonmasten und Reklamezeichen, Holzhütten und flachen Ziegelsteingebäuden, durchwirkt von Tankstellen, Holzläden, Autowerkstätten und kleinen Apartmentkomplexen, die an den Hügeln kleben. Der Sunset – eine Traumstraße? Eher ein *Boulevard of Broken Dreams.*

Im Dunstkreis von Silverlake grassieren *placas* und Graffiti-Texte an den Wänden, ein koreanisches Kunst- und Selbstverteidigungszentrum taucht auf, und in der Ferne kann man schon HOLLYWOOD am Berghang lesen. An Fountain Avenue schließlich gibt es den ersten optischen Leckerbissen, das »Vista«, ein Kino-Oldie im Azteken-Look.

Danach wird der Sunset insgesamt feiner. Wedelnde Palmenköpfe in Reih und Glied signalisieren unmißverständlich höhere Investitionsbereitschaft für zahlreiche, bereits fertiggestellte Exemplare neuerer südkalifornischer

Exotik am Bau: Mann's Chinese Theatre am Hollywood Boulevard

Bürohaus-Architektur – sauber, glatt, einwandfrei. Nur ab und zu gerät Exotisches dazwischen, die güldenen Zwiebelaufsätze des Tempels der »Self-Realization Fellowship« zum Beispiel. Spätestens nach der Freeway-Überquerung läßt **Hollywood** grüßen. Griechische Gipssäulchen und anderweitig verspieltes Dekor erinnern ans Kino; CBS-Studio und Aquarius Theatre zeugen von anderen Medien; Motels warten auf deren mobile Klientel.

An Vine Street bietet sich ein kleiner Umweg zum Hollywood Boulevard an. Verloren zwischen Ramschläden, Souvenirshops und Imbißschuppen, muß man die Reminiszenzen des alten Hollywood allerdings wie die Stecknadel im Heuhaufen suchen: den unverwüstlichen Künstlertreff Musso & Frank, das einst berühmte Premierentheater **Egyptian Theatre**, den »Walk of Fame« mit seinen Messingsternen auf dem Bürgersteig, ja, und das **Mann's Chinese Theatre**.

Zurück zum Sunset. Er hat inzwischen an Leben gewonnen: mengenweise meist von *gays* frequentierte Motels, Guitar Shops, Palmen und Punker. Als Monument kalifornischer Autokultur zieht rechts der **Sunset Car Wash** vorbei, mehr ägyptisches Grabmal als Waschanlage. Ab Crescent Heights beginnt der »Strip«, der nur rund eine Meile lange Teil des Boulevards, der durch die TV-Krimiserie »77 Sunset Strip« berühmt wurde. Dominierend sind die hier postierten *billboards*, riesige Reklametafeln, Augenfutter zum raschen Verzehr. Ansonsten machen ein paar Straßencafés mit Schickimicki-Gästen, Musikclubs und der gut sortierte Plattenladen von Tower Records die Highlights der Sunset-Achse durch **West Hollywood** aus. Dieser Stadtteil hat traditionell einen hohen Anteil an Leuten,

Sterne pflastern seinen Weg:
Hollywood Boulevard

die spürbar anders sind als der Durchschnitts-Angeleno – hauptsächlich Schwule und ältere russische Juden, die meist unter sich bleiben, um Karten oder Domino zu spielen.

Ab Doheny Drive, bei der Einfahrt nach **Beverly Hills**, muß sich der Sunset plötzlich benehmen und ein besseres Outfit zulegen. Er trägt jetzt grün, macht sich breit und schafft sich einen Mittelstreifen an. Mauern und Hecken erlauben flüchtige Blicke aufs Wohnen im Paradies. »Nobody walks in Beverly Hills except the guy who vacuums the grass«, heißt es spöttisch. Wie sagte Jean Cocteau? »Ein Mensch zu Fuß ist suspekt.« Allenfalls an den Bushaltestellen sieht man lebende Wesen: weitere Gärtner, Kindermädchen und Haushälterinnen. Beverly Hills, eine Stadt für

Durch- und Aussicht: Leseraum des Getty Center, Brentwood

sich, die mit der territorialen Umarmung durch L. A. nichts zu tun haben will, ist das Shangri-La der Superreichen mit 33 000 Bäumen und den meisten Gärtnern pro Kopf in den gesamten USA.

Vor dem pinkfarbenen Beverly Hills Hotel liegt ein kurzer Abstecher links über den Rodeo Drive nahe, der sich als ein Potpourri baulicher Stilblüten entpuppt – schnuckelige Hexenhäuschen, herrschaftliche Villen mit klassizistischen Säulen, im Hazienda-Look oder im plastischen Mix aus Antonio Gaudí, Jugendstil und Buttercremetorte. Überall stößt man auf Laune am Bau, die pralle Brieftaschen verrät, aber nicht immer Geschmack. Man kauft, reißt ab und baut halt neu. Als Nonplusultra des Immobiliengeschäfts gilt das »Platin-Dreieck« zwischen Beverly Hills, Bel Air und Holmby Hills. Hier wuchert das Geld der TV-Produzenten, Talk-show-Master und des Sultan-Clans aus Brunei.

Jenseits vom Santa Monica Boulevard beginnt die hochkarätige Konsummeile des **Rodeo Drive**, dessen Preisniveau an den geparkten Karossen erkennbar ist – Mercedes, BMW und RR haben die Nase vorn. Auch Porsches mit schwarzen »BHs«, ledernen Überzügen über den Scheinwerfern. Sehenswert auf jeden Fall: das geschmackvolle Shopping-Center der Rodeo Collection und das des Two Rodeo Drive.

Beverly Hills – was sonst?

Der Kreis schließt sich wieder am Sunset, der sich von nun an kräftig in die Kurve legt. Der streng bewachte Eingang zur Nobelwohngegend Bel Air passiert Revue, und kurze Zeit darauf schimmern links hinter Eukalyptus-bäumen die Sportanlagen, Studenten-heime und sonstigen Gebäude der **Universität von Kalifornien in Los Angeles** (UCLA) hervor.

Das nächste Highlight leuchtet von rechts: ein heller Marmorpalast, eine lichte feste Burg hoch oben über dem San Diego Freeway, das **Getty Center**, das zur Zeit neueste, größte und teuer-ste Kunstmuseum der Welt. Baukosten: 1 Milliarde Dollar – verbaut vom New Yorker Star-Architekten Richard Meier.

Im angrenzenden Brentwood wohnt es sich gepflegt, während an der Straße beschauliche Varianten des *California living* vorüberstreifen – Bungalows mit Vogelgezwitscher, bekränzt von Olean-der und Bougainvilleen. Gerade **Pacific Palisades** pflegt sein Image als Riviera-Replik durch großzügige Villen mit üppigem Bewuchs. Hier lag einst das »Weimar der Westküste«, das Refugium deutschsprachiger Exilanten aus der

Kunst am Highway: Wandmalereien am Santa Monica Freeway

Strandleben in Venice, California. Im Hintergrund die Santa Monica Mountains

Zeit vor und während des Naziregimes, hier standen die Häuser von Lion Feuchtwanger, Thomas Mann und Arnold Schönberg.

Schließlich sinkt der Sunset dem Meer zu Füßen. Der Highway One, auf den er hinausläuft, führt hart am Wasser nach **Santa Monica**. Kurz vor dem Pier sollte man sich rechts einordnen für die Ausfahrt Ocean Avenue. Über die schicke Main Street in Santa Monica gelangt man zuletzt nach **Venice** und zum **Ocean Front Walk**, dem Dorado der Ausgeflippten, das sich an manchen Wochenenden zur unbestrittenen Hauptstraße von *California crazy* steigert. Alles geht hier, zu Fuß und auf Händen, auf rollenden Schuhen, Bret-

tern und Rädern, gestylt und gefönt, zerzaust und halbnackt. Venice, California: das bedeutet ein Volksfest auf Dauer, ein Himmelreich für Hedonisten. Auch für solche, die sich schinden, allen voran die Feuerschlucker und Muskelmänner am *muscle beach*. Die zahllosen Jogger und Radler verraten, daß Körperkult und die ihn schick begleitende Mode- und Sportgeräteindustrie nach wie vor hoch im Kurs stehen. Fit sein ist schon was, fit aussehen aber besser, sogar besser als ein dickes Bankkonto, denn das kann man nicht sehen. Glück und Erfolg – in Kalifornien reicht es nicht, daß man beides hat. Man muß es auch sehen können. ❖

21. Tag – Route: Los Angeles – Long Beach – San Juan Capistrano – Oceanside – San Diego (235 km/147 mi)

km/mi	Zeit	Route
0	9.00 Uhr	In **Santa Monica**: von Kreuzung I-10 (Santa Monica Fwy.) und Lincoln Blvd. (Highway 1), nach Marina del Rey, LAX. Hinter El Segundo an Rosecrans Ave. rechts bis Highland Ave.; links nach Manhattan Beach und
21/ 13	10.00 Uhr	**Manhattan Beach Pier** (Stopp, ca. $^1/2$ Std.). – Manhattan Ave., Harbor Dr; in Redondo Beach links auf Catalina Ave., die zum Palos Verdes Dr. wird. Durch Palos Verdes bis zur
43/ 27	11.00 Uhr	**Wayfarers' Chapel** (Besichtigung ca. 1 Std.). In San Pedro wird Palos Verdes Dr. zu 25th St.: an Gaffey St. links durch San Pedro, dann rechts halten für Auffahrt zur S 47 und Fwy. über die Vincent Thomas Bridge nach **Long Beach**. Weiter geradeaus: Ocean Blvd., 2nd St; nach einer Weile rechts einordnen für den Pacific Coast Hwy. Nach
110/ 69	13.00 Uhr	**Laguna Beach**. Badepause in **Aliso Beach** oder **Dana Point** beide südl. von Laguna oder im
128/ 80		**Salt Creek Beach State Park** (ca. 2 Std.). Wer anschließend die **San Juan Capistrano Mission** nicht verpassen möchte, der sollte beim Treffen mit der I-5 zunächst die Auffahrt nach Norden wählen: nach nur 3 Meilen kommt die Abfahrt zur Kirche. In jedem Fall – vom Strand oder der Kirche:
235/147	16.30 Uhr	I-5 *South* bis Downtown **San Diego**. (Missionsbesuch und/oder der lohnende Umweg über die schöne S 21 ab Oceanside verzögern die Ankunft in San Diego um mindestens 1–2 Std.).

21. Tag – Route: Los Angeles – Long Beach – San Juan Capistrano – Oceanside – San Diego (235 km/147 mi)

Alternativen/Extras: Einen Zusatztag in **Long Beach** könnte man u. a. zum Besuch des neuen **Long Beach Aquarium of the Pacific** (s. u.) nutzen oder zu einer Bootsfahrt nach **Catalina Island**, der autofreien, ans Mittelmeer erinnernden Insel, die einst dem Kaugummikönig Wrigley gehörte und heute unter Naturschutz steht. Außer schnorcheln und tauchen kann man hier wandern und reiten. **Catalina Cruises**, 320 Shore Blvd., Long Beach, CA 90802, ☎ (562) 436-5006, Fax 538-4554: flotter Katamaran, der es in weniger als 1 Std. bis zur Insel schafft. Anleger: Catalina Island Terminal, direkt gegenüber vom Aquarium. – **Landeinwärts** bietet sich weiter südlich, in **Oceanside**, ein kurzer Abstecher (ca. 5 km/ 3 mi) zur **Mission San Luis Rey** (s. u.) und/oder ein etwas weiterer (ca. 35 km/ 22 mi) zur ungewöhnlichen **Mission San Antonio de Pala** an, SR 76 (ausgeschildert), Pala, Pala Mission Road, ☎ (619) 742-1600. Die Dependance der benachbarten Missionskirche San Luis Rey in Oceanside entstand zwischen 1810 und 1816, verfiel, wie die meisten ihrer Art nach der Säkularisation und wurde später restauriert. Fotogener Turm, schöner Kirchenraum mit originalem Fußboden und indianischen Wandbemalungen, lieblichem Garten und altem Friedhof in bäuerlich-ländlicher Umgebung innerhalb des Reservats der Pala-Indianer.

21. Tag – Informationen

 Wayfarers' Chapel
5755 Palos Verdes Dr. South
Rancho Palos Verdes
☎ (310) 377-1650
Tägl. 11–16 Uhr
Schöne Glas- und Holzkirche, 1951 von Lloyd Wright, dem Sohn des großen Baumeisters Frank Lloyd Wright, errichtet und dem Naturforscher und Theosophen Emanuel von Swedenborg gewidmet.

 **Long Beach Area Convention & Visitors Bureau**
One World Trade Center, Suite 300
Long Beach, CA 90831
☎ (562) 436-3645
Fax 435-5653
teres@lingbeachcvb.org
www.golongbeach

 Long Beach Aquarium of the Pacific
100 Aquarium Way
Long Beach, CA 90802
☎ (562) 590-3100
www.aquariumofpacific.org
Im Zuge der Neugestaltung des Küstenabschnitts Queensway Bay entstand dieses bisher jüngste Mega-Aquarium und interaktive Museum.

Hotel Queen Mary
1126 Queens Hwy.
Long Beach, CA 90802
☎ (562) 435-3511
www.queenmary.com
Ehemalige 1.-Klasse-Kabinen, zu einem Hotelkomplex ausgebaut, wecken Erinnerungen an den Stil des Reisens der 30er Jahre. Babysitting an Bord. Besonders ein ungewöhnlich schöner Pool

21. Tag – Informationen

und eine Klasse Art-déco-Bar verlocken zum Besuch der alten Dame der
Seefahrt.

 Salt Creek Beach Park
beim Hwy. 1 südl. von Laguna Beach
An Selva rechts abbiegen, parken und
die Stufen zum Strand hinuntergehen,
der sich bis Dana Point an einem Steilufer hinzieht.

 Mission San Juan Capistrano
℡ (714) 248-2049
Tägl. 7.30–17 Uhr. Führungen
1776 von Junipero Serra gegründet;
heute auch berühmt wegen der Schwal-
ben, die hier zwischen März und Oktober Quartier beziehen. Im Winter ver-
reisen sie nach Argentinien. $ 3

Mission San Luis Rey de Francia
4050 Mission Ave. (ein paar Minuten
östl. der Stadt)
Oceanside
℡ (619) 757-3651
Mo–Sa 10–16.30, So ab 12 Uhr
Der strahlend weiße Baukörper mit seinen luftigen Holzdecken ist einer der
größten seinesgleichen im ehemaligen

Alta California, 1798 gegründet und
nach dem französischen König Louis IX.
benannt. Eintritt $3.

San Diego 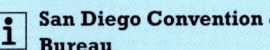 **Vorwahl:** ℡ 619

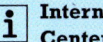 **San Diego Convention & Visitors
Bureau**
401 B Street, Suite 1400
San Diego, CA 92101
℡ 232-3101
Fax 232-1707
www.sandiego.org

**i International Visitor Information
Center**
Horton Plaza Shopping Center (Down-
town)
First Ave. & F St.
℡ 236-1212
Mo–Sa 8.30–17, Juni–Aug. So 11–17 Uhr
Auskünfte aller Art (auch auf deutsch).

 La Valencia Hotel
1132 Prospect St.
La Jolla, CA 92037
℡ 454-0771 und 1-800-451-0772
Fax 456-3921
Traumhotel in pink mit Ozeanblick. Ver-
schachtelt am Steilhang gebaut. Die
Lobby befindet sich auf der 7. Etage
(vom Meer aus gesehen). Stilvolles
historisches Ambiente, hübsche Zimmer, schöne Bungalows, gutes Restaurant, Whirlpool, Pool, Sauna. $$$$

 Shell Beach Motel
981 Coast Blvd.
La Jolla, CA 92037
℡ 459-2621 und 1-800-248-COVE
Fax 454-3523
Verschiedene Häuser, direkt an der
Bucht. Apartments (verschiedener Größe)
mit Küche. Discount ab 3 Nächten. $$–
$$$$

 Crystal Pier Hotel
4500 Ocean Blvd. (Pacific Beach)

San Diego, CA 92109
ℂ 483-6983 und 1-800-748-5894
Fax 483-6811
Wohnen überm Meer: das selbst für Kalifornien originelle Motel draußen auf dem Pier wirbt mit dem Slogan »Sleep Over the Ocean«. 2-Zimmer-Apartments mit Küche, Terrasse und rauschender Brandung unterm Bett. Im Winter (Mitte September–Mitte Juni) 2 Nächte Minimum; im Sommer 3 Nächte. $$$$

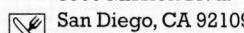
Catamaran Resort Hotel
3999 Mission Blvd.
San Diego, CA 92109
ℂ 488-1081 und 1-800-288-0770
Fax 488-1619
www.catamaranresort.com
Strandnah mit Südsee-Touch. Empfehlenswertes Restaurant. In der Cannibal Bar oft *live music*. Pool, Fitneßräume. $$$$

Best Western Shelter Island Marina Inn
2051 Shelter Island Dr.
San Diego, CA 92106
ℂ 222-0561 und 1-800-922-2336
Fax 222-9760
Schön gelegenes Hotel mit Blick auf Marina, Hafen und Stadt am Scenic Drive. Restaurant. $$$

Zahlreiche preiswerte Hotels/Motels entlang **Motel Circle** im **Mission Valley** (an der I-8 stadtauswärts).

Hotel del Coronado
1500 Orange Ave.
Coronado, CA 92118
ℂ 522-8496 und 1-800-HOTEL-DEL
Fax 522-8262
Altes Prachthotel direkt am Strand – einst Drehort für Billy Wilder's »Manche mögen's heiß«. Pool, Sonnenterrasse, Tennisplätze, Restaurants, Shops und Bars. $$$–$$$$

Campland on the Bay
2211 Pacific Beach Dr.
San Diego, CA 92109
ℂ 581-4224 und 1-800-4 BAYFUN
600 Plätze an der Mission Bay, in Ozeannähe. Wohnmobile, Zelte, Duschen, Toiletten, Markt, Wäscherei, Jacuzzi. Reservierung einige Tage im voraus zweckmäßig. Um $ 30

Silver Dollar Beach
Coronado Halbinsel (südl. vom Coronado Hotel)
Preiswerter Campingplatz mit Superstrand.

Trattoria Acqua
1298 Prospect St.
La Jolla
ℂ 454-0709
Luftiges, verwinkeltes Holzlabyrinth mit *mediterranean view* aufs Meer bei schmackhafter italienisch-kalifornischer Kost aus Küche und Keller (erstaunliche Weinkarte). $$

Picoso
828 Prospect St.
La Jolla
ℂ 551-3232
Unprätentiöse Taco-Bar mit saftigen mexikanischen Gerichten und delikater *salsa*-Auswahl. Drinnen und draußen. $–$$

Brockton Villa Restaurant
1235 Coast Blvd., La Jolla
ℂ 454-7393
Hübsches altes Strandhaus von 1894 zum Frühstück und Lunch bei schönen Aussichten von oberhalb der Taucherbucht. $

World Famous
711 Pacific Beach Dr. (Pacific Beach)
ℂ 272-3100
Rustikales Fischlokal gleich am Wasser. $$

21. Tag – Informationen: San Diego — Vorwahl: ✆ 619

Miguel's Restaurant
4912 Shelter Island Dr. (Richtung Cabrillo Monument)
✆ 224-2401
Fischrestaurant mit Blick auf den Hafen und die Fischerboote. $–$$

Casa de Bandini
2660 Calhoun St.
San Diego, CA
Old Town
✆ 297-8211
Mexikanisches Bier und *quesadillas* bzw. Gemüse-*fajita*. Etwas touristisch, aber das älteste und renommierteste Gasthaus in Old Town. $$

Fio's Cucina Italiana
801 Fifth Ave. (Gaslamp Quarter)
✆ 234-3467
Trendlokal mit Italo-California-Touch. $$–$$$

Mama Anna's
644 Fifth Ave.
✆ 235-8144
Guter Italiener mitten im Gaslamp Quarter. $$

Osteria Panevino
722 Fifth Ave. (Gaslamp Quarter)
✆ 595-7959
Beliebter Italiener, besonders schmackhafte Vorspeisen, auch die Pasta-Gerichte sind als *appetizer* zu haben. $$

Cafe Sevilla
555 4th Ave. (Gaslamp Quarter)
✆ 233-5979
Tapas etc., oft Flamenco, gemütlich. $

La Avenida
1301 Orange Ave. (Coronado)
Frühstück, Lunch und Dinner bis 21 Uhr. $

Auslauf: Boardwalk am Mission Beach

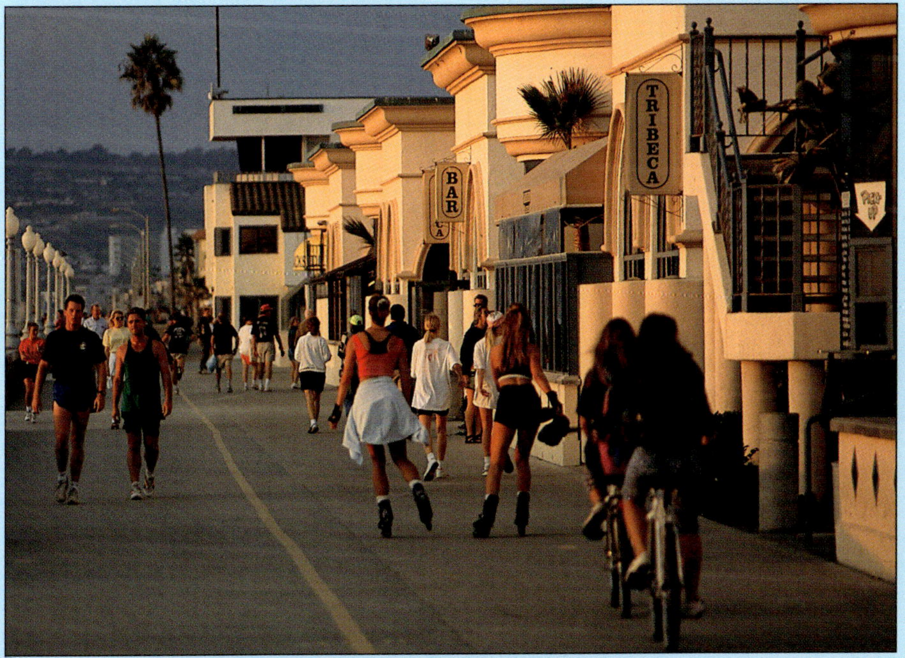

Beach Boys lassen grüßen
Zwischen L.A. und San Diego

Bretterkunst auf dem Wellenkamm

Von Brise und Brandung wollen Freeways meist nichts wissen, sie bevorzugen Lagen landeinwärts. Ihre Gradlinigkeit grenzt an Langeweile, selten an mäandernde Küstenlinien. Nichts spricht also dagegen, auch weiterhin dem Highway One die Treue zu halten, denn Wassernähe ist damit durchweg garantiert.

Nur anfangs nicht in Santa Monica, wenn sich die Nr. 1 hinter dem **Lincoln Boulevard** versteckt, einem *commercial strip*, wie er im Buche steht. Zwischen den obligaten Telegrafenmasten jagt ein Superzeichen das andere: Tankstellen, Fähnchen, Riesenbuchstaben, Bilder fürs Auge im Transit – Metastasen südkalifornischer Autokultur.

Bei **Marina del Rey**, der vornehmen Yacht- und Apartment-Enklave für über 10 000 lebenslustige Singles und Bootsfreunde, werden die Straßenränder zwar etwas ziviler, doch bis kurz vor dem Untertauchen beim Flughafen LAX, wenn sich die Jets fast übers Autodach zu schieben scheinen, bleiben die Begleiterscheinungen ringsum dürftig. Und das durch petrochemische Vertikalen verzierte El Segundo macht's auch nicht besser.

Nach der Abzweigung an der Rosecrans Avenue in Richtung Manhattan Beach lichtet eine hübsche *beach community* das Bild gründlich. Alles wirkt aufgeräumt und gepflegt, die Leute in den Straßencafés adrett und brav – **Manhattan Beach,** eine Art ordentliches Venice. Der Pier gehört den Surfern, Anglern und bisweilen den großmauligen Kormoranen, während ihre gefiederten Kollegen, die *sandpiper*, am Flutsaum entlangflitzen, um sich mit spitzem Schnabel die Leckerbissen aus dem Sand zu ziehen.

Auf der Weiterfahrt wechseln Strandhäuser zwischen Schindel-Look und solchen im neospanischen Stil, garniert von Rosenbüschen, Bougainvilleen und Yuccas. **Hermosa** und **Redondo Beach** gelten ebenso wie El Segundo und Manhattan als die typischen Surfer-Vorstädte (*surfurbs*) von L.A. Redondo Beach spielte dabei sogar eine Pionierrolle. 1907 demonstrierte hier ein hawaiianisches Surf-As diese Bretterkunst und gab damit das Startzeichen für ihre Nachahmung in Kalifornien. Übrigens, die **King Harbor Marina** in Redondo ist die touristische Spätfassung eines Seehafens, den die Stadt L.A. in den 90er Jahren des vorigen Jahrhunderts an dieser Stelle bauen wollte, bevor sie sich für San Pedro entschied.

Hermosa und Redondo bilden Übergänge zu immer gepflegteren Wohnbereichen, die schließlich in **Palos Verdes** gipfeln, wo man nicht weiß, was man mehr bewundern soll, die herrschaftlichen Villen oder die reiche Blütenkultur am Fuße des Hügels. Wer weiter oben mit Ausblick wohnt, ist noch besser dran, muß aber auch mehr bezahlen. Die Immobilienpreise steigen mit der Höhe über dem Meeresspiegel. Mittendurch führt die Parkstraße vorbei an Eukalyptus und Oleander, schraubt sich am Hang hoch, passiert die edle, von Arkaden und einem klassizistischen Brunnen geschmückte **Malaga Cove Plaza** und gibt den Blick frei auf den Ozean und die kreuzenden Yachten. Rancho Palos Verdes, ein Beverly Hills *by the sea.*

Nach und nach weitet sich das Pazifikpanorama, so daß das Hinweisschild auf eine *whale watching site* nicht weiter überrascht. Wer Geduld und auch noch Glück hat, kann hier die Grauwale sichten, die im Winter aus den arktischen Gewässern nach Baja California ziehen, um dort ihre Jungen zur Welt zu bringen. Jahrhundertelang wurden

Unbekanntes Los Angeles: Blick auf die Hügel von Rancho Palos Verdes

Beeindruckende Transparenz: Wayfarers' Chapel

sie gejagt und an Land, in den *whaling stations,* verarbeitet. Spätestens seit Melvilles »Moby Dick« symbolisieren sie den Herausforderer schlechthin, den es zu bezwingen gilt. Doch seit die Riesenburschen unter Schutz stehen, genießen sie einen erstaunlichen Sympathiezuwachs an den Küsten. *Whale watching* ist zum populären Freizeitspaß geworden, zu dem die Leute an die Aussichtspunkte drängen und an Bord der Ausflugsschiffe gehen. Ab Dezember fängt das an und dauert manchmal bis April. Viele kennen schon die Clownerien der trainierten Schwertwale von »Sea World« in San Diego, aber eine Wasserfontäne auf einem Walrücken, so ein zischender »Blas« oder eine gewaltige, schwarze Schwanzflosse in Gottes freier Natur – das ist noch erregender.

Am Weg, zur Landseite hin, sollte man eine ungewöhnliche Kirche nicht links liegenlassen, die hinter Busch-

werk und Bäumen nur zu erahnen ist. Die **Wayfarers' Chapel** ist eine höchst transparente Konstruktion aus Glas und Holz, traumhaft gelegen inmitten eines bewundernswert gestalteten Gartens. Ihr Architekt, Lloyd Wright, der Sohn des großen Frank Lloyd Wright, hat sich bei seinen Bauplänen angeblich von den Redwoodbäumen Nordkaliforniens inspirieren lassen. Das gläserne Gotteshaus erfreut sich besonderer Beliebtheit als Heiratskapelle. Für rund 1 000 Dollar kann man hier in nur 15 Minuten den Bund fürs Leben schließen. Wochentags ist es etwas preiswerter. Die Paare können zwischen klassischer und zeitgenössischer Musik wählen. Ein Organist *live* kostet extra.

Richtung Süden führt die Straße über **Portuguese Bend** durch eine kurvenreiche Klippenlandschaft, die zu den neuralgischen Erdrutschzonen (*land slide areas*) an der Westküste gehört. Immer wieder haben hier abbröckelnde

Erdmassen die Straßenführung durcheinandergebracht.

Szenenwechsel: Ankunft in **San Pedro**, der »Hafenstadt« von Los Angeles. Sie liegt am Ende eines äußerst schmalen Landkorridors, der sich von Downtown bis hierhier erstreckt. Er kam 1909 durch die sogenannte »Schnürsenkel-Annexion« zustande: zwischen Mitte und Hafen wurde dadurch eine Verbindung geschaffen, die unter städtischem Nutzungsrecht stand.

San Pedro ist auch *Bukowski Country*, denn hier lebte und starb der in Andernach am Rhein geborene, bei konservativen Lesern verpönte und deswegen bei progressiven um so mehr geschätzte Schriftsteller. Weit weg von der espressoschlürfenden Medienschickeria in Beverly Hills und Hollywood bevorzugte der *dirty old man* der Literatur diese ruppige, auf jeden Fall aber stinknormale Hafenstadt. Henry Miller, der selbst zweimal in L.A. wohnte, nannte Bukowski einmal den »literarischen Satyr des Untergrunds«. Von Poesie vor Ort fehlt hier denn auch jede Spur; statt dessen steht die Überquerung der keineswegs schönen, aber imposanten **Vincent Thomas Bridge** bevor, deren Sog die Autos geradezu heraufzieht, um sie auf der anderen Seite wieder fallenzulassen – vorbei an Nissan- und Toyota-Halden sowie nickenden Ölpumpen. Unübersehbar schon von Ferne liegt sie da, die gute alte **Queen Mary**, ein schwimmender Art-déco-Palast, der nirgendwo mehr hinfährt, sondern geduldig auf Hotelgäste wartet.

Selbst die TV-Übertragungen der Formel-1-Rennen haben wenig daran ändern können, daß **Long Beach** lange als ein touristisches Mauerblümchen dahinvegetierte. Daran hat sich einiges geändert. Wenn man **Ocean Boulevard**

entlangfährt, sieht man hier und da Architekturveteranen in neuem Glanz, besonders viel Art déco, zahlreiche Marinas und Strände – an Wochenenden meist frequentiert von der vorwiegend nuckelnden und schlürfenden Pepsi-Generation. Das neue **Aquarium of the Pacific** zählt zu den technisch bestgerüsteten in den USA.

Auch weiter südlich präsentiert Südkalifornien seine Visitenkarte an den Stränden von **Seal Beach, Huntington Beach** und **Bolsa Chica** – mit chromblitzenden Vans, donnernden Motorrädern und Surfbrettern, muskulösen Blondschöpfen und quietschenden Girls. Die Beach Boys lassen grüßen. Und während sich rechts das genießerische Strandleben ausbreitet, tun es links die profitablen Ölfelder, mit Pumpen, die so aussehen wie extra-terrestrische Insekten, vor allem wenn sie nicken.

Hase beim Strandgang: in Laguna Beach

Oase der Ruhe: Garten der Mission San Juan Capistrano

Der Yachthafen in **Newport Beach** ist vor allem bei vielen »Angelenos« gefragt, die hier am Wochenende die Motoren ihrer Boote anwerfen und die Segel losbinden. **Laguna Beach** hält so viel auf sich, daß hier ausnahmsweise einige der schönsten Strände privat sind. Man tut also gut daran, genau auf die Hinweisschilder für öffentliche Zugänge zum Strand zu achten. Im Ort passieren Galerien und das pinkfarbene Kunstmuseum Revue, schließlich ist man eine Künstlerkolonie. Vernissagen, Ausstellungen und Festivals halten ihre rund 20 000 Einwohner wirtschaftlich auf Trab. Bei den betuchten Zweihäuslern aus Los Angeles und Orange County steht der Ort hoch im Kurs. Der lukrative Trend zum Kunstmarkt begann, als das sogenannte »Pageant of the Masters«-Spektakel aus der Taufe gehoben wurde, eine Kunst-Show, bei der Schauspieler Sujets berühmter Tafelbilder aus der Geschichte der Malerei nachstellen, Stilleben mit Figuren und Requisiten – Tableaus und Posen für das Aha-Erlebnis der Kenner.

Südlich von **Dana Point** endet der Highway One. Die flotte Interstate 5 übernimmt nun die Transportregie,

doch bevor man ihr in schnellen Sätzen nach Süden folgt, sollte man unbedingt einen kleinen Sprung auf ihr zurück machen – ein paar Meilen zur **Mission San Juan Capistrano,** eine wegen ihrer Ruinenromantik besonders hervorragende Klosteranlage im Kranz der 21 Kirchen, die in der spanischen Ära entlang des *Camino Real* entstanden, jener Kolonisationsroute, die heute Highway One, US 101 bzw. I-5 heißt.

Südlich von San Clemente folgen die wie Riesen-Eier wirkenden, nach dem ägyptischen Eremiten Onofre benannten Atommeiler – nützlich, sagen die Betreiber, gefährlich, die Gegner, insbesondere wegen des in Kalifornien lauernden Erdbebenrisikos. An **San Onofre** scheiden sich die Geister.

Bleibt man auch südlich von Oceanside auf der Interstate, dann gibt's über den Weg bis San Diego nicht allzuviel zu berichten. Viel dagegen, wenn noch die Zeit bliebe, um auf den Highway 21 zu wechseln, der in Oceanside praktisch die Rolle der berühmten Küstenstraße fortsetzt. Weitgehend parallel zu den Bahngleisen, führt sie meist nah am Wasser entlang, trennt die Salzmarschen vom Ozean, überquert hübsche Creeks und reiht leuchtendgelbe Sukkulenten und kleine Badeorte auf eine bunte Perlenschnur. **Carlsbad** klingt nach böhmischen Dörfern, und das nicht ohne Grund. Ende des letzten Jahrhunderts fand man, daß zwei hiesige Mineralquellen in ihrer Zusammensetzung denen im (damals) berühmten Karlsbad in Böhmen glichen. An Alt-Karlsbad erinnert heute ein romantisches Pfefferkuchenhaus an der Straße.

An einer der Lagunen – Los Peñasquitos Lagoon and Salt Marsh – geht es rechts ab und hinauf zum **Torrey Pines State Park,** in eine landschaftlich ungewöhnliche Enklave, die viele aus Unkenntnis links liegenlassen. Zu Unrecht, denn der Park bietet nicht nur reizvolle Wanderwege durch eine reiche Flora mit tollen Ausblicken auf den Pazifik, sondern auch den Zugang zu fast menschenleeren Stränden am Fuße der Klippen. Ihre Breite hängt von der Tide ab, denn bei Flut spült das Wasser fast bis an die Steilküste. Im Adobebau der Rangerstation erläutern Ausstellungen die heimische Pflanzenwelt – in erster Linie jenen Baum, der dem Park den Namen gibt: die Torrey-Kiefer mit ihren superdicken Zapfen. Auf dem *beach trail* windet man sich durch duftendes *coastal sagebrush* an Kakteen und Agaven vorbei zum Meer bis **Flat Rock**.

Die **Torrey Pines Road** zieht eine Art lichte Schneise durch die akademischen Gefilde im Norden von San Diego. Hier konzentrieren sich Forschung und Lehre wie an keiner anderen Stelle der Stadt. Zunächst das **Salk Institute** für Biologie mit seiner avantgardistischen Architektur von Louis Kahn (Hinweisschild). Jonas Salk, der Entdecker des Impfstoffs gegen die Kinderlähmung, starb 1995. Dann der San Diego Campus der Universität von Kalifornien (UCSD), an der einst Herbert Marcuse lehrte, und jede Menge anderer Forschungsstätten – oder solche im Bau. Bald nach dem Institut für Ozeanographie erreicht man über den La Jolla Shores Drive eine der hübschesten Eklaven von San Diego: **La Jolla** (spanisch für »Höhle«, »Grube«, »Flußbett«). Hier kann man den Reisetag beschließen, am Wasser entlanglaufen, an den *coves*, dem Unterwasserpark und den handtuchgroßen Sandstränden der Minibuchten – ideal für Taucher und Schnorchler. Auf den Felsbrocken im Wasser räkeln sich die Seelöwen.

Gleich zu Anfang von **Pacific Beach** kommt man am **Crystal Pier** vorbei, einem kuriosen Dinosaurier kalifornischer Motellerie. »My Body Lies Over the Ocean« könnte die Losung des in den 30er Jahren auf dem Pier ins Meer hinausgebauten Motels sein. Damals warben Ansichtskarten für luftige Ferien über dem Wasser: »Der blaue Pazifik ist Ihr Vorgarten«. Der Pier sah noch stattlicher aus, aber 1983 rupfte ein Sturm – ähnlich wie in Santa Monica – sein Kopfende ab. Das läßt heute hier

Eingangshalle des Museum of Contemporary Art, San Diego, im Ortsteil La Jolla

Downtown San Diego, vom Dach des St. James Hotels aus gesehen

die Gäste kalt. Seelenruhig genießen sie den schönen Meeresblick von ihren hölzernen Bungalows, deren blaugetünchte Fensterläden handgeschnitzte Ornamente tragen.

An den Sommerwochenenden, wenn die Jugend von San Diego regelrecht ins Meer überquillt, ist gerade an den Stränden von Pacific und **Mission Beach** der Teufel los. Da sponsert eine Schnapsfirma ein Volleyball-Match – sofort ein Menschenauflauf! Skateboard-Artisten haben bei einem gerade abgerissenen Haus einen leeren Swimmingpool entdeckt und brettern die grünen Wände rauf und runter. Dagegen will auf der Halbinsel Coronado im Süden der Stadt gut Ding eher Weile haben: das Spazierengehen, das Sitzen und Schauen, kurz, die stilleren Töne zum Ausklang des Tages – und der langen Reise entlang der West Coast Highways.

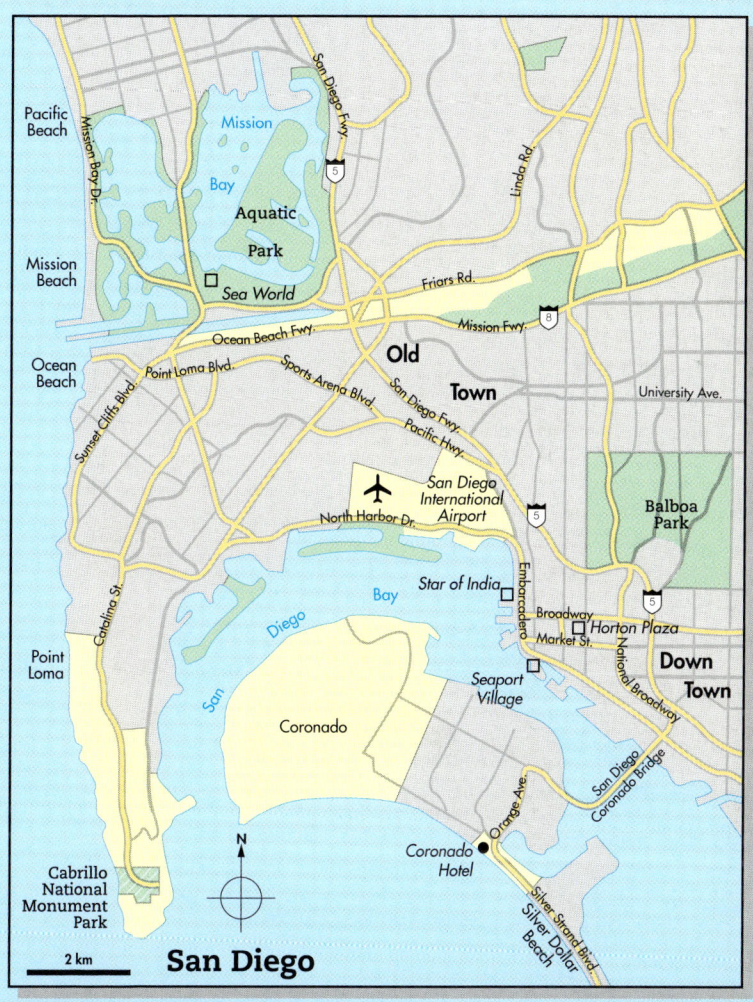

9.00 Uhr	Je nach Lage des Hotels entweder über die Coronado-Brücke (**Chi-cano Park**), National Ave. bis Downtown (wird zur 12th St.), bei F St. links. Oder von Mission bzw. Pacific Beach über Mission Bay Dr., I-8 *East*, I-5 *South* bis *Exit* Broadway zur
10.00 Uhr	**Horton Plaza** (Block zwischen 1st & 4th Ave., Broadway und G St.: Shopping/Lunch (oder im **Gaslamp Quarter** zwischen 4th & 6th Sts.)
13.30 Uhr	**Balboa Park** (von Downtown am besten über 12th St. in nördlicher Richtung erreichbar)
14.00 Uhr	**Sea World** (vom Balboa Park über I-5, I-8, Mission Bay Dr., dann Schildern folgen); anschließend: **Strände** (Mission Bay Dr., Mission Blvd.).

22. Tag – Programm: San Diego

Alternativen: Besuch der **Missionskirche** (s. u.), des **Museum of Contemporary Art** (s. u.; entweder das in Downtown oder das baulich und von seiner Lage besonders schöne in La Jolla), ein Spaziergang am **Embarcadero** entlang (s. u.; Start beim Seaport Village); eine Shopping-Tour durchs mondäne **La Jolla**; zum *whale watching* nach **Point Loma** (am Ende von Cabrillo Memorial Dr.; s. u.). Ausflug nach **Tijuana, Mexiko**. Man kann zur Grenze (San Ysidro) fahren, dort parken und zu Fuß nach Mexiko gehen oder die **San Diego Trolley** (Straßenbahn) nehmen (s. u.). Fahrzeit 40 Minuten ab Downtown San Diego. Einfache Fahrt: $ 2.25. Von der Grenze (Reisepaß erforderlich) kann man mit Bus oder Taxi in die Innenstadt von Tijuana fahren. Als Taxiziel sollte man die zentrale **Plaza Fiesta/Avenida de la Revolución** nennen. Auskünfte vor Ort: **Tijuana Tourism & Convention Bureau**, gleich hinter der Grenze, Mo–Fr 8–21, Sa 8–22, So 8–19 Uhr. Und: **Tijuana Chamber of Commerce**, Ecke First und Revolución, Tägl. 9–19 Uhr. Wichtigste Einkaufsstraßen: Avenida Revolución, Caliente Blvd. und Paseo de los Héroes. Alle Waren sind zollfrei. Das **Tijuana Cultural Center** informiert über die mexikanische Kulturgeschichte; Stierkämpfe gibt's zwischen Mai und Oktober sonntags nachmittags zu sehen.

22. Tag – Informationen: San Diego   Vorwahl: ℂ 619

 Horton Plaza
Shopping Center (Downtown)
ℂ 238-1596
Mo–Fr 10–17, Sa 10–18, So 11–18 Uhr
Munteres Konsum-Labyrinth. Mit einem Kassenzettel kann man 3 Std. kostenlos im Parkhaus stehen.

 Old Town State Park
Juan, Twiggs, Congress & Taylor Sts.
Historischer Stadtkern mit restaurierten Überbleibseln der ersten europäischen Siedlung in den USA. Kunstgewerbe, Souvenirs, mexikanische Restaurants

 Balboa Park
Von Downtown: 12th St., dann Park Blvd.
Abwechslungsreicher Stadtpark: u. a. **Reuben H. Fleet Space Theater and Science Center** (Thema Raumfahrt, ℂ 238-1233; Eintritt $ 6); **San Diego Museum of Art** (1450 El Prado, ℂ 232-7931, Mo geschl., Eintritt $ 7). Auch der beachtliche **Zoo** liegt im Park.

 SeaWorld
1720 S. Shores Rd. (Mission Bay)
ℂ 226-6363 und 1-800-SEA-WORLD
Tägl. 9 Uhr bis Sonnenuntergang
Maritime Show und Entertainment: *Shamu*, der Killerwal, Seeottern, Delphine, Seelöwen und Pinguine. 1996 kamen knapp 4 Millionen Besucher.
Eintritt ca. $ 31

 Seaport Village
849 W. Harbor Dr. (Kettner Blvd.)
 ℂ 235-4014
Tägl. 10–21 Uhr
Gemütlicher Restaurant- und Shoppingkomplex am Wasser. Von hier aus kann man lange am Hafen entlanglaufen.

Mission San Diego de Alcala
10818 San Diego Mission Rd.
ℭ 281-8449
Tägl. 9–17 Uhr
I-8 nach Osten bis Ausfahrt Mission Gorge Rd. und Schildern folgen. Sehenswerte Missionskirche (die erste im Kranz der 21 kalifornischen Missionskirchen) von 1769. Der ursprünglich von Pater Junipero Serra auf dem Presidio Hill errichtete Bau wurde 5 Jahre später an diese Stelle versetzt, dann von Indianern niedergebrannt und 1781 wieder aufgebaut. $ 2

 Museum of Contemporary Art
1001 Kettner Blvd. (America Plaza, Broadway)
San Diego, CA 92101
ℭ 234-1001
Di–Sa 10–17, So 12–17, Fr bis 20 Uhr
Originelles, postmodernes Museum gegenüber dem alten Santa Fe Depot: der Downtown-Ableger des gleichnamigen Instituts in La Jolla. Wechselausstellungen. Museumsshop. $ 4

 Museum of Contemporary Art
700 Prospect St., La Jolla, CA 92262

ℭ 454-3541
Fax 454-6985
Di–Sa 10–17, So 12–17, Mi bis 20 Uhr
Ehemalige, von Robert Venturi beeindruckend um- und ausgestaltete Villa am Meer mit kleiner, sehenswerter Sammlung: Fenster zur Kunst und zum – Pazifik. Café und gut sortierter Buchladen. $ 4

 Cabrillo National Monument
1800 Cabrillo Memorial Dr.
San Diego, CA 92166
ℭ 557-5450
Tägl. 9–17.15 Uhr, im Sommer länger
Denkmal zur Erinnerung an den spanischen Küstenentdecker von 1542. Leuchtturm, schöne Aussichten, bevorzugt besucht zum *whale watching*. $ 5

 San Diego Trolley
ℭ 233-3004.
Straßenbahn durch Downtown und zur mexikanischen Grenze. Tägl. 5–1 Uhr nachts, bis 19 Uhr alle $1/4$ Std., danach halbstündlich. Haltestellen u. a. Ecke 6th und C Sts., Civic Theatre, Gaslamp Quarter, San Diego Square.

Im Balboa Park, San Diego

22

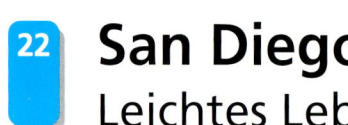

San Diego

Leichtes Leben am Meer

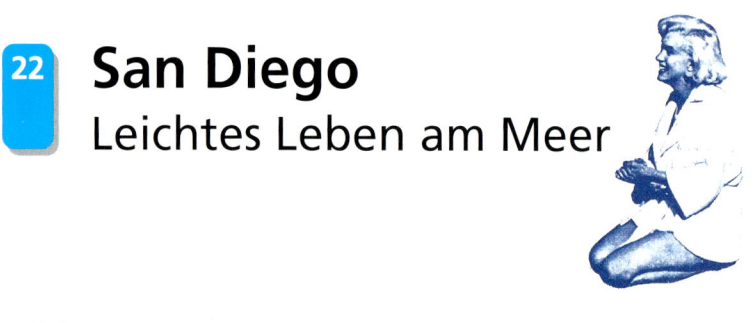

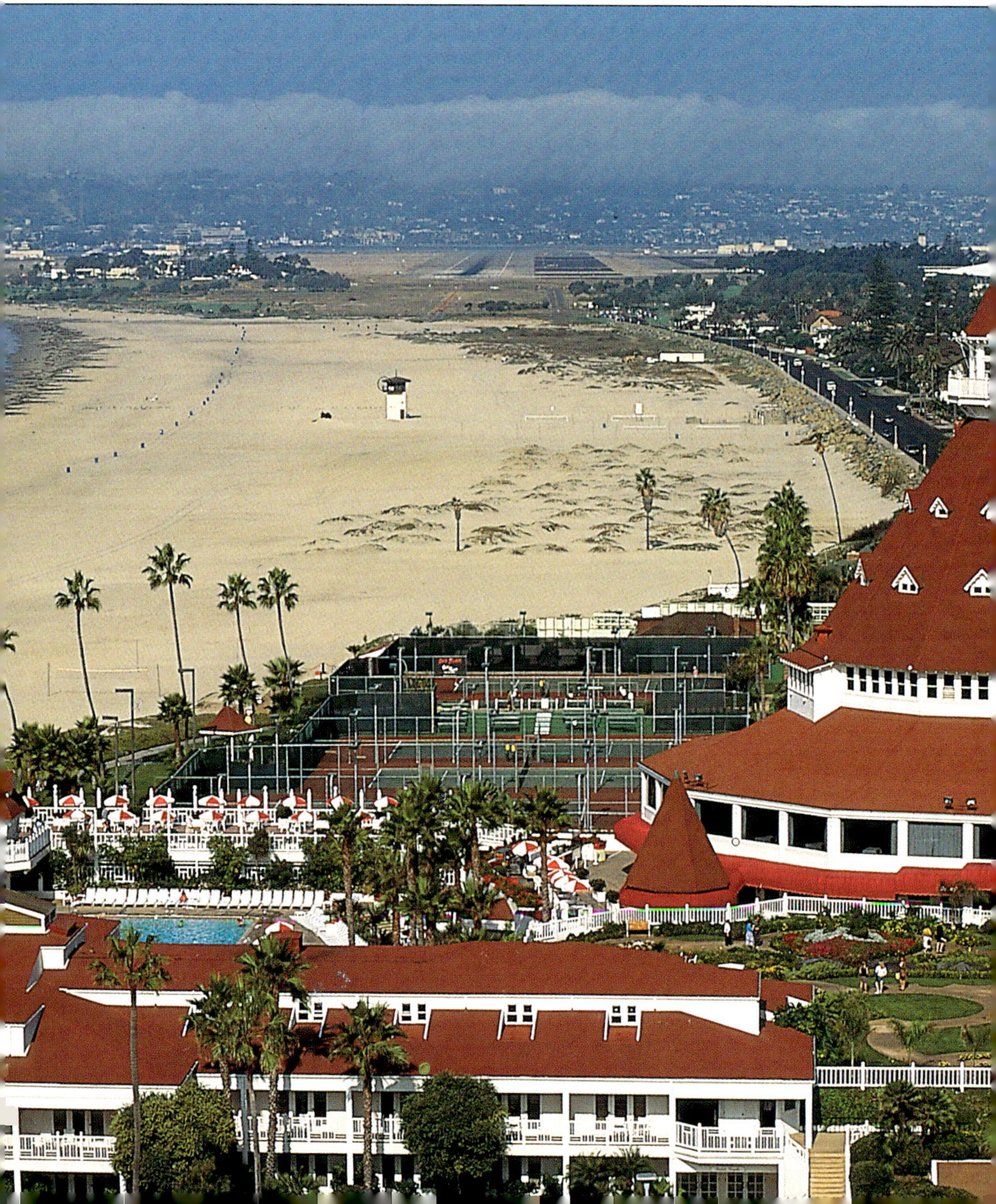

Verwöhnt von Sonne und sanften Brisen, gut gelegen zwischen Küste und Wüste, dem Meer und Mexiko, sammelt San Diego, die Geburtsstadt Kaliforniens, seit Jahren Pluspunkte. Großstädtische Probleme scheinen hier besser als in anderen kalifornischen

Metropolen gelöst: die Smogbelastung, die Kriminalität, Stadt- und Regionalplanung. »San Diego wird immer schöner«, schwärmen nicht nur Lokalpatrioten, sondern längst auch Gäste, die früher die Stadt für einen Alterssitz wohlhabender Rentner und Marineoffiziere a. D. hielten und deshalb links liegenließen. Eine beinah leichte Lebensart durchweht heute die Hafenstadt, die mit ihren 2,5 Millionen Bewohnern (San Diego County) mit urbanen Qualitäten ebenso aufwartet wie mit viel Auslauf, Entspannung und – *last, not least* – touristisch ansprechend gemachten Betten.

Zur ersten Annäherung eignet sich der Besuch der **Coronado**-Halbinsel, am besten gleich verbunden mit einer Stippvisite im **Hotel del Coronado**. Die ebenso ornamentfreudige wie voluminöse Holzarchitektur aus viktorianischen Tagen – das Flaggschiff der kalifornischen Hotelbranche – verdankt ihre Entstehung (1880) dem extravaganten Wunsch eines Eisenbahnmagnaten, europäischen Geschmack in die Neue Welt zu holen und gleichzeitig ein Lustschloß des Wilden Westens zu bauen. Prominenz ließ auch nicht lange auf sich warten: Edward VIII., König von England, Charles Lindbergh und Henry James fanden am Charme der großen alten Dame unter den Westküstenhotels ebenso Gefallen wie Marilyn Monroe.

Inzwischen hat sich hier selbst ohne große Namen ein eigener Lebensstil etabliert, eine weitere Variante des gepflegten *California living*.

In schroffem Kontrast zum *high life* des Coronado steht das Milieu, in das man kurz nach dem Verlassen der Halbinsel eintaucht, wenn man die erste mögliche Abfahrt wählt. Unter den Auffahrtsrampen der schwungvoll geführ-

Hochzeitstorte: Hotel del Coronado 243

Bunt und munter: das Shopping-Paradies der Horton Plaza

nierten **Gaslamp Quarter**, wo mehrere Straßenblocks mit viktorianischen Fassaden, Restaurants und Läden unter Denkmalschutz stehen. Mittendrin steht die **Horton Plaza**, eine architektonisch verspielte Shopping Mall. Es ist, als hätten italienische Renaissance, Art déco und die nautische Formensprache Pate gestanden – so munter mixt der Komplex Bullaugen, Kommandobrücken, Bögen und Pfeiler, Neon und Metall.

Von der bunten Konsumszene zur grünen Bühne des Freizeitspaßes: zum **Balboa Park**, dem Erholungs- und Kulturzentrum der Stadt. Vor allem an Sonntagen ziehen die »San Diegans« in Scharen in diesen weitläufigen Volksgarten – mit Kind und Kegel, Fahrrad und Grillwürstchen. Mitten in der Großstadt vereint der Park Museen, Theater, Gewächshäuser, Restaurants und einen Weltklasse-Zoo. Die meisten Dekorbauten sind Überbleibsel der Panama-California-Weltausstellung (1915/16) oder sie stammen noch aus den 30er Jahren von der California Pacific Exposition.

Wer später ernsthaft behaupten will, in San Diego gewesen zu sein, muß vor allem eins gesehen haben: **Sea World**, ein lebendes Wassergesamtkunstwerk aus Killerwalen, Ottern, Seelöwen und Belugawalen, das jährlich Millionen Besucher anzieht.

Am späten Nachmittag bietet ein Spaziergang am **Embarcadero** beschauliche Blicke auf die Bucht. Unbehelligt vom Straßenlärm, kann man hier an der San Diego Bay entlanglaufen, vorbei am Maritime Museum mit seinen alten Pötten zum **Seaport Village**, einer Guppe hübscher Holzbauten – teils an Land und teils auf Stelzen im Wasser – mit Restaurants, Läden und Bänken für den Genuß des Sonnenuntergangs.

ten Brücke versteckt sich nämlich auf der Stadtseite ein ungewöhnlicher Wald aus Riesenbildern – die Wandmalereien des **Chicano Park** in einem Wohnviertel der Mexiko-Amerikaner. Ursprünglich als Protestaktion gegen den Bau der Betonstelzen entstanden, erzählen die großflächigen Bilder von der glorreichen Geschichte, den gegenwärtigen Problemen im *barrio* und seinen Zukunftsvisionen. Erstaunlich, daß trotz der engen Nachbarschaft zu Mexiko der hispanische Bevölkerungsanteil in San Diego nur etwa 15 Prozent beträgt. Man kann bei den *murals* kurz anhalten und sich umsehen.

In Downtown hat San Diego sichtlich Hausputz gehalten, besonders im sa-

Nachmittags kann man sich aber auch zu einem Abstecher nach Mexiko entschließen, nach **Tijuana**. Gerade dann nämlich entfaltet die Fast-Zweimillionenstadt ihr Doppelgesicht: zuerst ihr farbig-grelles Geschäftsleben und dann, bei Einbruch von Dämmerung und Dunkelheit, ihr Nachtleben der Cantinas und Neons, Mariachi-Musik und Mädchen.

Der Grenzübertritt hat Sofortwirkung. Gerüche, Abgase und Straßenlärm, aber auch reihenweise Zahnärzte (weil sie erheblich billiger sind als die US-Kollegen) machen schlagartig klar, daß dies hier Mexiko ist. Kein Land auf Rädern, sondern eines zu Fuß. Mit gelegentlichen Problemen, versteht sich, denn man muß schon ab und zu ein Auge auf die Bordsteine und

San Diego Transfer: Coronado Bridge in Richtung auf die gleichnamige Insel

Straßen werfen, sind sie doch voller Tücken, haben Löcher und Brüche – ein Krater- und Absturzterrain für hohe Absätze und schwache Knöchel. Das Leben im Zentrum der Stadt, die Auslagen und Angebote beweisen, wie stark Tijuana vom großen Nachbarn lebt, von dessen Touristen, die sich gern mal einen Katzensprung in diese Klischeewelt der *burros* und *sombreros*

Bemalte Autobahnpfeiler im Chicano Park

leisten. Das geht nicht ohne Obolus an die zahllosen Bettler: gitarrespielende Kinder, Frauen mit Säuglingen, Greise. Alle entlarven den Besucher sofort als Geldquelle für die Kurtaxe der Dritten Welt.

Tijuana ist, vom Stierkampf oder dem rasanten Schlagstockspiel des *Jai Alai* abgesehen, vor allem wegen seiner Zwitterstellung erstaunlich, wegen seines vielfältigen Changierens zwischen einem auf die USA ausgerichteten Waren- und Dienstleistungsangebot und einem lokalen Marktplatz, zwischen penetranter Folklore und desolatem Alltag, Dollars und Pesos. ✦

247

V SERVICETEIL

Lieblingsstrand der San Franciscans: Stinson Beach

REISEPLANUNG

REISEDATEN

An- und Einreise

Seattle ist als »Gateway« zum Nordwesten gut gelegen und von Europa per Direkt- oder *Code-share*-Flug gut zu erreichen. Weitere günstige Einflughäfen sind **Portland** (OR), **Vancouver** (BC) und **San Francisco** (CA). Der Flug von Europa aus, mit Zwischenlandungen z. B. in Amsterdam und Detroit, dauert ca. 19 Stunden und erreicht Seattle am Abend (Ortszeit); wegen der Zeitdifferenz von 9 Stunden ist man entsprechend müde.

Über preiswerte Holiday- und andere Sondertarife sowie Charterflüge informieren die Reisebüros. Am Rande der Saison gibt es manchmal günstige Last-Minute-Angebote, z. B. nach Vancouver. Überhaupt hat Vancouver als Gateway seinen Reiz. Dazu gehören eine auch abends belebte City, der fabelhafte Stanley Park, das öffentliche Nahverkehrsnetz sowie schöne Stadthotels.

Während des Fluges kann das Einreise- und Zollformular ausgefüllt werden. Dabei ist es wichtig, eine konkrete Adresse in den USA anzugeben: die Anschrift des gebuchten Hotels (in Seattle z. B.). Da die Visumpflicht für Besucher aus Deutschland, Österreich und der Schweiz aufgehoben ist, genügt ein Reisepaß, der noch 6 Monate gültig ist.

Vor der Gepäckausgabe wartet der *immigration officer*, und zwar in dem Flughafen, wo man zuerst in den USA landet. Dort bringt man auch sein Gepäck durch den Zoll und checkt es ohne Umstände wieder ein. Der Beamte der Einwanderungsbehörde erkundigt sich nach Zweck (*holiday*) und Dauer der Reise und setzt daraufhin die Aufenthaltsdauer fest. Manchmal fragt er auch nach dem Rückflugticket oder der finanziellen Ausstattung.

Am Flughafen von Seattle (SEA-TAC) beantwortet ein *Visitor Information Center* alle Fragen. Wer sich ein Mietauto bestellt hat, wird die Autoverleihfirmen (*car rentals*) schnell finden. Die Hinweisschilder sind nicht zu übersehen. Pendelbusse verkehren zu den Flughafenhotels, Taxis, Limousinen und Busse in die Innenstadt. In Seattle sind es die Linien 174 und 194, und in Vancouver Linien 100 und 20. In beiden Städten steuert ein Bus (»Airporter«) die größeren Hotels in Downtown an.

Ausflüge nach Mexiko

Für **Tijuana** (südlich von San Diego) genügt der Reisepaß. Zollbestimmungen sind an den Grenzübergängen und bei den örtlichen Touristenbüros zu erfahren. Leihwagenfahrer sollten wissen, daß es keine Verleihfirma aus versicherungsrechtlichen Gründen erlaubt, über die Grenze nach Mexiko zu fahren. Es empfiehlt sich daher, den Mietwagen an der Grenze zu parken und entweder den Bus oder ein Taxi zu nehmen. Ein Umtausch von Dollars in Pesos ist nicht nötig, da alle Geschäfte, Restaurants und Hotels Dollars akzeptieren.

Auskunft

Nützlich für Vorabinformationen sind folgende **Internet-Adressen**:

www.travel-library.com (touristische Daten u. a. auch für die Route)

www.recreation.gov (Nationalparks)

www.ohwy.com/or/homepage.htm (Oregon)

www.ohwy.com/wa/homepage.htm (Washington)

www.tourism.wa.gov (Oregon und Washington)

www.sova.org/vis.htm (Ferien in Süd-Oregon)

www.gocalif.ca.gov (Kalifornien)

www.sfvisitor.org (San Francisco)

www.santabarbaraca.com (Santa Barbara)

www.santamonica.com (Santa Monica)

www.lacvb.com (Los Angeles)

www.sandiego.org (San Diego)

Einzelne Städte, Regionen und/oder Bundesstaaten sind mit Büros in Deutschland vertreten und versenden meist auf Anfrage Prospektunterlagen.

Reiseplanung

Kanada Tourismus Programm
Touristik-Dienst Lange
Postfach 20 02 47
63469 Maintal
℡ (061 81) 4 51 78
Fax (061 81) 49 75 58

Fremdenverkehrsamt
Oregon & Washington
Wiechmann Tourism Service
Scheidswaldstr. 73
60385 Frankfurt
℡ (069) 4 05 95 74
Fax (069) 43 96 31

Die zentralen Tourismusbehörden der Westküstenstaaten sind:

Washington State Tourism Office
101 General Administration Bldg.
Olympia, WA 98504-2500
℡ 1-800-544-1800

Oregon State Tourism Division
775 Summer St. N.E.
Salem, OR 97310
℡ 1-800-547-7842

California Trade and Commerce Agency
California Division of Tourism
801 K St., Suite 1600
Sacramento, CA 95814
℡ (916) 322-4043
Fax 322-3402
www.gocalif.ca.gov

Darüber hinaus geben die regionalen *Chambers of Commerce* bzw. *Convention & Visitors Bureaus* bereitwillig Auskunft. Deren Adressen, Ruf- und Faxnummern finden Sie auf den Info-Seiten der einzelnen Reisetagen.

Automiete

Man sollte das Auto bereits vor Antritt der Reise über das Reisebüro mieten und bezahlen. Das ist preislich günstiger. Außerdem empfiehlt es sich, in Europa bereits die Vollkaskoversicherung *CDW (Collision Damage Waiver)* abzuschließen. Bei der Übernahme des Wagens vor Ort legt man neben seinem Voucher den Führerschein (der »internationale« zählt nicht) und eine Kreditkarte vor. Ohne Kreditkarte geht nichts: Sie dient nicht nur zum Bezahlen, sondern auch als Sicherheit für den Vermieter.

Es kann passieren, daß der Agent am Schalter gleich mit *Hard-selling*-Methoden auf den Reisenden losgeht und ihm Zusatzversicherungen (über den *CDW* hinaus) oder gar ein größeres Auto unterjubeln will. Wenn Sie schon eine Vollkaskoversicherung haben (vgl. Gutschein), brauchen Sie keine *extended protection* mehr. Wer vorhat, auch unbefestigte Straßen im Hinterland *(back country)* zu benutzen, sollte darauf achten, daß sein Mietvertrag keine *unpaved, gravel* oder *dirt roads* ausschließt.

Überprüfen Sie den Wagen bei der Übernahme (Reserverad), und lassen Sie sich ggf. unbekannte Technik (Automatikschaltung) erklären.

Geld/Devisen/Reisekosten

Die Reisekasse verteilt man am besten auf drei Zahlungsmittel: US-Dollar in bar, Reiseschecks *(traveler's checks)*, die auf US-Dollar ausgestellt sind, und eine Kreditkarte (VISA, EUROCARD, AMERICAN EXPRESS o. a.). Man darf bis zu $ 10 000 in bar oder anderen Zahlungsmitteln in die USA einführen, ohne sie deklarieren zu müssen. Reiseschecks einzulösen ist im allgemeinen unproblematisch. Man zahlt damit im Restaurant, an der Tankstelle oder im Hotel und bekommt den Restbetrag bar zurück. **Euroschecks dagegen sind in den USA unbrauchbar.** DM-Reiseschecks und Bargeld in DM werden selbst in den Großstädten nur am Flughafen oder zu normalen Banköffnungszeiten in einigen wenigen Wechselstuben umgetauscht.

Der US-Dollar ist in 100 Cents unterteilt. Es gibt Münzen zu 1 ¢ *(penny)*, 5 ¢ *(nickel)*, 10 ¢ *(dime)*, 25 ¢ *(quarter)*, 50 ¢ *(half dollar)* und

1 $. Vorsicht: Die Dollar-Scheine *(bills, notes)*, die im Wert von 1, 2, 5, 10, 20, 50, 100 $ kursieren, sind alle gleich groß und grün.

Reiseschecks über 100 Dollar werden an entlegenen Orten mitunter kritisch beäugt, große Scheine von vorsichtigen Angestellten (vor allem nachts) nicht akzeptiert. Deshalb sollte man sein Papiergeld – Banknoten und Schecks – stets in kleiner Stückelung bei sich führen, große Scheine läßt man am besten an der Hotelrezeption wechseln. In Großstädten geben die Banken Bargeld gegen Vorlage von Kreditkarte und Reisepaß ab.

In den USA muß man nicht nur bei der Automiete auf verdeckte Kosten achten. Es ist üblich, Preise ohne Umsatzsteuer anzugeben, d.h., man bezahlt meist mehr, als ausgewiesen ist. Oregon ist einer der wenigen Bundesstaaten, die keine *sales tax* erheben; in Washington liegt sie dagegen bei ca. 8 %. Häufig wird eine *bed tax* auf den Zimmerpreis aufgeschlagen, und die Hotels in den Städten verlangen häufig eine Parkgebühr, die leicht bis zu $ 20 pro Übernachtung betragen kann.

Gepäck/Klima/Kleidung

Im Nordwesten und in Kalifornien genügt lockere Freizeitkleidung für alle Lebenslagen. Will man sich in exklusiven Stadthotels bewegen oder in Seattle oder San Francisco schick ausgehen, dann braucht man etwas Feineres. Ansonsten aber paßt man mit Jeans, T-Shirt, Freizeithemd und Turnschuhen gut in die *Outdoors*-Gesellschaft der Region.

Die Vielfalt der Landschaften und Klimate der Pazifikküste erfordert eine flexible Garderobe. An der Küste und auf den Kämmen weht der Wind. Im östlichen Binnenland kann es schon im Frühjahr tagsüber sehr heiß und abends sehr frisch werden. Regenjacke und Regenhut sind unabkömmlich. Wanderfreunde brauchen Stiefel, ansonsten sind Turnschuhe der kleinste gemeinsame Nenner.

Wenn man mit eigenem elektrischen Rasierapparat oder Fön anreist (die auf 110 Volt umgestellt werden können), sollte man einen Adapter für amerikanische Steckdosen mitbringen. In den USA muß man oft lange danach suchen. Auch Filme kauft man besser schon zu Hause, da die Preise in den USA höher liegen und die Entwicklung nicht im Preis eingeschlossen ist.

Medizinische Vorsorge

In den USA ist man automatisch Privatpatient, und die Arzt- bzw. Krankenhauskosten haben es in sich. Man sollte sich also bei seiner Krankenkasse erkundigen, welche Kosten notfalls übernommen werden. Auf jeden Fall ist eine Auslandskrankenversicherung anzuraten, die für Urlaubsreisen äußerst preiswert zu haben ist. Doch auch wenn Sie versichert sind: In den USA muß man beim Arzt oder im Krankenhaus sofort bezahlen, meist im voraus. Dafür erweist sich wiederum eine Kreditkarte als sehr nützlich.

Apotheken *(pharmacy)* sind meist in Drugstores zu finden, die auch Toilettenartikel und Kosmetika führen. Ständig benötigte Medikamente sollte man selbst mitbringen (und sich dafür möglichst vom seinem Arzt ein Attest ausstellen lassen für den Fall, daß der Zoll Fragen stellt). Viele Medikamente, die in Europa rezeptfrei sind, müssen in den USA vom Arzt verschrieben werden.

Reisezeit

Die nordamerikanische Pazifikküste ist, mit gewissen Einschränkungen, ein Land für alle Jahreszeiten. Die besten Reisezeiten sind April/Mai bzw. September/Oktober. An der Küste herrscht dann frisches, wechselhaftes Wetter, während es im Binnenland schon (oder noch) angenehm warm ist. Der große Vorteil der Vor- oder Nachsaison ist, daß man dem Ansturm der Feriengäste auf die beliebten Urlaubsziele entgeht. Dieser erreicht seinen Höhepunkt während der Sommerferienzeit von Mitte Juni bis Mitte September.

Reiseplanung

Das Frühjahr ist die beste Zeit, um Vögel in den *Wildlife Refuges* zu beobachten. Dann blüht die *High Desert*, und die Matten der Gebirge überziehen sich mit Wildblumen. Im Sommer bietet sich ein Strandurlaub an der Oregon und Washington Coast an; und die hohen Wanderwege der Kaskaden sind dann schneefrei. Im zentralen Binnenland und in den östlichen Becken wird es heiß.

Der Herbst beginnt nach Labor Day Anfang September: Die Sicht auf den Bergen wird dann noch klarer, und das Laub der Espen in den Flußauen färbt sich gelb und rot. Der Winter bringt der Küste Regen und Sturm, dem Pistenfahrer und Loipengeher aber deckt er einen weißen Tisch. Jetzt zeigen die Metropolen erst recht, was sie zu bieten haben. Der Süden Kaliforniens ist als Winterreiseziel sogar ganz besonders geeignet: Die große Hitze ist gebannt und die Temperaturen sind tagsüber mild und angenehm, die Tage freilich etwas kurz, dafür aber die Luft um so klarer.

Übrigens bedeutet »Sommer« im touristischen US-Jahreszyklus die Zeit zwischen Memorial Day (letzter Montag im Mai) und Labor Day (1. Montag im September). »Winter« heißt der Rest des Jahres.

Reservierungen

Das verbreitete Klischee vom »Amerikaner« als lässig, praktisch und improvisationsbereit legt den Schluß nahe, man könne einfach in seine Freizeit-Gesellschaft hineinplatzen und völlig unbekümmert etwa an einer Führung teilnehmen, im Lokal den letzten freien Tisch ergattern oder spät nachts noch auf Quartiersuche gehen. Für solche ungewöhnlichen Gäste gibt es sogar einen Begriff: *drop-in* oder *walk-in*.

Ob Nobelrestaurant oder Motel, Kanutrip oder Ranchbesuch – in der Praxis lautet die erste Frage eisern: »Haben Sie reserviert?« Freizeit-Amerikaner sind geradezu besessen von Reservierungen, Vorkehrungen und Bestätigungen, das gehört einfach zu ihren Spielregeln. Dazu zählt auch, daß Wirte gerne wissen wollen, wann genau man bei ihnen eintrifft. Nützlich für die Reservierung von Stellplätzen in den Nationalparks: www.reservations.nps.gov

Unterkunft

In den **Hotels und Motels** des äußersten Westens findet man durchweg vernünftige Standards an Geräumigkeit, Ausstattung und Preis. Als störend könnte der naturverbundene Reisende allerdings empfinden, daß manche »modernen« Motels aus Sicherheits- oder technischen Gründen ihre Fenster verriegeln und die Atemluft aus der Maschine liefern. Da hilft dann nur: Kette vor die Tür und Schuh in den Spalt!

Nicht zu empfehlen ist die Zimmersuche ins Blaue hinein am Abend der Ankunft. Man findet dann unter Umständen reine Wohnviertel, Gewerbeparks oder Wald, aber keine Unterkünfte und wird froh sein, in irgendeinem noch geöffneten Waschsalon oder Videoshop Einheimische zu treffen, die man fragen kann. Motels sind wie Möbelhäuser: Sie bilden Nester.

Die meisten der auf den blauen Info-Seiten genannten Häuser können von Europa aus reserviert werden. In den USA selbst sollten Sie dazu die stets gebührenfreien »1-800«-Nummern nutzen. Anzuraten ist das für die Hauptreisezeit Juni, Juli, August und/oder an Wochenenden und Feiertagen, besonders für ländliche Erholungsgebiete. Bei Reservierungen über die 1-800-Nummer zahlt man bei Hotelketten oft weniger als beim Einchecken vor Ort.

Zahlreiche **Budget-Hotelketten** bieten Unterkünfte zwischen $ 25 und $ 50 pro Nacht für zwei Personen (z. T. sogar mit kleinem Frühstück). z. B. **Budget Inns** (1-800-428-3438), **Econo Lodge** (1-800-424-6423), **Fairfield Inn by Marriott** (1-800-228-2800), **Motel 6** (1-800-440-600), **Red Carpet Inns** (1-800-251-1962), **Red Roof Inns** (1-800-843-7663), **Rodeway Inns** (1-800-228-2000), **Scottish Inns** (1-800-251-1962), **Shoney's Inns** (1-800-222-2222), **Sleep Inns** (1-800-

627-5337), **Super 8** (1-800-848-8888), **Thrift-lodge** (1-800-525-9055). Wer mit Kindern reist, sollte sich telefonisch nach Pool und Kinderbett erkundigen.

Auch für die Hotelreservierung gilt: Ohne Kreditkartennummer geht nichts mehr. Haben Sie eine, wird das Zimmer garantiert. Wird eine Reservierung ohne Kreditkarte akzeptiert, muß man bis spätestens 18 Uhr einchecken. Bei der kurzfristigen Zimmersuche sind die örtlichen **Visitor Bureaus** behilflich. Inzwischen sind die meisten Zimmer in Hotels/Motels *non-smoking rooms*.

Die unter den Tages-Infos auf den blauen Seiten angegebenen Preiskategorien gelten jeweils für einen *double room*. Einzelzimmer sind nur unwesentlich billiger, während man für ein zusätzliches Bett etwa $ 5–10 zuzahlen muß. Für Kinder, die im Zimmer der Eltern schlafen, wird meist kein Aufpreis berechnet.

Die Bedeutung der Dollarsymbole für einen *double room* (zwei Personen) in diesem Buch:

$	–	bis 50 Dollar
$$	–	50 bis 80 Dollar
$$$	–	80 bis 120 Dollar
$$$$	–	über 120 Dollar

Bed & Breakfast ist das angelsächsische Pendant zum Hotel garni: Zimmer mit Frühstück also, meist im historischen Rahmen. Die B&Bs stehen überall entlang der Route hoch im Kurs, eine gewisse Klientel steuert solche Häuser sogar aus Liebhaberei an. Ein feudales Frühstück, die Gesellschaft der anderen Gäste und das Ambiente eines Hauses im viktorianischen Stil mögen ihr anziehender erscheinen als die stereotypen Räumlichkeiten eines Motels. Manchmal bergen die »antiken« Zimmer allerdings soviel Zierat, daß man Mühe hat, eine Ablage zu finden.

Die Info-Seiten stellen bewußt ein nach Typ und Preisklasse gefächertes Spektrum von Unterkünften vor. Die Kombination »gut und günstig« gilt stets als Empfehlung, besonders wenn schöne Lage, pfiffiges Interieur o.ä. hinzukommen. Wo es sie gibt, sind **Hostels** genannt, um dem *budget traveler*

entgegenzukommen. Zu den besonderen Vorzügen der Westküste gehören seine klassischen Lodges, moderne Resorts, individuelle Bed & Breakfasts und alte Stadthotels.

Die Strände der Westküste sind fürs **Camping** wie geschaffen. Oregon besitzt die meisten State Parks der westlichen Staaten, einige sind das ganze Jahr über geöffnet. Für die meisten Campingplätze in Nationalparks und State Parks gilt: *first come, first served*, doch für die meisten State Parks in Oregon, Washington und Kalifornien werden Reservierungen für die Sommermonate entgegengenommen.

Kürzlich haben Oregon und Washington ihre Auskunfts- und Reservierungssysteme für über 60 State Parks koordiniert:

Reservations Northwest

✆ 1-800-452-5687 (Mo–Fr 8–17 Uhr)
✆ 1-800-233-0321 (Auskunft Washington)

Ein Verzeichnis der mehr als 400 **Campingplätze** in Kalifornien ist erhältlich bei **California Travel Parks Association**, ESG Mailing Service, P.O. Box 5578, Auburn, CA 95604.✆ (530) 885-1624 oder (888) STAYCPTA. www.campgrounds.com

Bei privaten Campingplätzen sind Reservierungen möglich und erwünscht. Wer verläßlichen Komfort sucht, hält sich an die Campingkette KOA (Kampgrounds Of America), die in allen Westküstenstaaten vertreten ist. Der Jahreskatalog von KOA ist über ✆ (406) 248-7444 (oder P.O. Box 30558, Billings, MT 59114-0558) zu erhalten. Die schönsten Plätze sind allerdings oft die *primitive campgrounds* des Forest Service oder BLM (Bureau of Land Management) mitten in der Natur.

Zoll

Zollfrei in die USA einführen darf man außer der persönlichen Reiseausrüstung (Kleidung, Kamera etc.):

Reiseplanung

- 200 Zigaretten oder 100 Zigarren (möglichst nicht aus Kuba) oder 3 Pfund Tabak
- 1 Liter Alkohol
- Geschenke im Wert von bis zu $ 100.

Tierische und pflanzliche Frischprodukte (Obst, Wurst, Gemüse) dürfen nicht eingeführt werden. Die Zollbeamten sind da unerbittlich: Wurstbrot und Orange werden konfisziert. Dagegen sind Gebäck, Käse und Süßigkeiten erlaubt.

Den eigenen Wagen darf man (bis zu maximal einem Jahr) einführen, was sich aber nur bei einer Aufenthaltsdauer von mindestens 2 Monaten lohnt. Bleibt man allerdings länger als 12 Monate im Land, muß das Fahrzeug auf jeden Fall nach den amerikanischen Sicherheitsbestimmungen umgerüstet werden. Wenn man sein Fahrzeug nach einer Reise in den USA verkaufen möchte, heißt es ebenfalls umrüsten und zusätzlich Zollgebühren bezahlen.

Bei speziellen Fragen zu den amerikanischen Zollbestimmungen setzt man sich am besten mit dem nächsten US-Konsulat in Verbindung.

Reisedaten

Auskunft vor Ort

Fast alle größeren Orte besitzen ein *Visitors Bureau* oder eine *Chamber of Commerce*, die Unterkünfte vermitteln, Restaurants empfehlen und Tips zu Sehenswürdigkeiten geben (vgl. Tages-Infos). Am besten, man deckt sich gleich im *Visitor Information Center* von Seattle mit den wichtigen regionalen Quellen ein: Straßenkarte, Unterkunftsverzeichnis, Campingplätze, *Outfitter*, Fährkalender für Puget Sound usw. Mitglieder des ADAC, des schweizerischen oder österreichischen Automobilclubs sollten sich das *TourBook* der American Automobile Association (AAA) zu Oregon/Washington besorgen, das es bei Vorlage des Mitgliedsausweises kostenlos gibt; es enthält u. a. ein zuverlässiges Hotelverzeichnis – als Ergänzung bzw. Bestätigung der hier im Buch empfohlenen Häuser. Unter den gleichen Bedingungen erhält man bei der AAA auch exzellente Straßenkarten.

AAA-Büros findet man in den Großstädten, die Adressen im örtlichen Telefonbuch; Bürozeit ist gewöhnlich Mo–Fr 8.30–17.30 Uhr.

Autofahren

Europäische Autofahrer können sich auf den US-Highways erst mal entspannt zurücklehnen. Man fährt dort vergleichsweise rücksichtsvoll und vor allem – langsamer. Meistens jedenfalls. Landkarten und Stadtpläne bekommt man an vielen Tankstellen, in Drugstores und Buchhandlungen oder beim AAA, vgl. Auskunft vor Ort.

Einige Verkehrsregeln und Verhaltensweisen unterscheiden sich von denen in Europa.
- Die Höchstgeschwindigkeit ist ausgeschildert: auf Interstate Highways 65 mph (Meilen pro Std., d. h. 105 km/h), in Ortschaften 25–30 mph (40–48 km/h).
- An Schulbussen mit blinkender Warnanlage, die Kinder ein- und aussteigen lassen, darf man nicht vorbeifahren. Das gilt auch für Fahrzeuge aus der Gegenrichtung!
- Rechtsabbiegen an roten Ampeln ist erlaubt, nachdem man vollständig angehalten und sich vergewissert hat, daß kein Fußgänger oder anderes Fahrzeug behindert wird.
- Außerhalb von Ortschaften darf man nur dann parken oder anhalten, wenn das Fahrzeug nicht mehr auf der Straße steht.
- Fußgänger, besonders Kinder, haben immer Vorfahrt!

Die Farben an den Bordsteinkanten bedeuten folgendes:

Rot: Halteverbot
Gelb: Ladezone für Lieferwagen
Gelb und Schwarz: LKW-Ladezone
Blau: Parkplatz für Behinderte

Grün: 10–20 Minuten Parken
Weiß: 5 Minuten Parken während der Geschäftszeiten.

Wenn keine Farbe aufgemalt ist, darf man ungestraft und unbegrenzt parken, aber nie an Bushaltestellen oder vor Hydranten! An **Tankstellen** muß man manchmal im voraus bezahlen (PAY FIRST) bzw. eine Kreditkarte hinterlegen. Die Preise variieren: Gegen Barzahlung und/oder bei Selbstbedienung (SELF SERVE) gibt es mehr Sprit als auf Kreditkarte und/oder beim Tankwart (FULL SERVE).

Bei **Pannen** sollte man sich als erstes mit seiner Mietwagenfirma in Verbindung setzen, um die weiteren Schritte abzusprechen. In Notfällen wendet man sich an die Highway Patrol. Diese informiert dann Abschleppdienste, Notarzt usw. Auch die AAA unterhält einen eigenen Pannendienst, den man als Mitglied des ADAC, ÖAMTC und anderer Clubs in Anspruch nehmen kann. In beiden Nordweststaaten herrscht Gurtpflicht für alle Autoinsassen.

Feiertage/Feste

An den offiziellen Feiertagen quellen viele beliebte Ausflugsziele über – besonders im Sommer. Da viele *holidays* auf einen Montag fallen, entstehen lange Wochenenden und während dieser oft touristisch bedingte Staus. Das gilt besonders für die Wochenenden von Memorial Day (Beginn der Reisesaison) und Labor Day (Ende der Saison); da kann es auf der Küstenstraße eng und auf den Fähren zu den San Juans voll werden.

Banken und öffentliche Gebäude haben feiertags geschlossen, Verkehrsbetriebe und Museen sind dann wie sonntags geöffnet.

Offizielle Feiertage:

Neujahrstag (1. Januar)
Martin-Luther-King-Tag (3. Montag im Januar)
Presidents' Birthday (3. Montag im Februar)
Memorial Day (letzter Montag im Mai, Beginn der Hauptsaison)
Unabhängigkeitstag (4. Juli)
Labor Day (1. Montag im September, Ende der Hauptsaison)
Columbus Day (2. Montag im Oktober)
Veterans Day (11. November)
Thanksgiving (4. Donnerstag im November)
Weihnachten (25. Dezember)

Für den Zaungast sind die inoffiziellen, lokalen und ethnischen Feiern und Feste meist viel ergiebiger, denn auf Rodeos, Powwows, und Festivals geht es bunt her. Es gibt immer etwas zu essen und zu trinken, viel zu sehen und oft gute Musik zu hören, und jeder findet schnell Anschluß, weil alle mit Kind und Kegel und in guter Stimmung unterwegs sind. Dasselbe gilt für die »Saturday Markets«, auf denen Kunsthandwerker ihre Produkte feilbieten.

Hinweise für Behinderte

Einrichtungen für Rollstuhlfahrer finden sich in den USA erheblich öfter und sind besser ausgestattet als z. B. in Deutschland. Allgemein kann man sich darauf verlassen, daß alle öffentlichen Gebäude (z.B. Rathäuser, Postämter, Besucherzentren) mit Rampen versehen sind. Das gilt auch für die meisten Supermärkte, Museen, Sehenswürdigkeiten und Vergnügungsparks. Die Bordsteine an den Fußgängerüberwegen sind durchweg abgeflacht und nicht etwa zugeparkt. Und auch öffentliche Verkehrsmittel sind für Rollstuhlfahrer zugänglich. Portland gilt als besonders behindertenfreundlich. In vielen Hotels und Motelketten (z. B. Motel 6) gibt es Rollstuhlzimmer. Die Firma AVIS vermietet Autos mit Handbedienung.

Kinder

Die Amerikaner sind allgemein kinderfreundlich. Kindermenüs, eigene Sitzkissen und Kindertische in den Restaurants, billige, wenn nicht gar kostenlose Unterbringung in

Reisedaten

Hotels und Motels sind selbstverständlich. Auf Touren, in Museen usw. zahlen Kinder weniger; die in den Info-Teilen aufgeführten Preise gelten durchweg für Erwachsene. Visitor Bureaus und Hotels in den Städten vermitteln Babysitter.

Maße und Gewichte

Vor einigen Jahren schien die Umstellung der USA auf das metrische System schon in Sicht, doch heute ist wieder alles beim alten, d.h. bei *inch* und *mile, gallon* und *pound*. Man muß sich also wohl oder übel darauf einstellen. Die kurze Anleitung rechts und die Tabelle unten sollen dabei helfen.

Längenmaße:	1 *inch (in.)*	= 2,54 cm
	1 *foot (ft.)*	= 30,48 cm
	1 *yard (yd.)*	= 0,9 m
	1 *mile*	= 1,6 km
Flächenmaße:	1 *square foot*	= 930 cm²
	1 *acre*	= 0,4 Hektar
		(= 4 047 m²)
	1 *square mile*	= 259 Hektar
		(= 2,59 km²)
Hohlmaße:	1 *pint*	= 0,47 l
	1 *quart*	= 0,95 l
	1 *gallon*	= 3,79 l
Gewichte:	1 *ounce (oz.)*	= 28,35 g
	1 *pound (lb.)*	= 453,6 g
	1 *ton*	= 907 kg

Temperaturen:

Fahrenheit (°F)	104	100	90	86	80	70	68	50	40	32
Celsius (°C)	40	37,8	32,2	30	26,7	21,1	20	10	4,4	0

Bekleidungsmaße:

Herrenkonfektion

Deutsch	46		48		50		52		54		56		58
Amerikanisch	36		38		40		42		44		46		48

Damenkonfektion

Deutsch	38		40		42		44		46		48
Amerikanisch	10		12		14		16		18		20

Kinderbekleidung

Deutsch	98		104		110		116		122
Amerikanisch	3		4		5		6		6X

Kragen/*collars*

Deutsch	35–36	37	38	39	40/41	42	43
Amerikanisch	14	14½	15	15½	16	16½	17

Strümpfe/*stockings*

Deutsch	36	36	37	38	39	40	41
Amerikanisch	8	8½	9	9½	10	10½	11

Schuhe/*shoes*

Deutsch	36	37	38	39	40	41	42	43	44	45	46	47
Amerikanisch	5	5¾	6½	7¼	8	8¾	9½	10¼	11	11¾	12½	13¼

Öffentliche Verkehrsmittel

Telefonnummern von **Taxi-Unternehmen** in den Städten finden Sie auf den gelben Telefonbuchseiten bzw. erfahren Sie beim Hotelportier. Seattle, Portland, Vancouver, San Francisco und Santa Monica haben ausgebaute Nahverkehrssysteme, die sich auf ein Netz von Bussen stützen. In Portland kommt der kreuzungsfreie Schienenweg *(light rail)* des MAX (Metropolitan Area Express) hinzu. In der Bay Area und in Downtown Los Angeles verkehren **U-Bahnen**, in San Francisco und San Diego **Straßenbahnen**.

Greyhound-Trailways haben ihre Überlandlinien in den letzten Jahren auf Kernstrecken reduziert, also von und nach Vancouver (BC), Seattle, Portland und Kalifornien sowie Spokane, Bend und Salt Lake City. Man darf sich nicht scheuen, den Fahrer eines Überlandbusses ggf. zu bitten, die Klimaanlage abzustellen, denn er hat ein unabhängiges Kühlsystem für sich.

Die Reise mit der nationalen Eisenbahngesellschaft **AMTRAK** kann zum Abenteuer werden: Der Normalbürger schüttelt den Kopf, und Fachleute haben keine Ahnung. Immer wieder werden Verbindungen aus Rentabilitätsgründen gestrichen. Trotzdem gibt es sie noch: den *Coast Starlight* zwischen den Städten der Westküste (mit einem prekären Appendix nach Vancouver), den *Empire Builder* und *Pioneer* von Seattle und Portland über Spokane bzw. Baker City nach Osten und Chicago. Nichts geht ohne Reservierung: ✆ 1-800-USA-RAIL (872-7245).

Post

Postämter gibt es in den winzigsten Ortschaften. Je kleiner das Nest, um so kürzer die Wartezeiten für den, der ein Päckchen aufgeben oder Briefmarken kaufen will, und desto pittoresker unter Umständen das Amt. Die Beförderung einer Postkarte in die Heimat dauert oft länger als eine Woche. Man kann sich Sendungen postlagernd nachschicken lassen, z. B. mit folgender Adressierung:

(Name, Familienname unterstrichen)
c/o General Delivery
Main Post Office
Portland, OR ....(PLZ/*zip code*)
USA

In den USA hat das Telefonsystem mit dem Postwesen nichts zu tun, daher findet man in den Postämtern auch keine Telefonzellen. Telegramme können bei der **Western Union Telegraph Company** aufgegeben werden (auch telefonisch).

Restaurants/Essen und Trinken

Ihre kulinarische Vielfalt verdanken die USA zum größten Teil ihren ethnischen Küchen, im Falle der Westküste vor allem der asiatischen und mexikanischen. Die Empfehlungen in diesem Buch weisen, wo immer es möglich ist, Wege zu diesen Leckerbissen. Man findet sie vor allem in den individuell geführten Restaurants der größeren Städte und den bekannten Ferienorten der Küste; dort kommen Meeresfrüchte (Seafood) frisch auf den Tisch.

Bei der Auswahl eines Restaurants für den Info-Teil gilt gute Qualität zum günstigen Preis als Vorzug. Wenn Gesundheits- oder vegetarische Kost geboten wird, gilt dies als zusätzliche Empfehlung, weil man solche »Außenseiter« schwerer findet. Filialen von Fast-food-Ketten werden nicht genannt, weil sie in der Regel nicht zu übersehen sind.

Ein Tip fürs Frühstück: Da amerikanische Portionen, ob als Omelette oder Dreifachstapel von Pancakes serviert, meist zu groß, fettig oder süß sind, hält man sich lieber an kalkulierbare Risiken wie Toast mit Marmelade, Haferbrei *(oatmeal)* oder Müsli *(granola)*. Draufpacken kann man immer noch, auch wenn die Rechnung schon da ist.

Die großen Städte des pazifischen Westens sind zugleich auch Schulen einer neuen Kaffeekultur, in denen die Amerikaner lernen, guten Kaffee zu brühen und zu trinken. Überall in der Region gibt es inzwischen Filialen von Starbucks, Coffee People u. a., die frisch gerösteten Kaffee als Espresso, Cappuccino, Caffe Latte etc. neben frischen Backwaren und Sandwiches anbieten. Aber Vorsicht mit der Dosierung vor dem Schlafengehen: Der Kaffee ist echt!

Leider hat das Geschmacksniveau der *Northwest* bzw. *California cuisine* und der neuen Kaffeehausszene noch nicht die Landstraße oder das Hinterland erreicht. Die amerikanische Provinz ist also auch hier kein Schlemmertopf. Die Kettenrestaurants bieten die bekannte Einheitskost, und in den Highway-Cafés brodelt unablässig der Labberkaffee in seiner Glaskanne, bereit zu endlosen *refills* und *warmups* in eine *endless cup.*

Für Kleinigkeiten und Zwischenmahlzeiten sind amerikanische Supermärkte recht gut geeignet, weil sie Gemüse, Obst, Sandwiches, Gebäck usw. frisch, preiswert und manchmal auch frisch zubereitet anbieten, und das oft zu jeder Tages- und Nachtzeit. Auch die Shops der Tankstellen kommen als Versorgungsstationen in Frage. Schöner ist es natürlich, im »Farmers Market« oder am »Roadside Stand« direkt beim Erzeuger einzukaufen. Picknickfreunde und Selbstversorger sollten überdies wissen, daß man sich in den Restaurants grundsätzlich alles, was man einmal bestellt hat, zum Mitnehmen einpacken lassen kann (in eine sogenannte *doggie bag*).

Im Vergleich zu Europa essen die meisten Amerikaner früh zu Abend; in kleineren Städten heißt das: bis 21 Uhr. Selbst in den großen Städten fällt es mitunter schwer, nach 22 Uhr noch ein offenes Restaurant zu finden.

Die unter den Tages-Infos empfohlenen Restaurants sind nach folgenden Preiskategorien für ein Abendessen (ohne Getränke, Steuer und Trinkgeld) gestaffelt:

$ – bis 10 Dollar
$$ – 10 bis 20 Dollar
$$$ – über 20 Dollar

Die USA sind inzwischen zu einem extrem raucherfeindlichen Land geworden; die Nordweststaaten bilden da keine Ausnahme, Kalifornien schon gar nicht, denn hier sind die entsprechenden Verbote gnadenlos. In öffentlichen Gebäuden und Verkehrsmitteln besteht generell Rauchverbot, in Restaurants werden Raucher und Nichtraucher strikt getrennt. Die Mißachtung des Nichtrauchergebotes wird keineswegs als Kavaliersdelikt betrachtet.

Shopping

Shops Mo–Sa 9.30–18 Uhr, Einkaufzentren und Malls bis 21 Uhr, kleine Lebensmittelgeschäfte, Supermärkte und Schnapsläden *(liquor stores)* bis 24 Uhr.

Sicherheitshinweise

Der Westen ist insgesamt ein sicheres Reiseziel – tagsüber auf jeden Fall. Trotzdem sollte man in bestimmten Vierteln der Großstädte nicht unbedingt nach dem Abendessen oder Barbesuch noch durch menschenleere Straßen schlendern, ein Taxi ist im Zweifelsfall sicherer. Läßt man Gepäck im Wagen, weil man unterwegs anhalten möchte, so sollte man es unsichtbar machen, d. h. im Kofferraum einschließen. Vorsichtige Reisende fertigen sich eine Kopie der Reisedokumente an (Paß, Flugticket usw.).

Auch die sogenannte freie Natur birgt Risiken, die viele der an Parks und Stadtwälder gewöhnten Mitteleuropäer unterschätzen. Die Wildnisregionen der USA eignen sich nur bedingt zur Kaffeefahrt oder zum unbekümmerten Spaziergang! Skorpione, Klapperschlangen, Schwarze Witwen, Moskitos und Giftsumach *(poison oak)* können den Urlaub ebenso verhageln wie plötzliche Regengüsse in der Steppe. Amerikanische Quellen warnen außerdem vor »Giardia«, einer Parasitenkrankheit mit Durchfall, die man sich durch infiziertes Wasser holen kann. Mit Bären oder Berglöwen hat man normalerweise nichts zu tun.

Fragen Sie die Ranger der Nationalparks und -forsten nach potentiellen Gefahren und wie man ihnen vorbeugt. Achten Sie auch darauf, daß Sie im heißen – oder kalten – Binnenland stets genügend Trinkwasser bzw. warme Kleidung mit sich führen. Festes Schuhwerk ist unumgänglich, Stiefel und lange Hosen sind auch besser gegen Schlangenbiß als Halbschuhe und nackte Beine.

Sprachtips

Schulenglisch reicht im Nordwesten allemal aus. Es kann aber nicht schaden, ein paar Begriffe zu kennen, die gewissermaßen am Wege liegen. Dazu gehört ein Wortschatz »rund ums Auto« sowie zum Reisen, Wohnen und Speisen und zur Region.

Wortschatz rund ums Auto

AAA (sprich: *triple-A*)	– Amerikanischer Automobilclub
air pressure	– Luftdruck
to accelerate	– beschleunigen
brake	– Bremse
Denver shoe	– Radkralle
engine	– Motor
fender	– Kotflügel
gear	– Gang
hood	– Motorhaube
licence plate	– Nummernschild
muffler	– Auspuff
steering wheel	– Lenkrad
tire	– Reifen
transmission	– Antrieb
trunk	– Kofferraum
windshield	– Windschutzscheibe
wiper	– Scheibenwischer

Tankstellen *(gas stations)* haben oft zwei Zapfreihen, eine für SELF SERVE und eine (teurere) für FULL SERVE, wo u.a. auch das Öl nachgesehen wird *(to check the oil)* und die Scheiben gereinigt werden. Hier lautet die Anweisung an den Tankwart normalerweise: *Fill it up, please.* Sprit *(gas* oder *fuel)* gibt es als unverbleites *(unleaded)* und verbleites *(leaded)* Normalbenzin *(regular)* bzw. als Super *(premium)*. Nahezu alle Mietwagen laufen mit unverbleitem Benzin. PAY FIRST heißt es, wenn man vor dem Zapfen bezahlen bzw. eine Kreditkarte hinterlegen muß. Unterwegs gibt es einiges auf Schildern zu lesen:

DEAD END oder NO THROUGH STREET	– Sackgasse
YIELD	– Vorfahrt beachten
RIGHT OF WAY	– Vorfahrt
WATCH FOR PEDESTRIANS	– auf Fußgänger achten
SLIPPERY WHEN WET	– Rutschgefahr bei Nässe
DIP	– Bodensenke, Delle
MPH *(miles per hour)*	– Meilen pro Stunde
SPEED LIMIT	– Tempolimit
MAXIMUM SPEED	– Höchstgeschwindigkeit
MERGE	– einfädeln
U-TURN	– Wende um 180°
NO PASSING	– Überholverbot
ROAD CONSTRUCTION AHEAD	– Baustelle voraus
FLAGMAN AHEAD	– Baustelle: Straßenarbeiter mit Warnflagge
MEN WORKING	– Straßenarbeiten
DETOUR	– Umleitung
TOLL	– Maut, Gebühren(stelle)
R.V *(recreational vehicle)*	– Camper
ADOPT A HIGHWAY CODE/PROGRAM	– Diese Schilder nennen (oder suchen) Schulen, Firmen etc., die freiwillig einen Straßenabschnitt sauberhalten.

Geparkt wird meist am Straßenrand *(curb)*, dessen Bordsteinkante verschiedene Farben haben kann:

LOADING ZONE (gelb) – Ladezone
PASSINGER LOADING ZONE (weiß) – nur zum Ein- und Aussteigen

Reisedaten

HANDICAPPED PARKING – nur für Behinderte
RESTRICTED PARKING ZONE – zeitlich begrenztes Parken

Bei Hydranten besteht ein ebenso striktes Park-Tabu wie in den *tow-away zones*, wo man nicht nur einen Strafzettel *(ticket)* bekommt, sondern auch abgeschleppt wird. Ein Ticket ist auch dann fällig, wenn die Parkuhr *(parking meter)* abgelaufen *(expired)* ist oder bei zu schnellem Fahren *(speeding)*.
In den Städten findet man häufig den Hinweis auf PUBLIC PARKING, d. h. auf öffentliche und/oder gebührenpflichtige Parkplätze; oder es heißt schlicht PARK IN REAR (Parken im Hinterhof). Wenn dies etwas kostet, übernehmen die Firmen oft die Gebühr ganz oder teilweise *(they validate parking)*. Steht am Parkplatz VALET PARKING, dann parkt das Personal Ihren Wagen – gegen Gebühr und Trinkgeld, versteht sich.

Wortschatz für Reisende – allgemein ...

area code	– Vorwahl
coin laundry	– Münzwaschsalon
cruise	– Bootsrundfahrt
ferry	– Fähre
foliage	– farbiges Herbstlaub
frontage road	– Service-Fahrbahn, parallel zur Interstate
getaway	– Urlaubsziel – fern vom Trubel
gravel road	– Schotterstraße
hands-on exhibit	– Ausstellung zum Anfassen und Mitmachen
laundromat	– Waschmaschine
loop	– Schleife, Rundkurs
motorhome	– größeres Wohnmobil
nature trail	– Lehrpfad
no trespassing	– Betreten verboten
public transit	– öffentlicher Nahverkehr
rough road	– holprige, unbefestigte Straße
scenic highway	– landschaftlich schöne Strecke, Panoramastraße
shuttle bus	– Pendelbus

trail	– Wanderweg, Skipiste
trailhead	– Anfangspunkt eines Wanderweges
wilderness area	– absolut geschützte Naturlandschaft
wildlife refuge	– Wildschutzgebiet
zip code	– Postleitzahl

... zum Wohnen und Speisen

bathroom down the hall	– Etagenbad
bed and breakfast	– Frühstückspension
brewpub	– Brauereikneipe
budget hotel	– preisgünstiges Hotel
cabin	– einfaches Ferienhaus
campsite	– Stellplatz (auf einem Campingplatz)
condo (= condominium)	– Ferienwohnung
cottage	– Ferienhaus
country inn	– Gasthaus in ländlicher Umgebung mit Restaurant
deck	– Terrasse (aus Holz)
diner	– kleineres, ursprünglich langgestrecktes Restaurant
drive thru	– Imbißlokal zum Durchfahren
dump (station)	– Abwasserstelle
first floor	– Erdgeschoß
full hookup	– alle Anschlüsse: Wasser, Strom, Abwasser
hangout	– beliebter Treffpunkt, Bar etc.
hookup	– Anschluß
hot tub	– große Badewanne, meist im Freien
jacuzzi	– Sprudelbad
junk (trash) food	– Essen ohne Nährwert
kitchenette	– Einbauküche
lodge	– Ferienhotel, meist in schöner Lage

loft	– Zimmer auf zwei Ebenen (Maisonette)	*grunge*	– Rock aus Seattle vom Anfang der 1990er
lounge	– Bar	*kayak*	– Kajak, Paddelboot
resort	– Feriendorf oder -siedlung mit breitem Freizeitangebot	*mesa*	– spanisch für Tafelberg
		Native American	– Indianer
		nordic ski	– Skilanglauf
soda fountain	– a) in Cafés Zapfsäule für Sprudel, b) Theke für die Zubereitung von Soft Drinks und Eis	*old-growth forest*	– Urwald
		outfitter	– Anbieter von Touren in die Natur (z. B. Wildwasser)
		petroglyph, pictograph	– Felszeichnung, Felsgravur
spa	– Warmbad	*powwow*	– indianisches Fest
stir-fry	– Zubereitungsart für Gemüse etc. im Wok	*rafting*	– Schlauchbootfahren auf Wildwasser *(white water)*
studio	– Appartement mit Kochnische	*range*	– a) Gebirgszug, b) offenes Weideland
tentsite	– Stellplatz ohne Hookup, mit Picknicktisch und Feuerstelle	*scabland*	– durch eiszeitliche Fluten erodiertes Grundgestein
three-quarter bathroom	– Bad mit Dusche, ohne Wanne	*seastack*	– Fels vor der Küste
veggie burger	– Gemüsebratling im Brötchen	*tidepool*	– Gezeitenbecken

... und zur Region

Abkürzungen

anadromous fish	– Fische, die zum Laichen flußaufwärts wandern	AC oder *a/c (air conditioner)*	– Klimaanlage
clamming	– Muschelngraben	BBQ *(barbecue)*	– Grill
coulee	– Fließrinne im Plateau	BLM *(Bureau of Land Management)*	
coyote	– Kojote, Präriewolf	BLT *(bacon, lettuce & tomato)*	– Sandwich mit Schinken, Blattsalat und Tomate
crabbing	– Krebsefangen		
cross-country skiing	– Skilanglauf	CCC *(Civilian Conservation Corps)*	– Programm des NewDeal von 1933 zur Landschaftspflege
dim sum	– chinesische Vorspeise		
downhill skiing	– Abfahrtslauf	FIT *(foreign independent traveler)*	– Das sind Sie! – im Jargon der Touristiker
elk	– der Wapiti-Hirsch der Rocky Mountains		
		FS *(Forest Service)*	
		FS-48	– Forststraße 48
fossil bed	– Sediment mit Fossilien	HI/AYH = von *Hostelling International/American Youth Hostels*	

Reisedaten

KOA *(Kampgrounds* – private Camping-
of America) kette
ORV *(off-road vehicle)* – Geländefahrzeug
RMS AVL – Zimmer frei
(rooms available)
WPA *(Works Projects* – Programm des
New *Administration)* Deal von 1935
zum Straßen- und
Brükkenbau etc.
yuppie = young urban professional

Telefonieren

An öffentlichen Telefonen herrscht in den
USA kein Mangel. Benutzen Sie diese für Auskünfte, Reservierungen usw., es erspart
Ihnen Enttäuschungen und Zeitverluste. Hilfreich ist zu allen Zeiten der Operator (»0«),
der Rufnummern vermittelt, Vorwahlnum-
mern *(area codes)* und die Preiseinheiten für
Ferngespräche angibt.

Um eine Nummer herauszufinden, ruft man
die *directory assistance*, die man im eigenen
Vorwahlbezirk unter der Nummer »411«
erreicht; für andere Bezirke wählt man die
jeweilige Vorwahl und dann die 555-1212.
Auskünfte über die gebührenfreien »1-800«-
Nummern gibt es unter 1-800-555-1212.

Das Telefonieren aus der Telefonzelle, dem
payphone, erfordert etwas Übung. Ortsge-
spräche *(local calls)* sind einfach: Man wirft
25 ¢ ein und wählt die siebenstellige Nummer. Wie man Ferngespräche *(long distance
calls)* führt, wird meist in der Aufschrift am
Telefon erläutert. Häufig wählt man die drei-
stellige Vorwahl und die Nummer, doch ist
manchmal eine »1« oder eine andere Zahl als
Vorwahl erforderlich. Danach meldet sich
der Operator oder eine Computerstimme
und verlangt die Gesprächsgebühr für die
ersten 3 Minuten. Spricht man länger, kommt
die Stimme wieder und möchte mehr Geld.
Es empfiehlt sich also, 25-cent-Stücke zu hor-
ten, um allzeit telefonbereit zu sein.

In den USA gibt es auch einige Gesprächs-
arten, die in Europa nicht oder nicht mehr
üblich sind – z. B. R-Gespräche, die der Angerufene bezahlt. Man wählt dafür 0 + Vorwahl
+ Teilnehmernummer und bittet den Operator um einen *collect call*. Außerdem gibt es
die Möglichkeit eines *person to person call*,
bei dem man nur bezahlen muß, wenn sich
der Angerufene selbst meldet oder geholt
werden kann. Man wählt dafür ebenfalls 0 +
Vorwahl + Nummer und teilt dem Operator
seinen Wunsch mit.

Vom Hotel/Motel aus kann man über den
Hotel-Operator oder direkt innerhalb der
USA und nach Europa telefonieren. Falls man
über einen Code (steht auf dem Apparat,
meist »7« oder »8«) eine Amtsleitung bekommt, fragt meist eine freundliche Stimme
nach der Zimmernummer, damit das Gespräch abgerechnet werden kann.

Bequem und praktisch sind **»Direkt«-
Gespräche**, bei denen man auch von der
Telefonzelle aus eine Vermittlung in Deutschland, Österreich bzw. der Schweiz erreicht
und noch nicht einmal für die Vermittlung
Münzen braucht, weil der Empfänger die Ge-
bühren zahlt.

Deutschland Direkt 1-800-292-0049
+ Nummer
Österreich Direkt 1-800-624-0043
+ Nummer
Schweiz Direkt 1-800-305-0041
+ Nummer

Das nützlichste Utensil für das Telefonieren in
den USA ist die **Telefonkarte** *(calling card)*,
wie sie von diversen Gesellschaften ausge-
geben wird. Man kann damit praktisch von
jeder Straßenecke aus den Rest der Welt
erreichen, ohne pfundweise Kleingeld bei
sich tragen zu müssen. Außerdem spart man
die erheblichen Zuschläge der Hotels auf die
Gebühreneinheiten. Die Handhabung ist einfach, wenn man sie verstanden hat. Zu jedem
Gespräch bekommt man eine genaue Ab-
rechnung mit Rufnummer, Datum, Ort, Zeit
und Gebühr auf seinem Kontoauszug.

Das Wählverfahren erläutert die Karte. Mit
»0« oder »1« vor der Rufnummer stellt man
die Weichen: auf Karte und Konto oder den
Anschluß, von dem man anruft. Komplizierter
wird es, wenn das örtliche Telefonnetz nicht

von der Firma betrieben wird, die die Karte ausgibt. Dann müssen Fragen beantwortet, Notizen gemacht und eine Unzahl von Ziffern eingegeben werden, was in einer zugigen Telefonzelle mitunter kein Vergnügen ist. Kommt man an ein *rotary phone*, statt *touch-tone*, dann hilft nur noch der Operator und die eigene Stimme.

In fast jedem Supermarkt in den USA kann man eine solche **Pre Paid Phone Card** für ca. $ 10–20 erwerben. Über eine Servicenummer und den sog. *Authorization Code* (beide auf der Karte angegeben) wählt man sich ein und danach wie üblich: *country code, area code* (ohne die »0«) und die gewünschte Nummer. Gegenüber normalen Telefongesprächen (erst recht gegenüber solchen von Hotels aus) kann man mit diesen Karten fürs gleiche Geld 4–6 mal so lange telefonieren und braucht auch keine Münzsammlung mit sich herumzutragen.

Trinkgeld

Trinkgelder gibt man den *bellboys*, den Kofferträgern, je nach Hotelklasse etwa 50 ¢ bis 1 $ pro großem Gepäckstück, Taxifahrern und Frisören etwa 15–20 % vom Rechnungsbetrag, in den Bars etwa 50 ¢ je Drink und dem Zimmermädchen bei mehrtägigem Aufenthalt 3–4 $. Im Motel erübrigt sich gewöhnlich ein Trinkgeld.

Restaurants sind ein Kapitel für sich. Hier läßt man rund 15 % des Rechnungsbetrages als *tip* auf dem Tisch liegen. Das ist kaum als fürstlich zu werten, da der Lohn des Servicepersonals in den USA nicht im Preis enthalten ist und die Bedienung im wesentlichen vom Trinkgeld lebt, und nicht vom Gehalt. Im Klartext, 15 % ist die Untergrenze! Im Fastfood-Restaurant oder an der Selbstbedienungstheke entfallen Trinkgelder in der Regel.

Zeitzone

Die Route dieses Buches bewegt sich im Bereich der *Pacific Time Zone* (MEZ minus 9 Stunden). Zwischen Anfang April und Ende Oktober wird die Uhr ähnlich wie in Europa um eine Stunde auf Sommerzeit (*daylight saving time*, DST) vorgestellt.

Orts- und Sachregister

(Die *kursiv* gesetzten Begriffe bzw. Seitenzahlen beziehen sich auf Angaben im Serviceteil, **fette** Ziffern verweisen auf ausführliche Erwähnungen.)

Namenregister

Danksagung

Mein Dank richtet sich besonders an die Familie **Richard E. Ashton** in Portland, Oregon, die schon als Austauschschüler 1955/56 meine Gastfamilie war und mich auf den Reisen zu diesem Buch mit Wohnung und Wagen unterstützte.

Ferner danke ich **Kristina Linke**, Vista Point Verlag, für ihre freundliche Betreuung und Beratung während des Schreibens. »Richtungweisende« Gespräche und Beiträge verdanke ich **Larry Chitwood**, Geologe des Forest Service in Bend, **David Nissen** von Wanderlust Tours in Bend und **Stephen Tuckman**, Hotelier in Cannon Beach. Der Firma **MCB Reisen** (»Der Amerika-Spezialist«) in München danke ich für reisetechnische Informationen.

Außerdem danke ich allen, die mir unterwegs mit Rat und Tat behilflich waren, insbesondere: **David Blandford**, Seattle/King County News Bureau; **Jim Conomos**, Rain Forest Hostel, Forks; **Terri Cowling**, Visitor & Convention Bureau, Lincoln City; **Todd Davidson**, Oregon State Tourism Division, Salem; **Monica Hautzenrader**, Washington State Tourism Division, Olympia; **Helen McDaniel**, Arcadia Motel, Long Beach; **Susan Solari**, Portland/Oregon Visitors Association; **Dirk and Laurie Van Zante**, Tu Tu' Tun Lodge, Gold Beach.

S. B.

Danksagung

Für die Unterstützung während der Arbeit an diesem Buch bedanke ich mich vor allem bei **Carina Sieler**, Köln; **Ingrid Summerfield**, San Francisco; **Marlene McIntyre**, Mendocino; **Marc and Christi Carter**, Eureka; **Debbie Barber** und **Ed Galsterer**, Santa Barbara; **Joanne DiBona** und **Joe Timko**, San Diego; **Susanne Lorenz**, Idledale, Colorado; **Gail Pagala Hermano**, Long Beach, CA; **Sonya Bradley** und **Leonard Hoops**, San José, sowie **Elisabeth Ixmeier**, Tourism Marketing Group, Bergisch Gladbach, und **Werner Tobias**, Osnabrück.

H. S.-B.

Textnachweis

Siegfried Birle schrieb die Reisetage 1, 2 und 4–10, von **Horst Schmidt-Brümmer** stammen die Kapitel 12–22; Einleitung, Chronik, Reiseplanung, Reisetag 11 und den Serviceteil schrieben beide gemeinsam. **Wolfgang R. Weber** verfaßte den Text zum 3. Reisetag.

Zeichenerklärung

Auf den blauen Info-Seiten dieses Buches werden die folgenden Zeichen verwendet:

i	Information	**Y**	Bar, Nachtclub
⊨	Hotel/Motel	**♫**	Live-Musik, Konzerte
	Camping		Theater, Kino, Festival
◉	Sehenswürdigkeit, Aussichtspunkt		Einkaufen
血	Museum, Kunstgalerie		Bus, öffentliche Verkehrsmittel
	Sport und Erholung, Wandern		Pub, Kneipe
	Für Kinder geeignet		Fähre
	Tierpark, -reservat		Autofähre
✕	Restaurant		Aquarium
	Café, Bistro, Snackbar		Seilbahn

Hotels/Motels: Die Preiskategorien (für ein Doppelzimmer) werden durch $-Zeichen unterschieden:

$ – bis 50 Dollar
$$ – 50 bis 80 Dollar
$$$ – 80 bis 120 Dollar
$$$$ – über 120 Dollar

Restaurants: Die Preiskategorien für ein Abendessen (ohne Getränke) werden wie folgt angegeben:

$ – bis 10 Dollar
$$ – 10 bis 20 Dollar
$$$ – über 20 Dollar

Verwendete Abkürzungen:

Ave.	–	Avenue	N.	–	North
Blvd.	–	Boulevard	E.	–	East
Dr.	–	Drive	S.	–	South
Fwy.	–	Freeway	W.	–	West
Hwy.	–	Highway			
Rd.	–	Road	B.C.	–	British Columbia
Rt.	–	Route	CA	–	California
Sq.	–	Square	OR	–	Oregon
St.	–	Street	WA	–	Washington

Fotonachweis:

© 1999 Vista Point Verlag, Köln
Alle Rechte vorbehalten
Reihenkonzeption: Dr. Horst Schmidt-Brümmer, Andreas Schulz
Lektorat: Michael Köhler
Layout und Herstellung: Andreas Schulz, Tom Harwerth
Reproduktion: Litho Köcher, Köln; ceynowa lithographie, Köln
Karten: Berndtson & Berndtson Productions GmbH, Fürstenfeldbruck
Druck und buchbinderische Verarbeitung: Rasch, Bramsche

Gedruckt auf chlorfrei gebleichtem Papier

Printed in Germany
ISBN 3-88973-205-4